U0922740

图书在版编目(CIP)数据

轻松买对卖对大牛股/陈铭著.——太原:山西人民出版社,2012.4

ISBN:978-7-203-07722-0

Ⅰ.①轻… Ⅱ.①陈… Ⅲ.①股票投资—基本知识

Ⅳ.①F830.91

中国版本图书馆CIP数据核字(2012)第071219号

轻松买对卖对大牛股

著　　者:陈　铭
责任编辑:秦继华
助理编辑:孙　琳
装帧设计:周周设计

出 版 者:山西出版传媒集团·山西人民出版社
地　　址:太原市建设南路21号
邮　　编:030012
发行营销:0351-4922220　4955996　4956039
0351-4922127 (传真)　4956038 (邮购)
E-mail:sxskcb@163.com 发行部
sxskcb@126.com 总编室
网　　址:www.sxskcb.com

经 销 者:山西出版传媒集团·山西人民出版社
承 印 者:三河市航远印刷有限公司

开　　本:710mm×1000mm 1/16
印　　张:13
字　　数:200千字
版　　次:2012年5月第1版
印　　次:2012年5月第1次印刷
书　　号:978-7-203-07722-0
定　　价:36.00元

前　言

作为一个中国改革开放以来的第一批股民，我经历了从一个小散户到大户，又被机构邀请至投资公司、证券公司、证券咨询公司工作。做过操盘手、投资部经理、投资总监、常务副总经理。经历了新中国股票市场成立以来的所有历程。通过自己不断的认真刻苦的学习和钻研，形成和完善了自己的一整套符合证券市场规律的理念和高效率、高成功率的实战操作模型和轻松、正确的买卖大牛股的方法。并且在行业内的证券公司、投资公司、基金公司、软件公司、咨询公司里培训了大量的从业人员和高管人员。同时也在电台、电视台、大型股评交流会、证券公司营业厅等各种场合与广大股民传经布道，互动交流。赢得了广泛的好评和尊敬。我之所以想通过系列丛书的方式，将自己独创的理论和高效率、高成功率的实战操作模型，进行出版公开发表出来与大家分享。一方面是希望帮助更多有缘的朋友，在股市中实现财富增值的梦想、另一个方面则是要实现笔者很早就有的一个梦想，那就是将自己独创的操盘理论和指标操作体系，在全中国发扬光大！提高全民操作水平。然后共同去赚全世界资本市场的钱。真正实现国富民强、让中华民族以最快时间屹立于世界财富的巅峰！不再在世界上的各个资本市场上吃亏。让我们早日真正实现国泰民安！人民生活富裕！幸福度大幅提升！本书中的各种技术指标理论,并不是我创造出来的,大家可能在各种不同的书籍或网络上看到过。但请大家在阅读时一定注意,很多关键地方都已经加进了我的实战操盘心得经验,正是这些“不同之处”和“特别之处”,恰恰会是大家所需要充分了解和掌握的实战技巧。

这是一本结合各种常用技术分析方法对股票走势进行分析判断,从而选出大牛股的书籍。

这是一本系统介绍如何用高成功率的公式模型在实战盘中进行多头选股与空头选股方法的书籍。

这是一本详细讲解大牛股启动时的盘面特征,从而选出大牛股的书籍。

全书通篇没有空洞的说教,也没有乏味的分析。有的只是经过了无数次实战验证测试的科学的、高效率、高成功率的经验教训的总结。有的只是告诉你怎样用简单的公式和模型来直观的、简单的、轻松的自己直接就能够立刻选出大牛股的书籍。

衷心希望让热爱技术分析的投资者把这些知识融会贯通,轻松选出大牛股,建立符合你自己脾气、性格、习惯、时间的买卖操作体系。让你今后对行情的判断也会胸有成竹。让你彻底远离恐惧、迷惘、沮丧、失落乃至绝望。现如今中国已有实实在在的1.6亿股民,这个数字还会不断增加,然而真正懂股票,会做股票的并不多,“七亏二平一赚”是这个行业永恒不变的铁律,而我所要做的就是让你通过认真、仔细、钻研、感悟、相信、执行本书中的内容,掌握好这一整套简单可靠的盈利模式。具备了良好的心态和严格的纪律性,股市就会让你迅速积聚大多数人一生都不能拥有的财富,你的人生可能从此与众不同。努力让你自己也成为“一赚”里面的一分子!让你自己拥有在股市活得更长久、更滋润的资本。

本书资料翔实,语言通俗易懂,方法简便实用,没有任何股市基础知识的投资人，经过短期学习后，均可轻松掌握本书介绍的股市操盘技巧。本书既可作为新股民学习股市操作技巧的入门向导，又可帮助老股民和专业人士通过掌握已经被优化了的传统技术来提高操盘水平，是一本不可多得的股票操作实用工具书。为了帮助读者尽快掌握本书所介绍的技巧，尽早将本书技巧用于实战，已将本书和还未能在本书中介绍的技术指标和技巧制作形成了完整的一整套公式和模型。经过严格测试和长期实战验证，表明运用这一整套公式辅佐操盘，历年行情中的大牛股均被一网打尽。从而大大降低投资人选股的盲目性、失误率。提高资金使用效率，加快资金增值速度。尽管本人写作本书时力求完美，力求和盘托出但碍于篇幅有限，难免挂一漏万现象存在。欢迎读者将意见与建议传到下列地址，以便作者在即将出版的本书续集的写作中借鉴。不胜感激！读者如有疑难问题，也可传到下列地址，本书作者闲暇时将予以解答。读者如欲请作者帮助理财或希望作者提供操盘建议，欢迎一并与作者联系。

QQ:542689222

邮箱:CM0610@163. COM

电话:021 - 64583582

手机:13004143358　13641888319

目　录

第一章　牛股规律与操作策略

第一节　股市绝对性规律

股市的一个作用是化解企业风险、融资人风险，它是一个充满风险和机遇的场所。各方利益体在这个市场中尔虞我诈，充斥着肮脏交易和骗局，人性丑陋的一面展露无疑。我们千万不能以善良、纯真的眼光和心态对待自己的任何一次下单买卖操作，现在全市场所有参与主体，都以急功近利的投机心态在做短期交易和操作。希望您不要做一个“堂吉诃德”式的悲剧人物。在现如今整个国家的诚信体系尚未充分建立和完善的现实背景下，在诚信意识似乎为零的证券市场中，您若一意孤行，不顾一切地进行长线投资，无异于以卵击石、飞蛾扑火。

世间万物皆有规律和自然法则，如人之生老病死，日之阴晴，四季轮回，潮起潮落。股市也有很多绝对性的规律：

“生死轮回”规律

所谓“生死轮回”规律，指一只股票被恶炒后产生价格回归之时一定会逐波下行回落至其原始启动平台。如：600839 四川长虹、000557ST 广夏、600104 上海汽车、600737 新疆屯河，等等。见图 1－1、1－2。

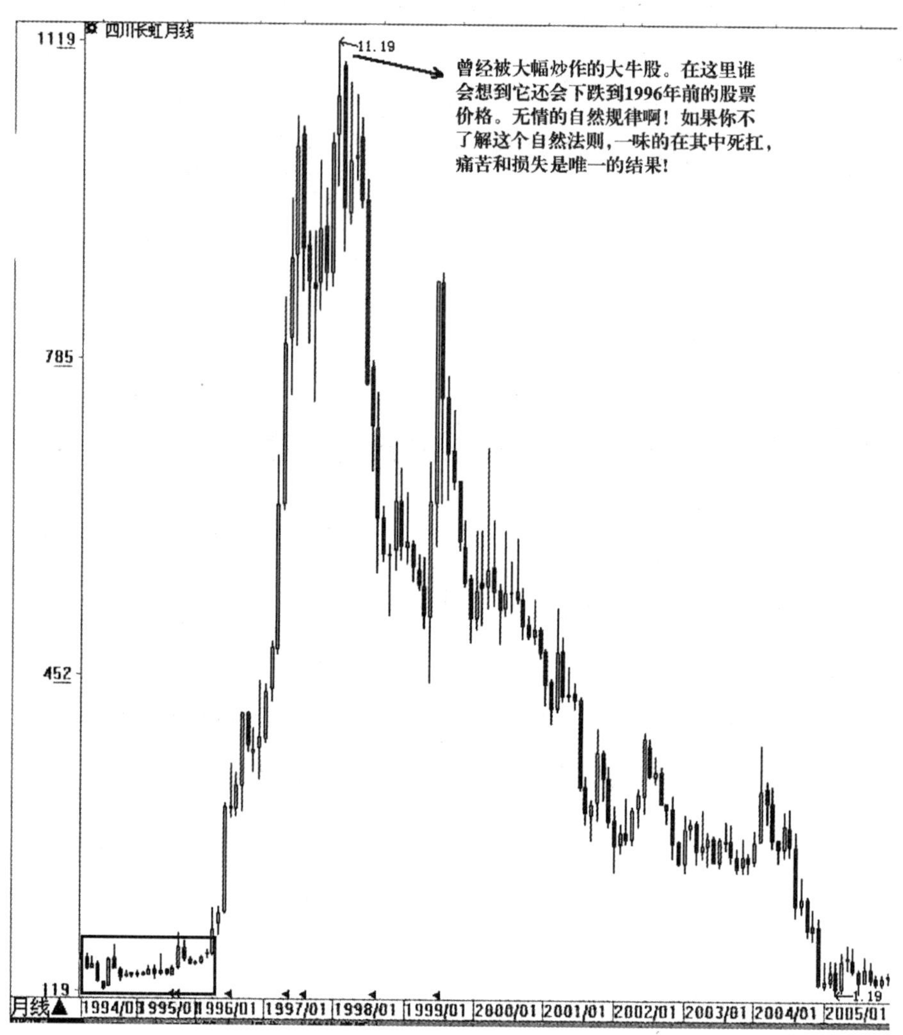

图 1－1　600839 四川长虹的生死轮回表现图

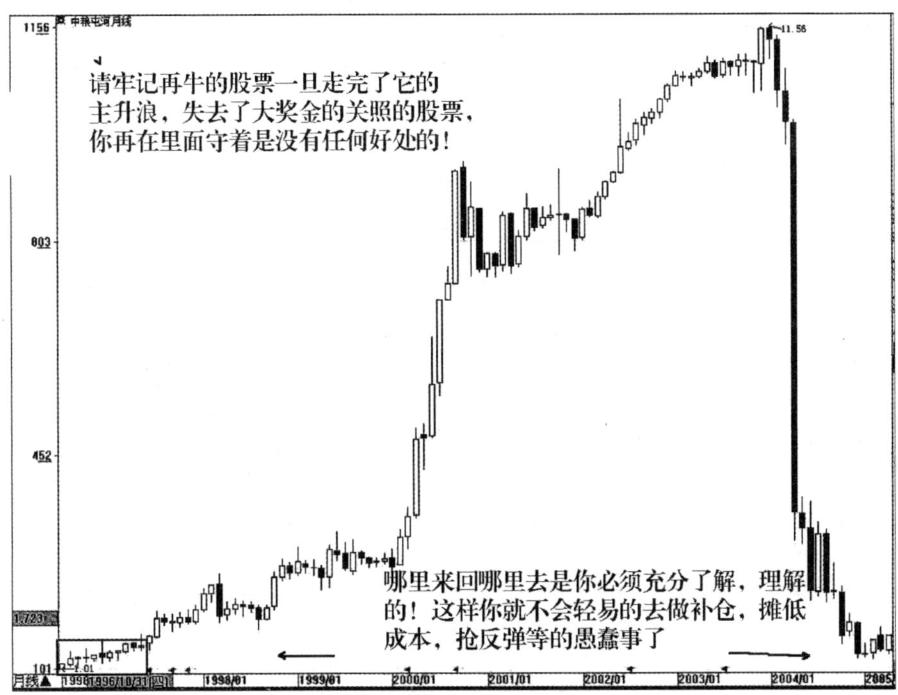

图 1－2　600737 中粮屯河(原新疆屯河)的生死轮回表现图

“物极必反”规律

所谓“物极必反”规律，是指一只股票被大幅恶炒后容易产生价格暴跌、股票指数和价格暴跌到全市场人气极度低迷和绝望时又会非常强劲起来，每一次大牛市的顶一定比以前的顶高。每一次大熊市的底一定比之前的底高。如图 1－3。

我自己研究出来的抄底指标体系对于上证指数总共发出 13 次的见底信号，每次都能够抢在大盘起来之前发出。以便我们做好准备迎接一波大行情。这套方法在个股上也有 90% 以上的成功率。

对于大盘和个股的大顶的判断就相对复杂一些。但是有一个规律还

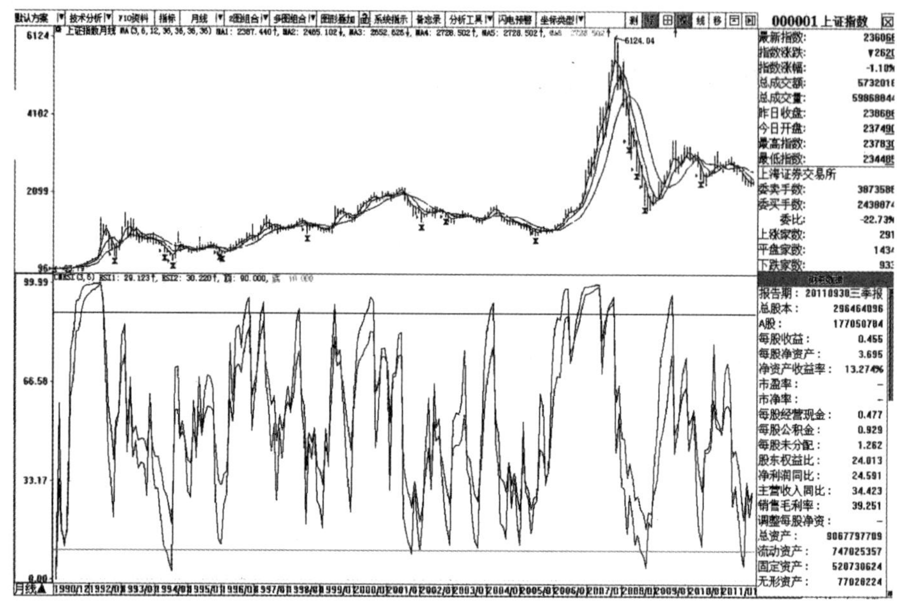

图 1－3　历史上的每次大底到来时我的抄底指标体系发出的见底信号

是相当高效率的:

当它的月线级别和周线级别 RSI 指标的 RSI1 的数值都大于 90 以上时要密切注意其日线级别 RSI 指标的 RSI1 的数值的变化。一旦分别出现日线级别 RSI 指标的 RSI1 数值从 90 以上跌到 90 以下、出现日线级别 RSI 指标的顶背驰死叉、出现日线级别 MACD 指标的死叉、出现日线级别 MACD 指标的红柱首次缩短,等等这样的情况。还是第一时间抛空手上的股票为好,能够第一时间逃顶成功总是非常爽的一件事哦!

如图 1－4 所示,三峡水利就发生了出现日线级别 RSI 指标的 RSI1 数值从 90 以上跌到 90 以下、同时当时它的月线级别和周线级别 RSI 指标的 RSI1 的数值都大于 90 以上,就是一个非常好的逃顶的卖出点之后没几天就开始了其漫漫熊途啦。其实在它 2011 年 2 月 10 日之后的几天里它还分别出现日线级别 RSI 指标的顶背驰死叉、出现日线级别 MACD

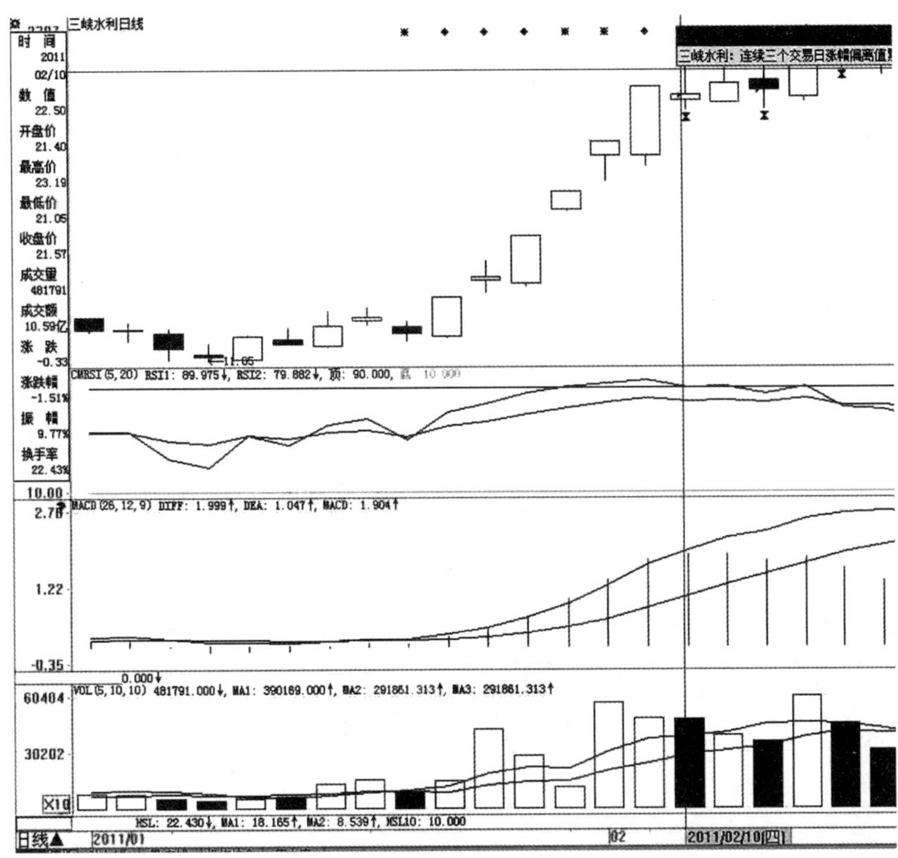

图 1－4　2011 年 2 月 10 日三峡水利见顶部

指标的死叉、出现日线级别 MACD 指标的红柱首次缩短等等这样的情况。属于非常少有的和经典的逃顶高招应验于一身的经典案例！

股市运动有其内在规律，我们只需按规律办事。不要去做逆自然规律的事情就是了。

价格涨落规律

天下没有一直绝对好的股票，也没有一直绝对差的股票。我们经常可看到前几天是连续涨停的股票忽然又连着几个跌停，或是前几日连续跌停，后几日又连着涨了，难道这些股票在这短短的几天内基本面就发生了质的改变吗？业绩或价值就突然改变了吗？

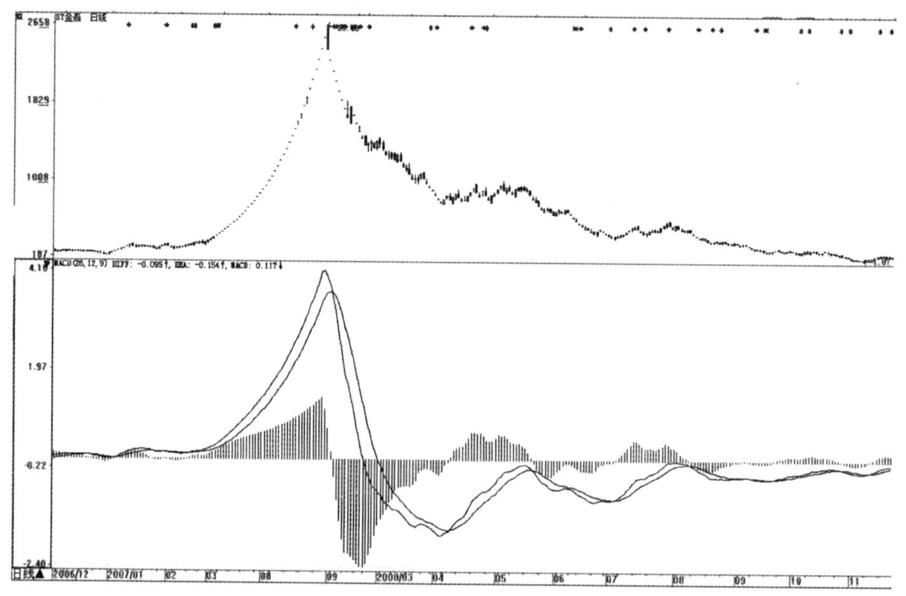

图 1－5　ST 金泰的暴涨暴跌走势图

不是的!!! 只是股票的价格和形态位置产生了变化，导致了投机的资金流向上发生了改变。股价的上下跟业绩无必然正相关关系，能赚钱的个股应该是有大量的资金堆积其中，与当时所营造的题材概念和政策导向等有密切相关的强势股，流行之时它是“香饽饽”人见人爱，一旦资金撤退，它立马变成人见人厌的“烂股票”或“鸡肋股”。

每次有反弹行情产生时，总有两种个股的涨幅远超过大盘，一种是前几日急速暴跌的长、中、短期超跌的低价低位股。一种是短、中、长期均线均已走平刚上翘发散的个股。龙头股、龙头板块必在此两种股票之中。大家可以在软件上做一下每次大盘见底的前二个星期到见底后的两个星期的沪深 A 股的阶段振幅统计、然后再做一次每次大盘见底的前一个星期到第一波高点产生的星期的沪深 A 股的阶段振幅统计。你会深刻的领会我说的情况。以史为鉴才能知道如何做好当下和今后。

重点关注最好是有社保资金、保险资金、国有资金等操作能力非常强的大机构在其 F10 资料里面出现的这种公司。特别是社保资金的胜率最高！理由你懂的呀！我深入研究过的,他们买过的股票都曾经产生过当时的大牛行情。他们这些机构的高胜率后面的原因很多,我们不必要都搞清楚,但是我们可以结合技术面适时进出的呀！一旦他们持有的股票出现主升浪行情的信号时,第一时间迅速买入。

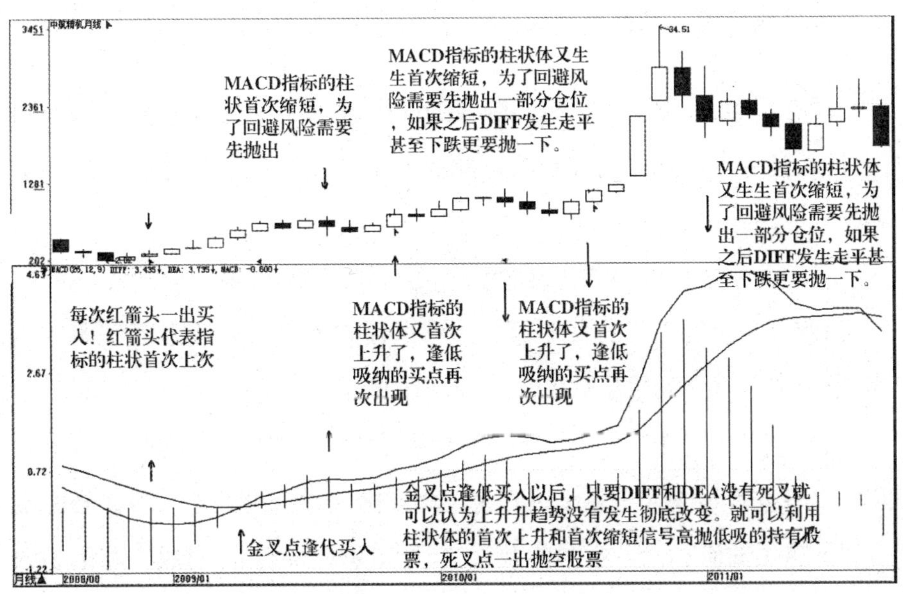

图 1－6　周 K 线和 MACD 指标结合分析中精航机炒作思路

针对现在的行情演绎形势,庄家炒作现状。(以前有长庄操纵长期运作,现在和以后随着政策的不断完善,监管措施的不断完善和加强,此种形式的生存机率必将大大减少,波段运作、快进快出,将随之盛行。机构组成成分越来越复杂了,盘子越来越大)我们要坚定树立波段掘金战略战术,学会并严格遵守止赢止损相结合,中线选股、短线进出、抓大空间、舍小利润、少吃多餐的炒作思路。如图 1 – 6 结合中航精机的周 K 线和 MACD 的指标走势具体地分析了这种炒作思路和选股理念。

第二节 操作股票要有好策略

强势股中精准地高抛低吸

没有不赚钱的行情,只有不赚钱的操作,只要把握了黑马背后的盈利规律,并且将一这规律贯彻在具体的操作中才有可能会让您做到时时赢利的丰厚回报,加入赢家行列。

我们要相信良好的炒作理念和技巧是炒股成功的根本,形成良好的炒股心态,我相信用我的真情、真心、真本领来为您做好股市炒作的好参谋,您一定会享受到快乐炒股,轻松炒股的新境界。

"炒股应求稳中胜"。散户一般忧患意识强,恐惧心理重,情绪化的东西太多。有不少人是属于道听途说型和随波逐流型的。大多数股民没有那股执著钻研和刻苦学习的劲头,自身知识积累不够,对股市和市场行情也不是那么熟悉,从而没有自己的判断和认识。想炒好股一定要学习钻研,并且需要具备一定的专业基础素质,才会有自己的观点,才能在炒股实践中做大和做强。假如连基本的投资知识都没有,就妄想碰运气赚大钱,即使运气好误打误撞的让你现在或者将来赚了一笔钱,那么不久也肯定会再赔出去的。

股市与经济环境、政治环境息息相关。经济衰退、股市萎缩、股价下跌;反之,经济复苏、股市兴旺、股价上涨。政治环境也会如此。政治安定、社会进步、国泰民安、股市繁荣、股价上涨;反之,人心慌乱、股市萧条、股价下滑。"选择买卖时机比选择股票种类更重要"。这也就是说在投资前应先认清投资的环境,避免逆势买卖。我从不听信小道消息,虽然我拥有太多的在各个投资机构的重要岗位担任要职的朋友、同事和学生,但是我还是一直保持独立思考,客观判断,从不偏听偏信。但我会密切注意公开信息,尤其是注意政策方面的消息,开盘前做的第一件事,就是打开专业的财经网站看看有什么新的消息或政策出台。国家的相关政策或消息在一定阶段可以改变股市的运行状态。作为投资者,除了要分析个股的基本面和技术面因素外,最重要的还要关注国家政策和经济层面的变化情况,来决定自己的投资策略。中国的股市是政策市,政策的改变决定着股价未来的走势。证券市场设立的本质是融资,市场过于低迷时,就缺少人和资金来投资,也就无法融到资金,为促进经济发展,就需要刺激市场,也就需要调整政策。因为现在我们国家的股票市场的容量和走势已经可以充分反映和影响到国家整体经济状况。为保证经济的稳定发展,股市过热时需要冷却,股市过冷时需要刺激。对股市过热或过冷修正的有利措施非政策莫属,所以只要跟踪股市走势就可以提前知道什么样的政策将会出台,即会出冷却性质的利空政策还是会出刺激性质的利多政策。冷热政策的出台不是随意性的,而是根据一定的时间周期的经济形势和市场走势的强弱循环进行的。因而导致市场走势也是循环波动的,而走势的循环又会导致政策的循环,这就是市场与政策的互动规律,也是国家经济行为之规律。实际上在每一项重大政策出台前,市场走势基本上都走到了相对极端的位置,对政策正处于呼之欲出的态势,这便是政策出台前的必然条件。

在了解股市运行大方向的前提下,尽可能详细地分析目标股的形态走势、所处的空间位置、成交量的变化以及主力筹码堆积在什么位置，个股上涨空间的大小和可能出现的走势，等真正放量符合自己进场理由时，才及时买入。我没有对短线卖出的价位定目标，实盘操作中由于会受到各种压力的影响，人的心态也会发生微妙的变化，盈利的多少取决于自己对行情的把握程度，只是看走势而定，不刻意去追求一只股票赚多少，只把握自己能把握的机会的操作策略，在尽可能规避风险的前提下，最大化盈利。在操作中经常买到大幅拉升的黑马股，但大多数情况下在上涨途中卖掉了。看见有的个股虽然还有上涨的可能，但判断升幅不会很大或短期内有调整迹象，就要放弃，因为调整后的走势不确定。与其等着，不如选其他的目标股操作。或者在其日线、周线级别的指标系统的数值都在相当高的位置时，看见其60分钟周期的MACD指标的红柱首次缩短时立刻抛出。等待它股价产生回落。当看见它的日线、周线级别的指标系统仍然显示是没有改变中期上升趋势的形态，其60分钟周期的MACD指标的柱状体经过调整整理以后又再次首次上升时再次买入。这就叫在强势股中做高抛低吸。见图例1－7。

通常我将在周线的MACD指标体系中的放量首次上升的柱状体定义为一波中级上升行情的起始点，然后把经过不断上升以后出现的首次红柱缩短的那根K线和柱状体定义为一波中级上升行情的结束点。见图例1－8。

中级行情的起始点和结束点的界定方法就是这么简单。在出现买点以后到未出卖点信号之前以做多为主。在出现卖点信号以后就不能再持有该股票，必须抛出股票持币等待买入机会的再度出现，或者去其他出现买入信号的股票上进行操作了。

界定一波长线行情的起始点和结束点的界定方法就是在月线图中找出月线MACD指标体系中的经过长期深跌以后首次放量上升的柱

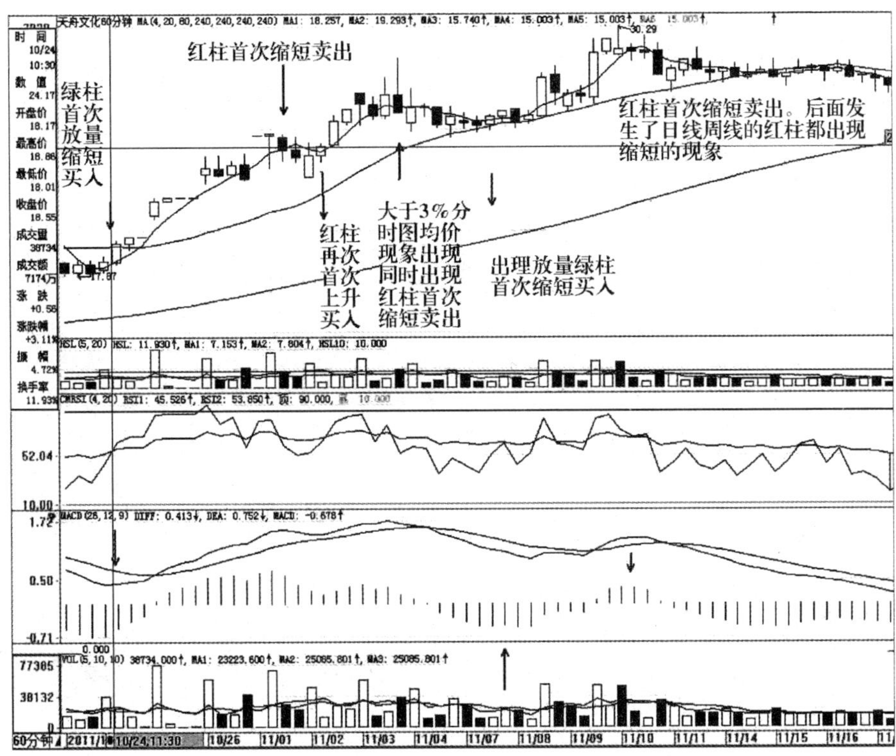

图1－7　天舟文化60分钟的高抛低吸操作图

状体,然后把它确定为一波长线上升行情的起始点。在月线图中出现买点以后,可以在周线或者日线甚至60分钟MACD指标体系中去寻找低点去买入。然后依据柱状图中的首次缩短和首次上升的情况进行买卖操作。这样可以在一只大牛股上反复高抛低吸,以获得更大的收益,回避调整的风险,增强操作的乐趣、保护好自己的投资信心和良好的心态。见图例1－9。

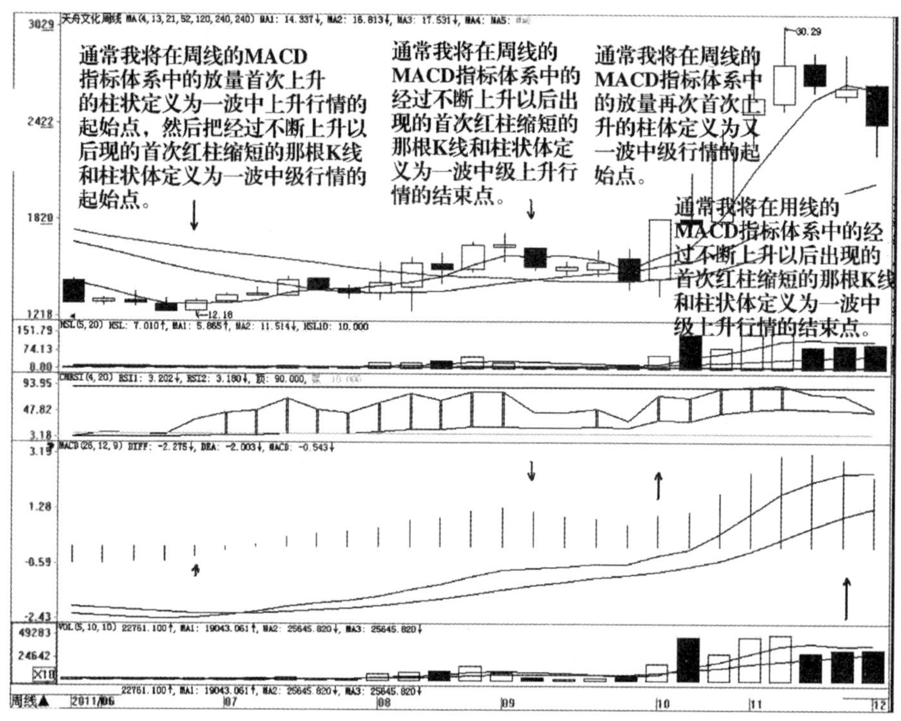

图1－8　天舟文化中级上升行情起始点与结束点

当然，介入的个股有时也赔，但如果介入后走势不对，就要卖掉，止损要快、要果断。这样做避免了出现亏大钱的可能。有时止损的股票回调后又进入正常的升势，可以选择合适的时机再买回来。我不喜欢做那些常态整理行情的股票，也不喜欢让资金和精力浪费在那些常态整理行情的股票中。我只在市场中寻找出现牛市第一浪、第三浪、第五浪等主升浪行情的股票，当他们符合我所设定的条件时，有很大把握时才进场，我觉得这是唯一明智的交易策略。在市场面前我们必须清醒地认识到我们每个个体的渺小。不要忽视任何一次的走弱信号。因为我们任何人都无法预先知道它是浅幅调整还是深幅调整。也无法预知它是调整一天、一周、一月、还是调整一年。尽量不参与调整对自己的操作节奏和操作心态和

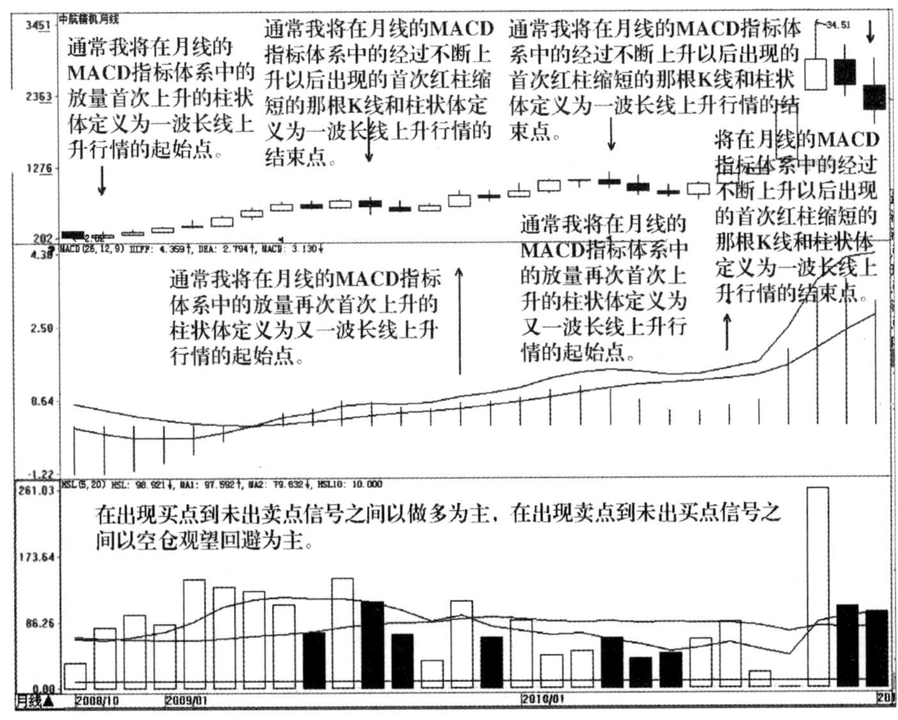

图1－9　中航精机长线上升行情的起始点与结束点

操作效益是非常有好处的。千万不要试图去和市场作对。千万不要试图去和趋势作对。

十一点操作经验和建议

我在这20多年的证券从业经历中接触了数以万计的各种层次的股友。在与他们的交流中我发现有相当多的投资者在投资时常犯如下错误：

1. 喜欢买低价股 ：盲目买进低价股，贪图便宜，不碰高价股，但往往股价低的股票业绩都不好，因为没有大资金建仓。俗话说得好“好货不便宜，便宜无好货”。再便宜的低价股如果指标、形态是在高位还是会大跌,高价股如果指标、形态在合适的位置还是会继续大涨的。

2. 盲从心理:缺乏经验,随波逐流,别人买什么自己也买,没有主见。全世界通用的是教科书。原理在教科书上写得清清楚楚、明明白白。多看教科书,掌握了原理以后多用眼睛和常识去判断。如果立场不一样,所说的话、所做的事是不一样的。

3. 忧虑和恐惧:在证券市场中总是担心自己成为交易的牺牲品,不时为股票市场价格的涨落担惊受怕,即使在机会面前也往往优柔寡断,常常错失良机。

4. 贪婪心理:有这种心态的股民,心理价位特别高,在股票交易中不肯见好就收,甚至达到了贪的境界。其结果是很少得到自己奢望的收益。

5. 后悔心理:想着某个股票不错,但没有行动,后来该股票涨上去了,就觉得后悔没买。或是觉得效果不好,卖了以后反而马上出现大幅上涨,也会后悔自己把股票卖掉。

为战胜自己的这些缺点,一个聪明的投资者应该在入市前先掌握股票交易的基础知识,坚持每天做好行情研究的功课,向有经验和有技巧的朋友学习,逐步在实战中建立起一整套符合自己脾气、性格、习惯、爱好、时间、精力的,行之有效的操作理念和操作方案,逐步在实战中调整自己的心态。投资者要努力培养出良好的心理素质,头脑冷静,不轻举妄动,克服急躁和贪婪,养成独立自主的交易习惯。做出交易后就不要后悔,出现错误后进行反思和总结,不要沉迷在后悔的情绪当中,这样会影响理智的判断。战胜自己的错误和缺点是整个证券投资中非常重要、非常关键的一点。

炒股心态一定要稳。这里所说的稳不是买进被套以后的死捂,稳是趋势出现明显变化时的及时行动。在趋势还没有出现变化之前,不能自己主观臆断地去盲目操作。着急、焦虑的心态一定不能要、不能有。否则炒任何股票都得赔。炒股炒的是心态。给股民朋友提几条建议是：

一是心里不要总是想着以前赔了多少，不要老去算这笔账。

二是不要老是后悔。搞清楚为什么要买？为什么要抛？搞清楚什么时候必须买，什么时候必须抛。并且经过反复测试它的成功率以后，认真执行就可以减少后悔发生的概率。

三是炒股票不能随随便便地买进卖出，没有绝对地把握宁可不炒。趋势明确的时候把握是最大的。行情陷入胶着整理阶段的常态行情时，是最容易犯错误、最没有把握的时候。

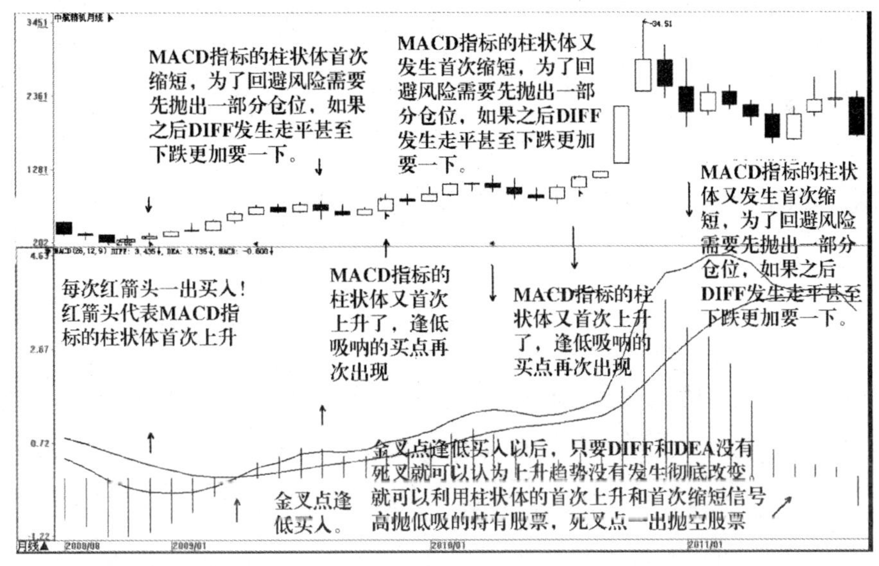

图 1－10　MACD 金叉点逢低买入

长线操作看月线，中线操作看周线，短线操作看日线。做超短线一定要学会将日线和 60 分钟、30 分钟以及即时分时 K 线图结合起来。

四是炒股票不能不分熊市、牛市，总是长期持有。上升趋势没有改变前要敢于买入并且持有。要不怕涨，涨不怕。一旦趋势改变不要心存幻想，要敢于抛清股票，耐心观察等待确实的、可靠的买点出现。牛市时手里要拿紧上升趋势的股票，熊市时手里要拿牢自己的钱。

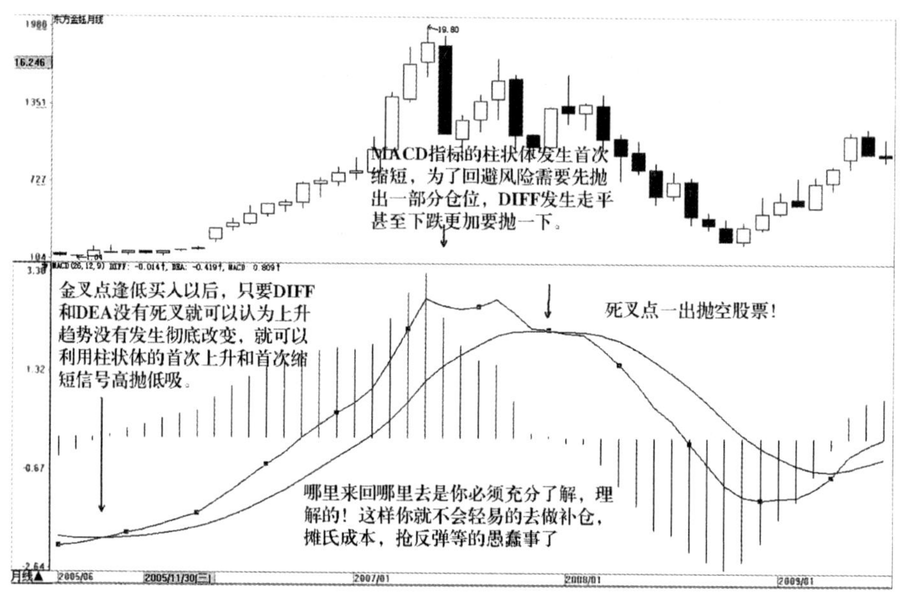

图 1－11　MAC 买入卖出信号

五是炒股不要因为套牢而不割肉。这是炒股实践中最忌讳的一种心理和做法。很多股民的习惯炒作方法是：一旦被套，就是等待，还在逢低时不断的补仓，企图摊薄成本。实际上个股一旦真正的走熊它是不会马上好的。有的股票可能是几个月以后才见底，有的股票可能是几年以后才见底。把有限的资金投入在无限下跌的熊股之中还有机会翻本吗？还要考虑时间成本、精神痛苦的成本的呀。一旦在技术面、基本面、政策面上判断出进入熊市了。那么在熊市中保护自己的最好办法就是空仓。只有空仓才是最简单有效的唯一正确方法。你炒股不能有盲目的怕涨不怕跌的不良心理。

六是炒股票已经赔了很多钱的股民，先退出来，空仓一段时间，想一想自己以前炒股的方法是不是有问题？找一些书来学一学，跟有实战经验的成功人士学习学习,看看别人是如何判断和操作的。之后再模拟操作一段时间,看看用别人的方法炒股能不能赚钱、效果好不好。如果别人的方法确实是好的。那今后就严格执行。这样下去就一定能够彻底摆脱炒股赔钱的局面。

七是炒股不能有太恐惧和不恐惧的心理。既要增强风险意识,发现错误要及时的改正错误。一个人的判断不可能有100%的正确,一套方案也不可能有100%的准确胜率。失误的时候总是有的,一旦发现判断有误,下跌超过买入价的50%左右时,要及时止损,以免损失扩大。哪怕卖错也要养成及时止损的习惯。

八是炒股技术好了、精了、熟了,成功率高了。炒股的心理状态才能好,这是相辅相成的。每次在急速拉升后,高位出现十字星或大阴线(或者带长上影线的阴线)等经典头部信号,并且伴随巨量,做好卖出动作了。每次在股市激烈时,中央出了政策多次调控失灵,要抓紧时间,择机卖出。每次在顶部区域成功逃顶;每次密切关注时势,发现国内、外社会、政治、经济形势趋向恶劣,会波及股市时,能够及早撤退。每次不轻信机构的估值、预测等。能经常在顶部顺利退出;在底部及时介入。那么你的心理状态怎么会不好?

九是炒股不能有盲目的怕涨不怕跌的不良心理。经验告诉我们:炒股要时刻紧盯大盘的走势和自己手中习惯操作的个股的走势,在趋势没有明确改变之前,不要轻易改变当时的决策,在做出买或者卖的决策前一定要三思。

十是分析股票走势时一定要做好前复权后再分析,只有这样才能比较准确的得出正确的、连贯的判断。

十一是要知道在合适的时候执行止损和止盈。“纪律是执行正确策略和操作的唯一保证”,“止损第一”,“铁的纪律必须执行”。止损卖出以后还可以再买回来,但要有买进的充足理由的时候才买回来。股票市场不缺机会,缺的是机会来了的时候,你却因深套而无能为力,这是最痛苦的事情。一年 365 天有股票的人是最不会做股票的人,也是最失败的人。

止损的重要性和设定技巧

一般情况下止损设置有如下几种思路:

价位止损。比如你买一只股票价格是 10 元,你可以将止损点设在 9.5 元,一旦盘中两次跌破该价位后在半小时内还收不到 9.5 元上的话,就马上出局。如果收盘前还收不上的话更应该抛。必须要以小的损失换取好的心态以及下次的操作机会。

空间止损。比如你买进某只股票,上升了一段空间以后见高点回落下跌 5% 就立刻止损。其实此时也同时是在做止盈动作。将风险控制在最小的范围内。但要注意止损点设定的百分比既不能太大也不能太小。太小可能引发经常性止损,时间久了会打击你的信心;太大可能会让一次操作损失过大。重挫一次,要很长时间才可能复原,更易破坏良好心态。

重要支撑位止损。如收盘价跌破最重要的 20 日均线,应立刻止损出局。

跌破即时修正的最强势的上升趋势线立刻止损出局。如图 1 - 12 所示,002190 成飞集成 2010 年 6 月 28 日买入以后就及时画了这根最强势的上升趋势线设定了这个止赢、止损概念:就是一旦盘中二次跌破这根上升趋势线就抛了它。如果收盘价跌破这根上升趋势线就更坚决地抛了它。结果它在 2010 年 7 月 20 日出现了这种情况。同时 MACD 指标的红柱子也缩短了、RSI 指标的数值也跌下 90 的顶线了。那就更加准确的可以得出这个股票最强势的一段行情要结束了,就在盘中卖了。随后它

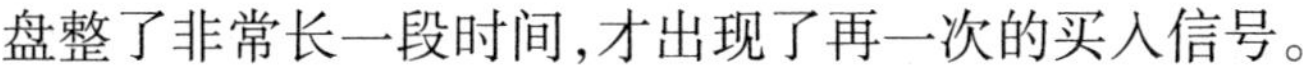

盘整了非常长一段时间，才出现了再一次的买入信号。

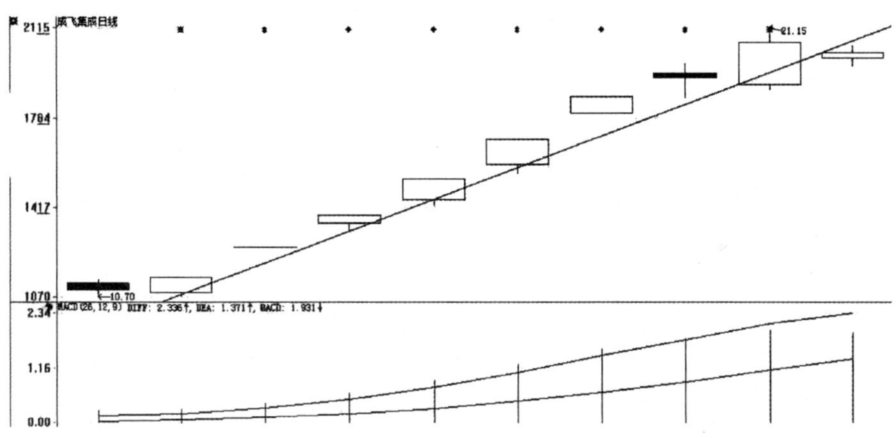

图 1－12 成飞集成的趋势线止损

当成交天量时，或者不久 MACD 红柱缩短了，有的甚至形成死叉时必须要止损。

如股价向下跌穿底部形态的颈线位；收敛或扩散三角形选择下跌走势；头肩顶、圆弧顶、多重顶等顶部形态即将构筑完成时都需要应用止损策略。

投资者在大盘指数处于牛市顶峰位置进入股市的，要用止损策略。因为此时市场已经濒临重大危机，遇到操作不利要及时止损。

当市场整体趋势向下时，需要研判大盘指数和个股的后市下跌空间的大小，以此作为是否止损的参考，对于后市下跌空间大的个股要坚决止损，特别是针对一些前期较为热门、涨幅较大的股票。

对于主力出货坚决的个股，要坚决彻底地止损。庄家清仓出货后到下一轮行情的重新介入，期间往往要经历相当长的整理过程。而且，随着我国股市的不断扩容，有些曾经极为辉煌的热门股，可能会陷入长久无人问津的状态。

各种各样的止损位的确立方法都可以根据你自己的时间、精力、脾气、性格、习惯来制定。其实止损位的确立和制定是件很容易的事情,关键在于设定好之后需要严格执行。这才是最重要、最困难的。应对止损的最好对策就是:研究好股票,在提高买入点的成功率上下工夫。一定要找到有90%把握的方法。这样你才能尽可能少用止损,你才敢满仓,才敢投大钱,才能发大财。这种抓住进场时机的诀窍一旦成为习惯,你的进场点往往都是起涨点。这时反而不容易再出止损的动作,只剩下止盈的问题。如买入一只股票后,赚钱时没有卖出,结果又跌回来了,就像坐电梯一样。这种现象经常发生这就是不懂止盈的问题。

止盈的重要性和设定技巧

止盈点设定有以下几个方法:

个股拉升后日线级别远离20日均线(乖离超过10%以上),一般配合MACD的红柱子首次缩短或者RSI指标的短周期指标数值缩短等方法就可以确定正确的止盈点的。这个方法的成功率和准确率是相当高的。可以反复利用这样的高抛低吸方法在一个主升浪的股票中反复做。

对这种方法是有一个逃顶组合条件的,下面公布给大家,以便大家参考使用,见图1-13至图1-15。

迪康药业在2011年3月15日和4月26日分别发生了个股拉升后日线级别上远离20日均线(乖离超过10%以上),然后同步发生了MACD的红柱子首次缩短的现象,这就给出了一个卖点信号。根据这样的卖点信号卖出,然后等待回调结束发出新的买点信号以后再次买入。

个股拉升后远离20周均线(乖离超过20%以上),一般配合MACD的红柱子首次缩短或者RSI指标的短周期指标的数值缩短等方法也可以确定正确的止盈点。这个方法的成功率和准确率是相当高的。也能够反

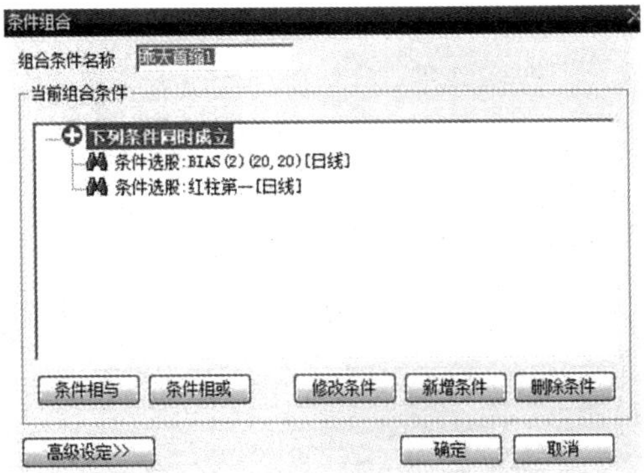

图 1 - 13　该方法必须同时具备的条件

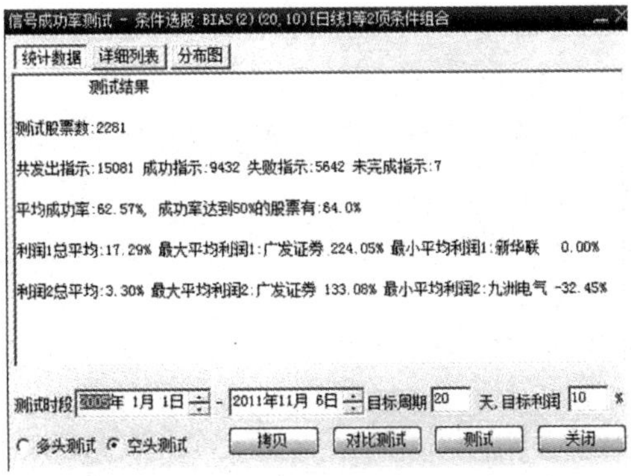

图 1 - 14　该方法经由大智慧软件客观的、真实的测试，
得出的科学的、直观的统计数据

复利用这样的高抛低吸方法在一个主升浪的股票中反复做。

对这种方法也制作有一个逃顶组合条件，下面公布给大家，以便大家参考使用，见图 1 - 16 至图 1 - 18。

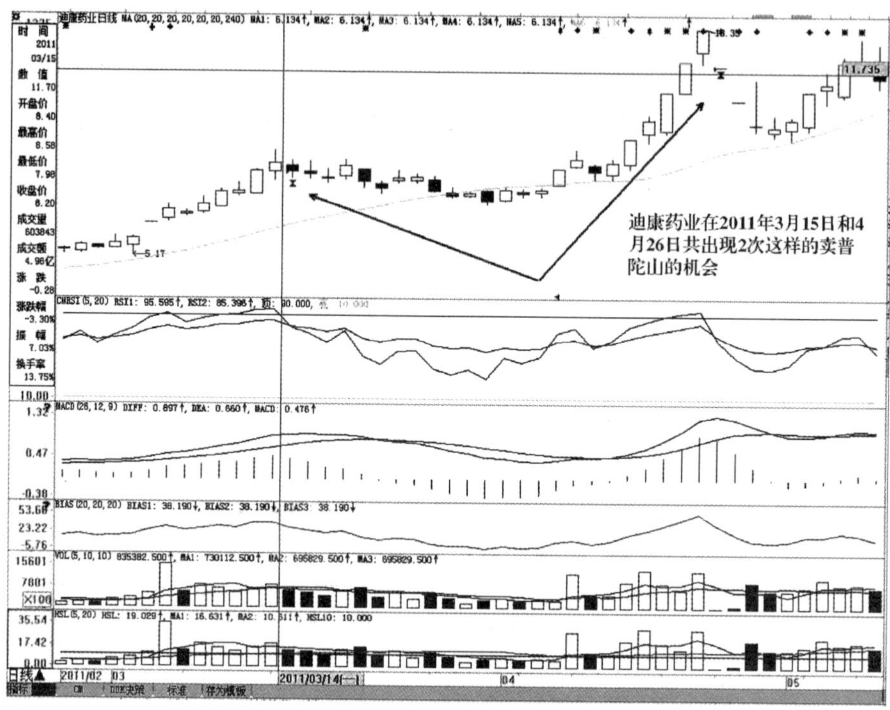

图1－15　迪康药业2011年3月15日和4月26日共出现两次这样卖出的机会示意图

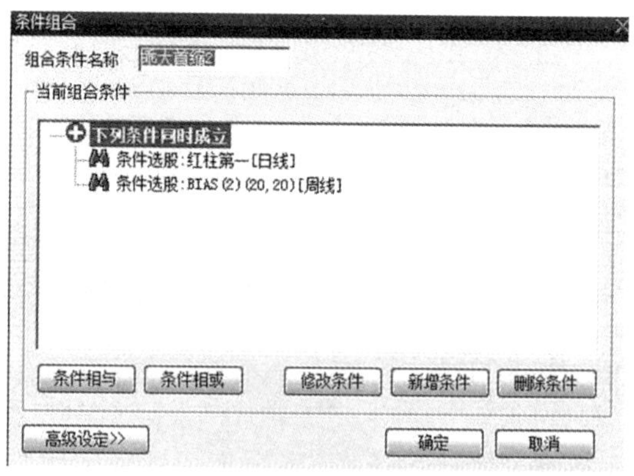

图1－16　该方法必须同时具备的条件

信号成功率测试 - 条件选股:红柱第一[日线]等2项条件组合

统计数据 | 详细列表 | 分布图

测试结果

测试股票数:2281

共发出指示:11214 成功指示:9616 失败指示:1566 未完成指示:32

平均成功率:86.00%, 成功率达到50%的股票有:70.7%

利润1总平均:56.56% 最大平均利润1:广发证券 5320.26% 最小平均利润1:招商轮船 0.00%

利润2总平均:25.31% 最大平均利润2:广发证券 3928.83% 最小平均利润2:云南盐化 -59.44%

测试时段 2003年 1月 1日 - 2011年11月 1日 目标周期 20 天,目标利润 10 %

多头测试　空头测试　拷贝　对比测试　测试　关闭

图 1－17　该方法是由大智慧软件客观的、真实的测试，得出的科学的、直观的统计数据

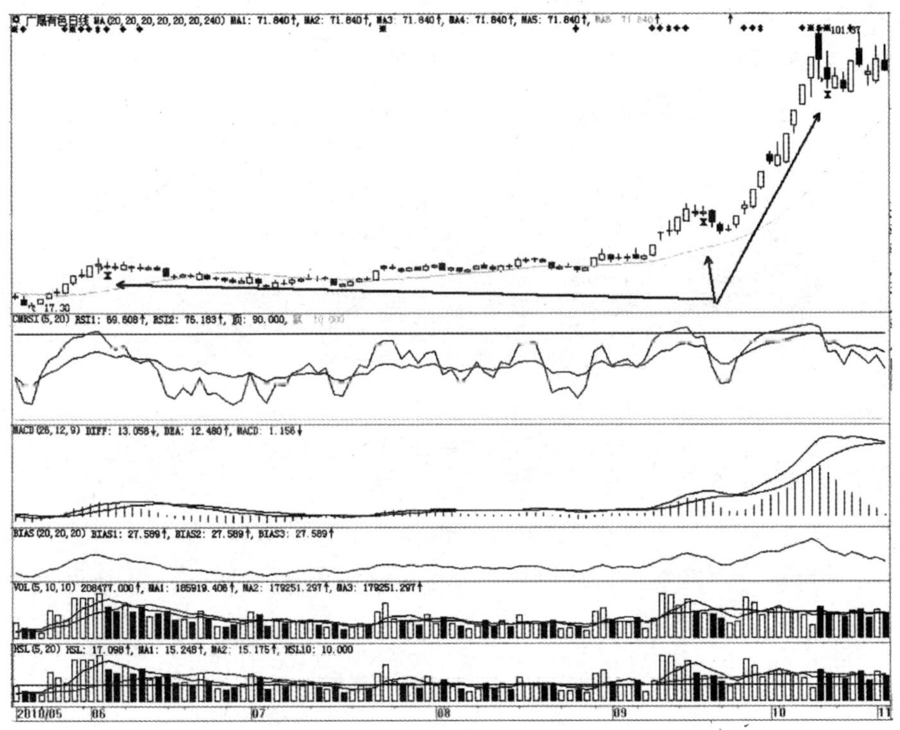

图 1－18　广晟有色实例

600259广晟有色在2010年6月3日和2010年9月16日以及2010年10月22日分别发生了个股拉升后远离20周均线(乖离超过20%以上),然后同步发生了MACD的红柱子首次缩短的现象给出一个卖点信号。依据这样的卖点信号卖出,你可以不必受到盘整整理的折磨、回避掉下跌的风险和受到的损失。到了应该可以买回来的时候,自然也会出现买回来的信号。

个股拉升后高位跌破5日均线要准备止盈。

反弹后遇到重要的均线压制要准备止盈。特别是反弹过程中第一次到下降途中的20日线附近时往往都是非常好的一个卖点。如图1-19为2010年12月10日广晟有色就发生了股价第一次上冲见顶以后第一次发生下降的20日线下降途中的情况,结果形成了又一次的高点。

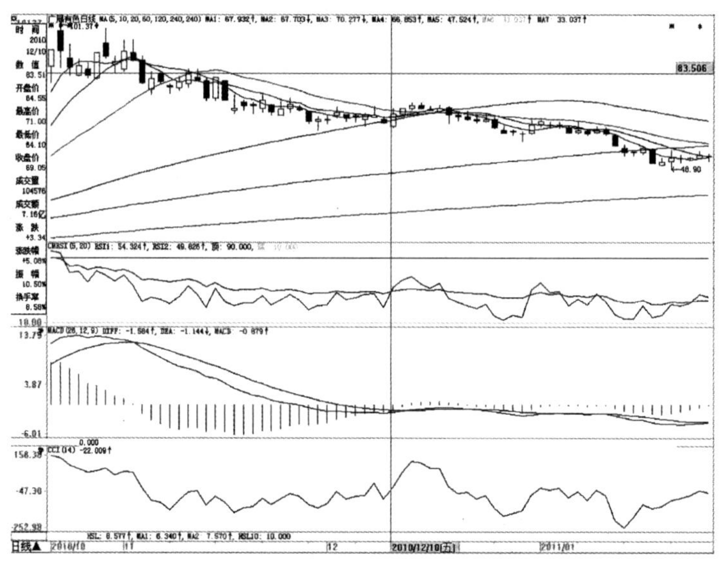

图1-19 广晟有色实例

同时对于反弹过程中第一次到下降途中的60日线附近时往往也是一个非常好的卖点。如图1-20为2011年5月24日三峡水利就发生了股价第一次上冲见顶以后第一次发生下降,到下降途中的60日线的情况。结果形成了又一次的高点。之后股价经过短暂整理就一路直下。

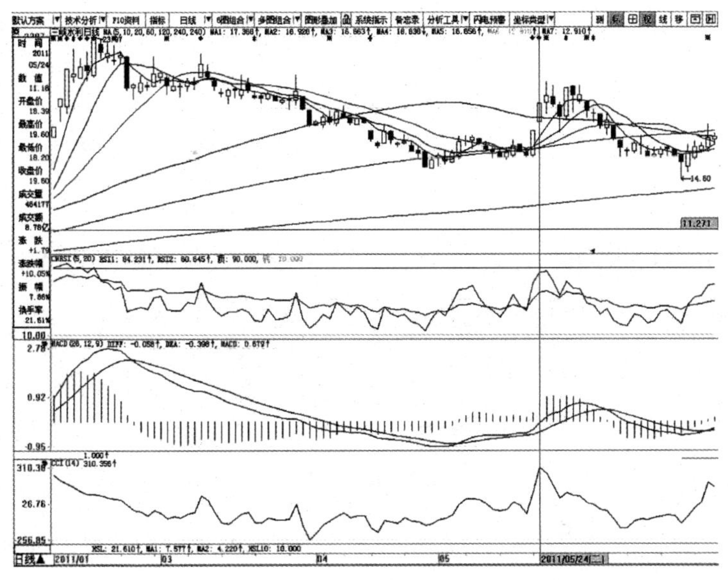

图1-20 三峡水利实例

以上的两个案例只说的是见了主升浪结束以后的第一次下降过程当中的上冲见顶情况。已经确定弱势行情的个股发生第一次弱势反弹上冲下降途中的20日线、60日线的情况比上面两个案例更疲软,更快见高点下跌。

反弹到前期重要高点要准备止盈。

上升中的MACD指标的红柱子第一次缩短要准备止盈。

其实,我们的心态要放平和,只要是赚钱的,任何时候止盈退出都是正确的,因为你卖出后可以马上转战下一只股票。股票市场每天都有上涨的股票。每隔一段时间就会蹦出一些黑马,关键是你要有能力去把握。

抓大放小趋利避害不做下跌势

所谓“抓大放小”要敢于做大牛股，善于做大牛股。具备大牛股特质的股票必须要有如下条件配合才能操作：①大牛股必须有好的大盘形势来配合（哪怕这个“好”是短期的）。②个股的每股收益要高，预期要好。属于最景气的行业，国家政策最支持、最配合、发展前景广阔，有良好的业绩预期和赚钱预期的，每年的收益是递增的（亏损上市公司中是不会产生大牛股的，除非公司基本面发生重大变化）。③公司的主营业务突出，最好是单一业务。主营业务有四五项以上的公司是搞不好的，业绩也不会好，因为，这种上市公司大机构是不会理它的。④公司高层管理者要有管理水平，要遵纪守法。没有丑闻和是非。⑤公司股票的十大股东中起码要有七八家是大机构。最好是有社保资金、保险资金、国有资金、操作能力非常出名的大机构在里面的这种公司。⑥同时在最近一两期的报表中，要求流通股东的人数是在减少的。

产生大牛股股票的长中短期时间周期的均线系统一定是经过走平汇聚并且上升，股价刚刚向上突破的，它的 MACD 指标的长中短期时间周期的两条线一定都是在 0 轴之上，它的 OBV 指标长中短期时间周期的数值一定是在历史最高位置，它的布林线指标的长中短期时间周期的轨道方向一定是缓缓上升，它的 RSI 指标的长中短期时间周期的两条线一定是多头向上，成交量一定是跟着它的向上运动有序放大。

如图 1 – 21 是三爱富 2011 年 3 月 4 日的买入点的图形。在这周它的股价刚刚向上突破以前的高点位置，它的 MACD 指标的长中短期时间周期的两条线都是在 0 轴上的，它的 OBV 指标长中短期时间周期的数值也是在历史最高位置，它的布林线指标的长中短期时间周期的轨道方向是缓缓上升，上轨刚刚被突破，它的 RSI 指标的长中短期时间周期的两条

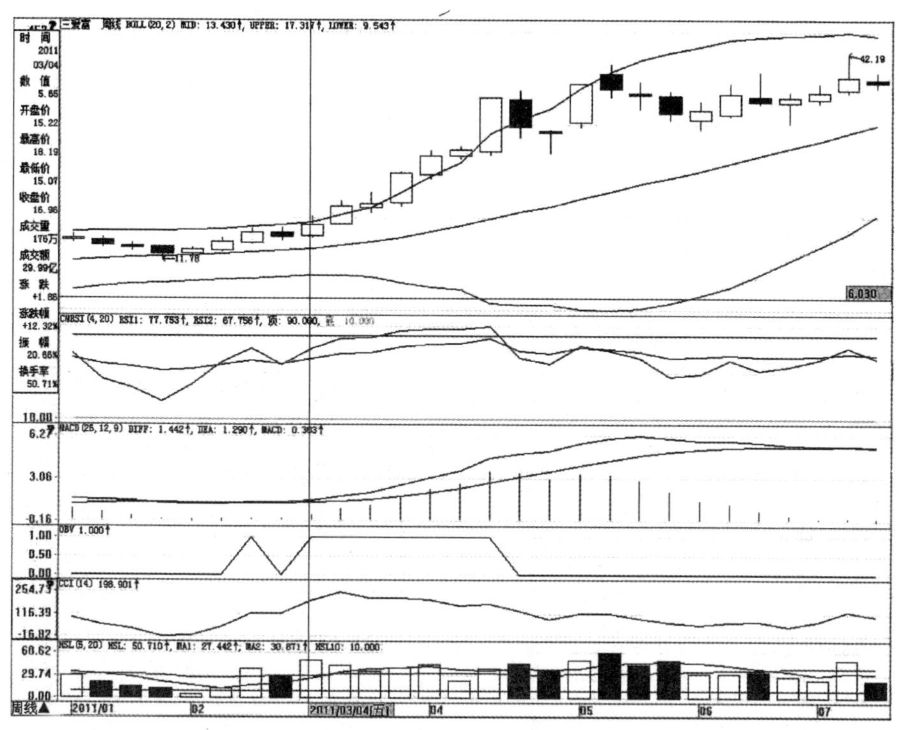

图1－21 三爱富周线形态条件示意图

线也是多头向上，成交量是跟着它的向上运动有序地同步放大。它的月线指标也满足这些要素，直到2011年4月19日MACD红柱子首次缩短同时RSI指标向下死叉才抛的。见图1－22和1－23。

炒股，一定要掌握这些炒作大牛股的充分必要条件。这样才能在大牛股启动的初期买进它。买进之后只要密切观察大盘和它的形势就可以了。只要大盘形势不变坏，管理层不出台利空政策，这种牛股一定会有较大的涨幅，那些公司质地可以、有大机构新入主、有政策支持配合、月线MACD指标的红柱在往上走的，然后周线MACD指标的红柱也在往上走的，可以根据日线MACD的走势进行操作。每当日MACD红柱第一次缩短就卖出一半；每当日MACD在高位产生死叉，就暂时

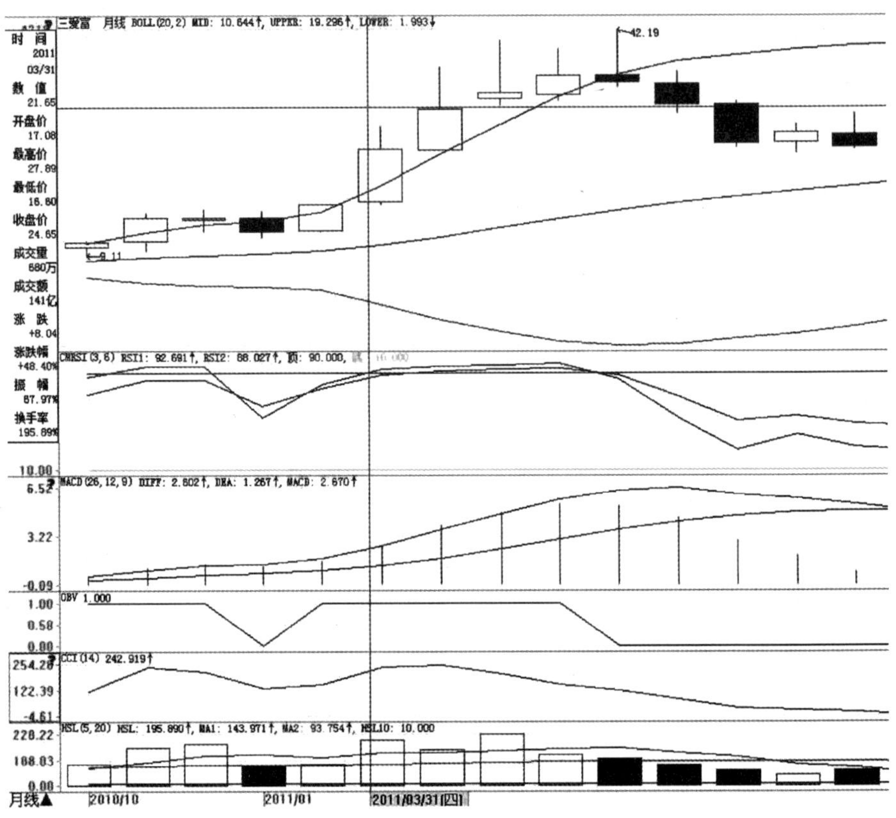

图 1－22　三爱富 2011 年 3 月买入点的月线图形

全部卖出;每当日 MACD 柱状体第一次上升就先买回来一些;每当日 MACD 在低位产生金叉,就买进做多。我给做大牛股大波段投资者的建议是:选择在月线级别的 MACD 指标中发生刚刚金叉的股票,利用日线或者周线的指标相对低点买入,然后一直拿着等到在周线级别的 MACD 指标系统中发生 MACD 死叉时全部卖出。周线级别的 MACD 指标系统中发生 MACD 死叉后,月线级别的 MACD 指标中也已经发生红柱缩短、DIFF 的数值已经拐弯向下了就不要再拿着了。其他做中短线的投资者也可以此类推,缩短一个周期去进行这样的操作。但前

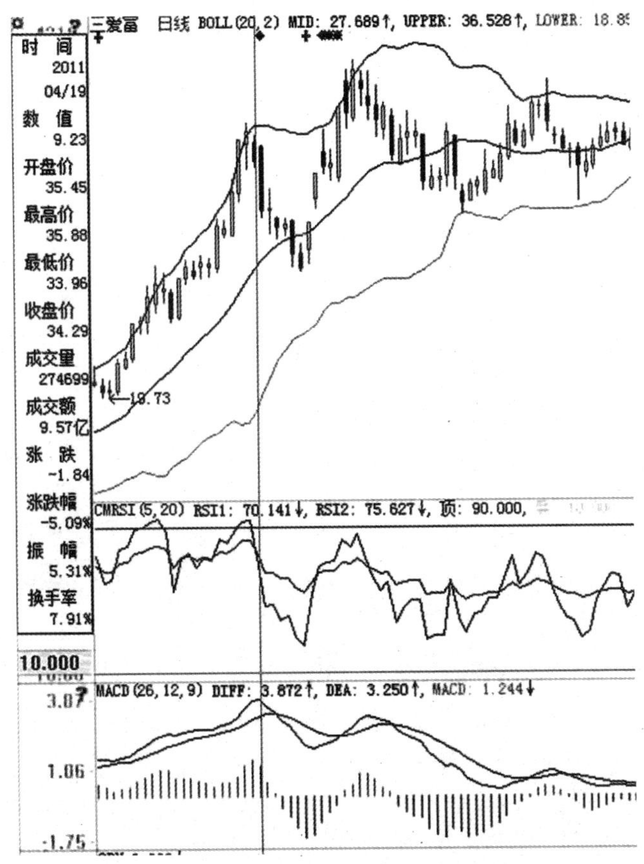

图 1－23　三爱富卖出点

提是一定要在买入的时候，充分判断清楚要买的这只股票是不是正在走主升浪行情。如果它只是一个在震荡行情中混迹的，那就凶多吉少了。如果到这些指标的复合周期都显示在大顶部了就要彻底抛出不做了。见图 1－24 至 1－26。

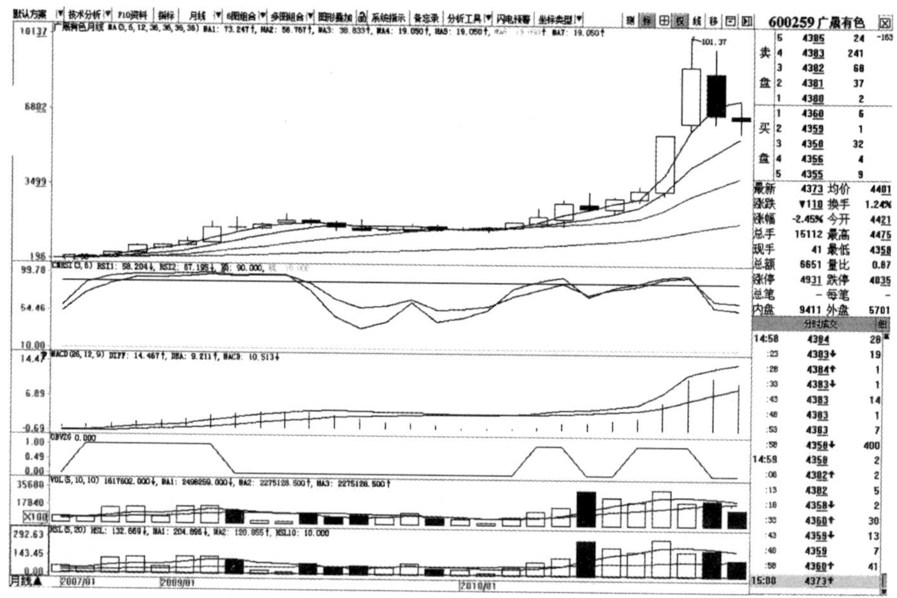

图1－24　广晟有色2007年2月到2010年11月走完整个主升浪行情的月线图

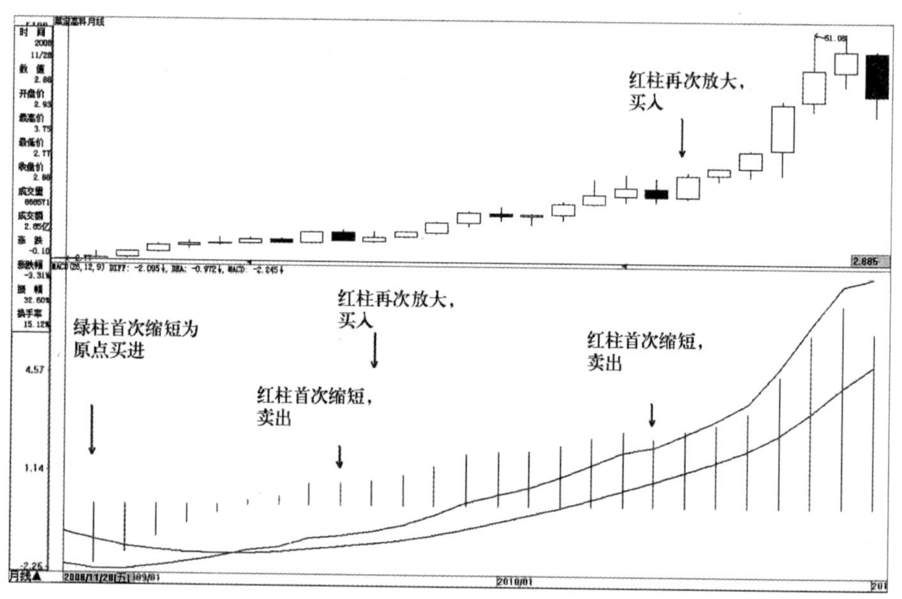

图1－25　2008年12月起莱宝高科月线图中的买卖点分布图

月线的绿柱首次缩短是买卖的原点。看见绿柱一缩短就买入，看见金叉就重仓，红柱首次一缩短立刻卖出，柱子再次上升就买入，看见DIFF一拐头向下就多抛出一些，看见死叉要彻底抛出不再买。

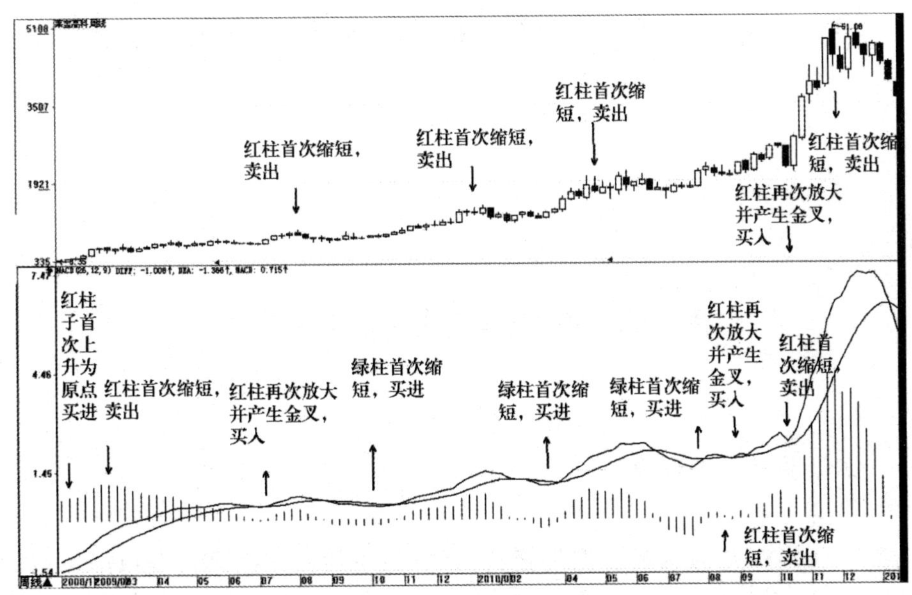

图1-26 2008年12月开始莱宝高科周线图中的买卖点分布图

通过这样简单直观的观察，明白了应该怎样去操作大牛股。积极把握每一次买入，坚决回避上升过程当中的整理和下跌，抓紧每一次的大涨利润，彻底回避大跌的风险，取得投资的最大利润。

这样的例子不胜枚举，关键是要落实执行。如果你学会了本书的理念和技巧，用先进的电脑软件为你站岗放哨。看见买卖信号出现你立刻就相应执行的话，你就一定能够享受到炒股票的乐趣。真正做到轻松买对卖对大牛股！

炒股票其实就是3个字：买—等—抛—等—买循环往复。只是期间的决定和坚持、忍耐和等待，是需要下工夫学习、执行和调整的。不做预测、多做观察、想好对策、看到现象、快下决策。

第二章　领先指标 RSI 的特殊秘籍

第一节　相对强弱指标 RSI 详解

RSI 指标的原理

RSI 指标是韦尔斯·王尔德首创的，相对强弱指数 RSI 是根据一定时期内上涨和下跌幅度之和的比率制作出的一种技术曲线。可以反映出市场在一定时期内的景气程度。

RSI 的原理简而言之是以数字计算的方法求出买卖双方的力量对比。强弱指标理论认为，任何市价的大涨或大跌，均在 0～100 之间变动，根据常态分配，认为 RSI 值多在 20～80 之间变动，通常 80 以上时被认为市场已到达超买状态，至此市场价格就会回落调整。当价格低至 20 以下时即被认为是超卖状态，市价将出现反弹回升。应用 RSI 的分析不能陷入公式化、机械化的泥潭中，因为任何事物都有特殊情况，RSI 超过 95 或低于 10 并不出奇，不要一见低于 20 就入市买进，一见高于 80 就抛售。可以结合其他图形具体分析。

相对强弱指标 RSI 是用以计测市场供需关系和买卖力道的方法及指标。

计算公式：

$$N\text{日}RSI=\frac{N\text{日内收盘涨幅的平均值}}{N\text{日内收盘涨幅均值}+N\text{日内收盘跌幅均值}}\times 100\%$$

由上面算式得出 RSI 指标的技术含义，即以向上的力量与向下的力量进行比较，若上的力量较大，则计算出来的指标上升；若下的力量较大，则指标下降，由此测算出市场走势的强弱。RSI 属于技术分析指标体系中为数不多的领先指标，可以优先洞察出行情的变化，较早地发现底部或顶部的出现以及趋势的突破。

RSI 曲线的形态

RSI 指标在高位盘整或低位横盘时所出现的各种形态也是判断行情和决定买卖行动的一种分析方法。

1. 当 RSI 曲线在高位(70 以上)形成 M 头或三重顶等高位反转形态时，表示着价格的上升动能已经衰竭，价格有可能出现长期反转行情，投资者应及时地卖出货币。如果价格走势曲线也先后出现同样形态则更能确认，价格下跌的幅度和过程可参照 M 头或三重顶等顶部反转形态的研判。

2. 当 RSI 曲线在低位(40 以下)形成 W 底或三重底等低位反转形态时，表示价格的下跌动能已经减弱，价格有可能构筑中长期底部，投资者可逢低分批建仓。如果价格走势曲线也先后出现同样形态，则更能确认价格的上涨幅度及过程可参照 W 底或三重底等底部反转形态的研判。

3. RSI 曲线顶部反转形态对行情判断的准确性要高于底部形态。

4. 相对强弱指数图形中曾经出现的最高点有较强的反压作用，相对强弱指数曾经出现的最低点具有较强的支撑作用。

多头市场中 RSI 值每次因价格回档下跌而形成的低点密集区往往是多头的第一道防线。空头市场中价格处于反弹盘整阶段 RSI 所出现的高点往往是空头的一道防线。

RSI 指标曲线的背驰

RSI 指标的背驰是指 RSI 指标的曲线的走势和价格 K 线图的走势方向恰好相反。RSI 指标的背驰分为顶背驰和底背驰两种。

顶背驰

当 RSI 处于高位,在创出 RSI 近期新高后,形成一峰比一峰低的走势,而此时 K 线图上的价格却再次创出新高,形成一峰比一峰高的走势,这就是顶背驰。顶背驰现象一般是价格在高位即将反转的信号,表明价格短期内即将下跌,是卖出信号。

在实际走势中,RSI 指标出现顶背驰是指价格在进入拉升过程中,会先创出一个高点,RSI 指标也相应在 80 以上创出新的高点之后,价格出现一定幅度的回落调整,RSI 也随着价格回落走势出现调整。但是,如果价格再度向上并超越前期高点创出新的高点时,RSI 随着价格上升也反身向上但没有冲过前期高点就开始回落,这就形成 RSI 指标的顶背驰。RSI 出现顶背驰后,价格见顶回落的可能性较大,是比较强烈的卖出信号。

图 2 -1 为 300162 雷曼光电在 2011 年 8 月 22 日到 2011 年 9 月 5 日期间,发生 RSI 指标顶背驰现象的示意图。当时股价 K 线是后一次的高点比前一次的高点高,RSI 指标的数值却发生后一次的高点比前一次的高点低的形式、成交量也发生后一次的高点比前一次的高点低的变化情况、MACD 指标的红柱子产生缩短变化的情况、OBV 指标也产生了回落的变化情况。经过这几个指标体系的综合判断。可以坚定的对正在发生这种现象的股票予以抛出,坚决做空。

图 2 -2 是 2011 年 7 月 8 日这一周巨化股份周线发生 RSI 顶背驰现

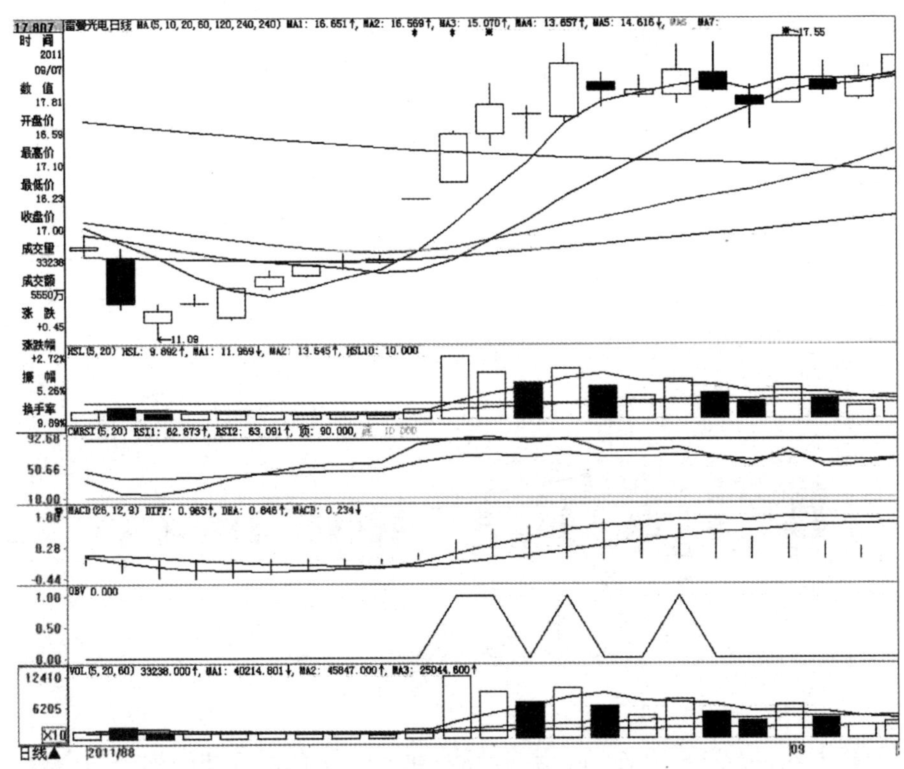

图 2－1　雷曼光电 RSI 指标顶背驰

象时的示意图。当时股价 K 线是后一次的高点比前一次的高点高，RSI 指标的数值却发生后一次的高点比前一次的高点低的形式、成交量也发生后一次的高点比前一次的高点低的变化情况、MACD 指标的红柱子产生缩短变化的情况、OBV 指标也产生了回落的变化情况。经过这几个指标体系的综合判断。你可以坚定的对正在发生这种现象的股票予以抛出，坚决做空。不用担心会抛错！其后经过一段大幅下跌满足买入条件时你可以去再做买入动作的。

底背驰

RSI 的底背驰一般是出现在 40 以下的低位区。当 K 线图上的价格

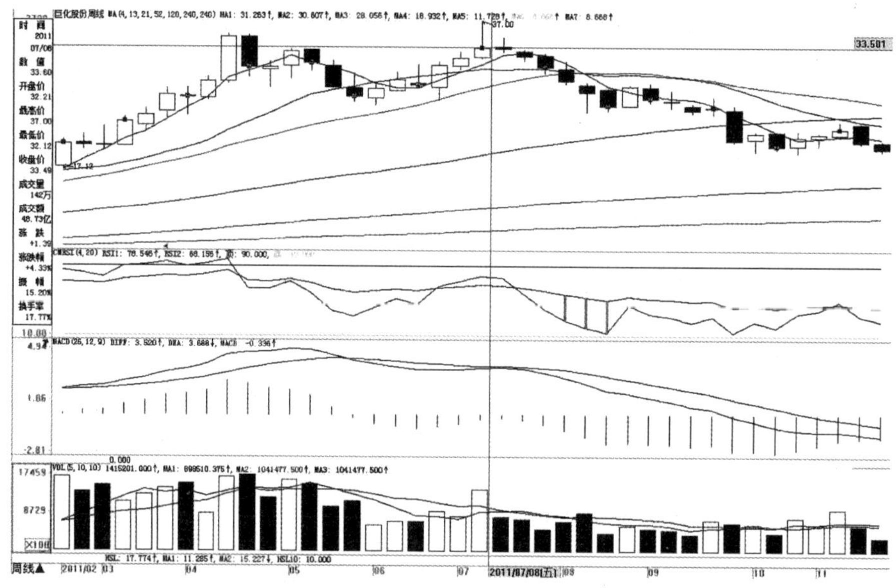

图 2－2　巨化股份周线 RSI 顶背驰

一路下跌，形成一波比一波低的走势，而 RSI 线在低位却率先止跌企稳，并形成一底比一底高的走势，这就是底背驰。底背驰现象一般预示着价格短期内可能会反弹，是短期买入的信号。

图 2－3 是 300021 大禹节水在 2011 年 9 月 30 日—2011 年 10 月 24 日期间发生 RSI 指标出现底背驰现象时的 K 线形式变化的情况、成交量变化的情况、MACD 指标的柱子产生向上变化的情况、OBV 指标产生创新高变化的情况。经过这几个指标体系的综合判断，你可以坚定地对正在发生这种现象的股票予以买入。坚决做多。不用担心会买错！其后经过一段大幅上升满足卖出条件时你可以去再做卖出动作的。

图 2－4 是 2011 年 10 月 28 日这一周中文传媒发生 RSI 指标出现底背驰现象时的示意图。由图可知，当 RSI 指标出现底背驰现象时的 K 线形式变化的情况、成交量变化的情况、MACD 指标的柱子产生向上变化

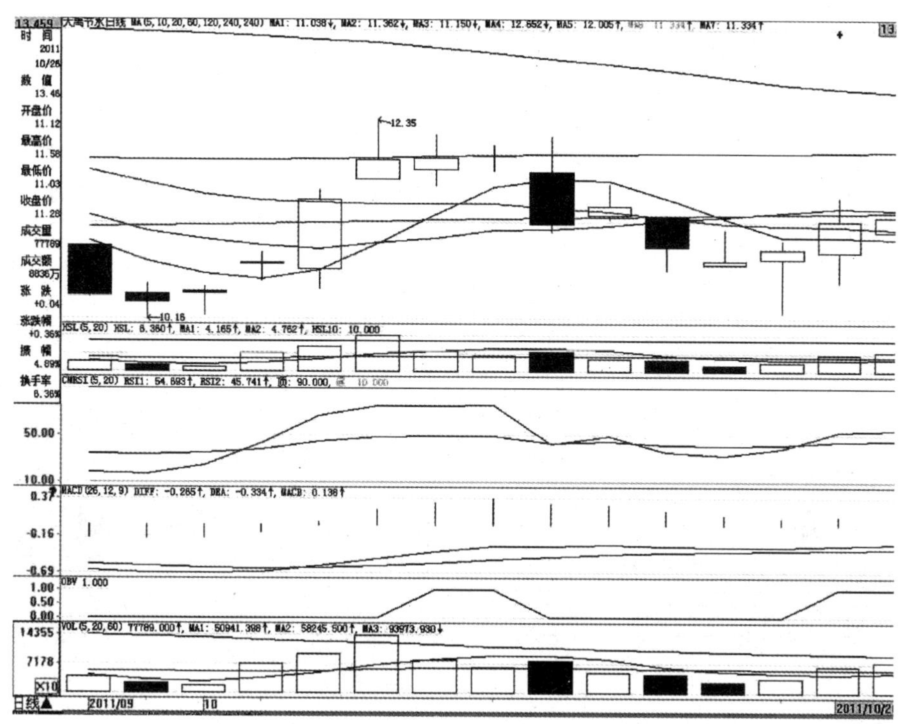

图 2－3　大禹节水 RSI 指标底背驰

的情况、OBV 指标产生创新高变化的情况。由此你可以对正在发生这种现象的股票予以买入。

与 MACD 等指标的背驰现象研判相同，RSI 的背驰中，顶背驰的研判准确性要高于底背驰。当价格在高位，RSI 在 70 以上出现顶背驰时，可以认为价格即将反转向下，投资者可以及时卖出；而价格在低位，RSI 也在低位出现底背驰时，一般要反复出现几次底背驰才能确认，并且投资者只能做战略建仓或做短期投资。

在高价区与低价区内相对强弱指数的变动与价格变化不一致时表明大势即将反转。

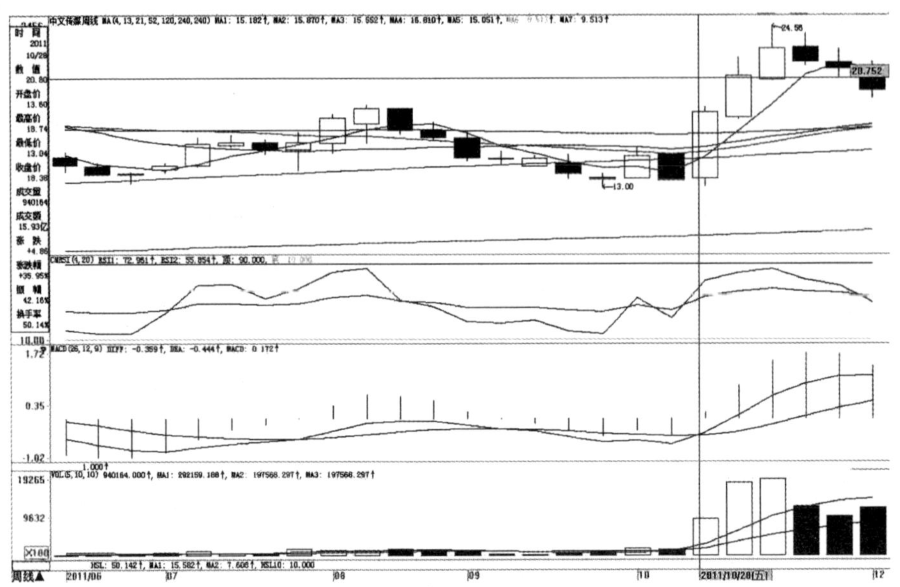

图 2－4　中文传媒 RSI 指标底背驰

RSI 指标的缺点

1. 当发生单边行情时，RSI 指标在高档或低档时会有钝化的现象，所以会发生过早卖出或买进。

2. RSI 没有明显规则性的买进或卖出信号，当指针在高位时，只能说明行情反转的可能性增高，但并没有办法进一步明确地指出时点。

3. 一般而言，RSI 的背驰信号通常是事后验证，事前很难看出，RSI 指标与价格的“背驰”走势常常会发生滞后现象。一方面，市场行情已经出现反转，可是该指标的“背驰”信号却可能滞后出现；另一方面，在各种随机因素的影响下，有时“背驰”现象出现数次后行情才真正开始反转，同时在研判指标“背驰”现象时，真正反转所对应的“背驰”出现次数并不确定，一次、两次或三次背驰都有出现趋势变化的可能，在实际操作中较难确认。

4. 由于 RSI 是一种比率的指标,因此在趋势分析的能力上会较弱。

5. 应该看到 RSI 指标所设置的时间参数不同,其给出的结果就会不同。

不同的投资者对时间周期的设定有不同的个人偏好,从理论上讲,较短周期的 RSI 指标虽然比较敏感,但快速震荡的次数较多,可靠性较差、较长周期的 RSI 指标虽然信号可靠,但指标的敏感性不够,反应迟缓,就会经常出现错过买卖良机的现象。解决该问题的一个方法是用复合周期的指标来化解。我在实战过程中一直用月 RSI 指标选长线股,用周 RSI 指标作中线依据,用日线 RSI 指标判断短线警示,用 60 分钟 RSI 指标决定高抛低吸。运用 RSI 指标应该综合其他技术指标和多周期指标体系共同分析。这样就能充分、有效、准确的得到非常好的实战效果。

此外,由于 RSI 是通过收盘价计算的,如果当天行情的波幅很大,上下影线较长时,RSI 就不可能较为准确地反映此时行情的变化。

6. 超买、超卖出现后导致的指标钝化现象容易发出错误的操作信号。在“牛市”和“熊市”的中间阶段,RSI 值升至 90 以上或降到 10 以下的情况时有发生,此时指标钝化后会出现模糊的误导信息,如果依照该指标操作可能会出现失误,错过盈利机会或较早进入市场而被套牢。

7. 一般来说,RSI 值在 40 到 60 之间研判的作用并不大。按照 RSI 的应用原则,当 RSI 从 50 以下向上突破 50 分界线时代表价格已转强、RSI 从 50 以上向下跌破 50 分界线则代表价格已转弱。但实际情况经常是让投资者一头雾水,价格由强转弱后却不跌,由弱转强后却不涨的现象相当常见。这是因为在常态下,RSI 会在大盘或价格运行方向不明朗而盘整时出现这种现象。

RSI 指标运用的真谛

在指标运用过程中,投资者经常产生困惑,有时指标严重超买,价格却继续上涨;有时指标在超卖区钝化很长时间,价格仍未止跌企稳。在分析研判任何技术指标时千万不能混淆了指标与价格的关系,指标不能决定价格涨跌,但价格决定指标的运行。价格是因,指标是果,由因可推出果。由果来溯因是本末倒置,不一定走得通。指标运用的真谛就是:我们必须要认清趋势至上,顺势而为。在涨跌趋势未改变之前,不要试图以指标的超买、超卖、钝化等来盲目判定该反弹、该回调了,要向市场屈服、向趋势屈服,一切以市场实际走势为第一。无论什么时候都要尊重市场的力量和市场的实际选择和结果。当然,这并非是完全摒弃了指标,相反是充分地利用其辅助参考作用,当价格趋势继续上涨或下跌时,指标也将继续超买或超卖,而当价格一旦发生转势,指标随后也会发生转势买卖信号,从而为操作提供强有力的技术上的参考,这就是指标运用的真谛。

第二节　RSI 的隐秘技巧

优化后的 CMRSI 指标

和其他指标相比,RSI 指标波动频繁,而且其预示的趋势性不是很明显,在实际研判中,往往会给投资者以错乱无序的感觉。为解决这个问题,经过大量的实践和研究对 RSI 指标进行了优化和改良,这里发表出来以便于讲述 RSI 指标的买卖预示功能。见图 2 – 5。

公式名称 CMRSI　□ 公式加密

公式描述

○ 主图叠加 ◉ 副图

行:7 列:7

No	参数名	缺省	最小	最大	步长
1	N1	5	0	100	1
2	N2	20	0	100	1
3					
4					

```
LC:=REF(CLOSE,1);
RSI1:SMA(MAX(CLOSE-LC,0),N1,1)/SMA(ABS(CLOSE-LC),N1,1)*100;
RSI2:SMA(MAX(CLOSE-LC,0),N2,1)/SMA(ABS(CLOSE-LC),N2,1)*100;
STICKLINE(RSI1-RSI2<-30,RSI1,RSI2,1,1),COLORRED;
STICKLINE(RSI1-RSI2>30,RSI1,RSI2,1,1),COLORRED;
顶:90;
底:10;
```

图 2－5

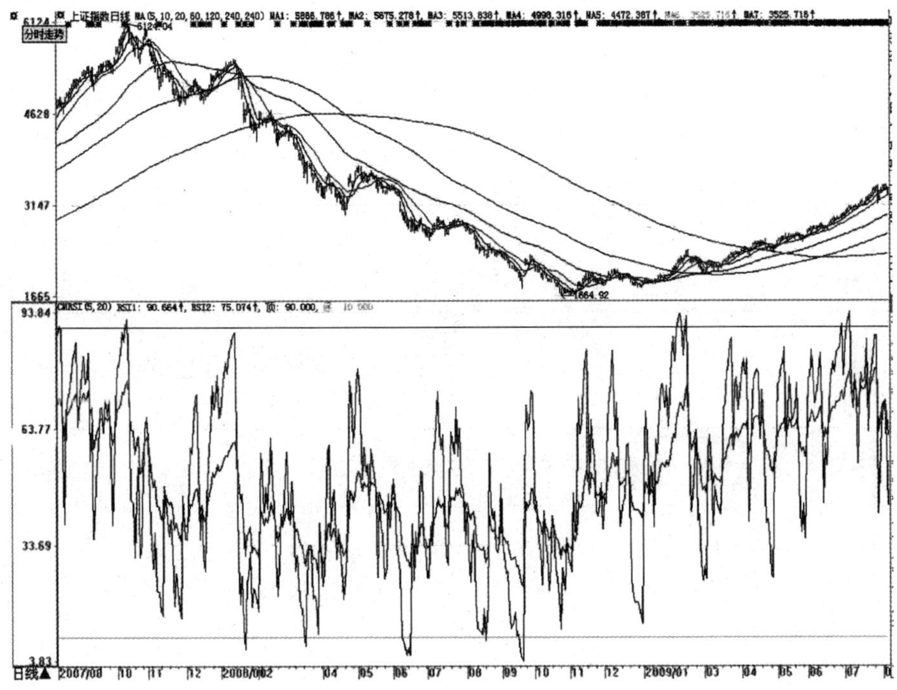

图 2－6　日线的 RSI 指标参数设置为(5,20)

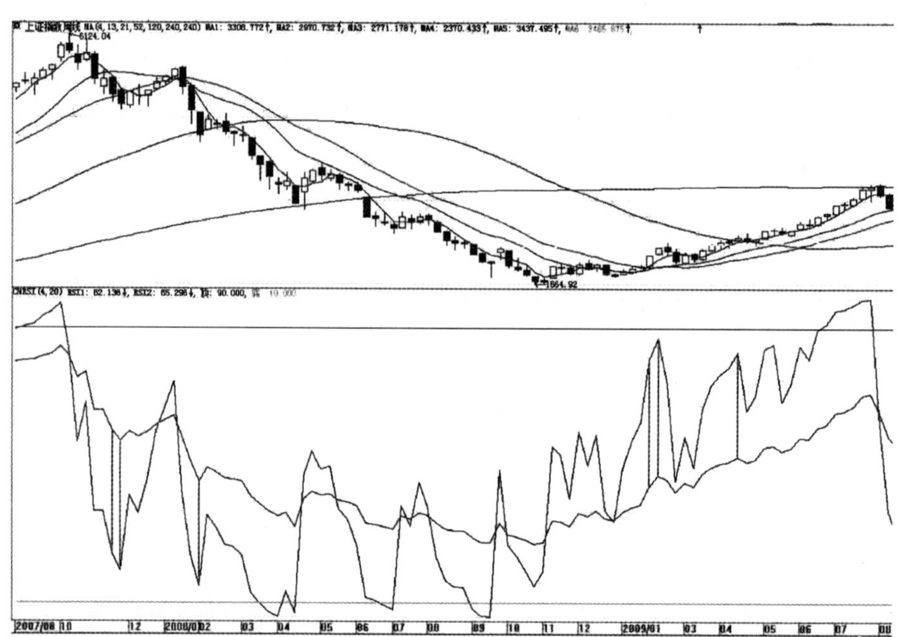

图 2－7　周线的 RSI 指标参数设置为(4,20)

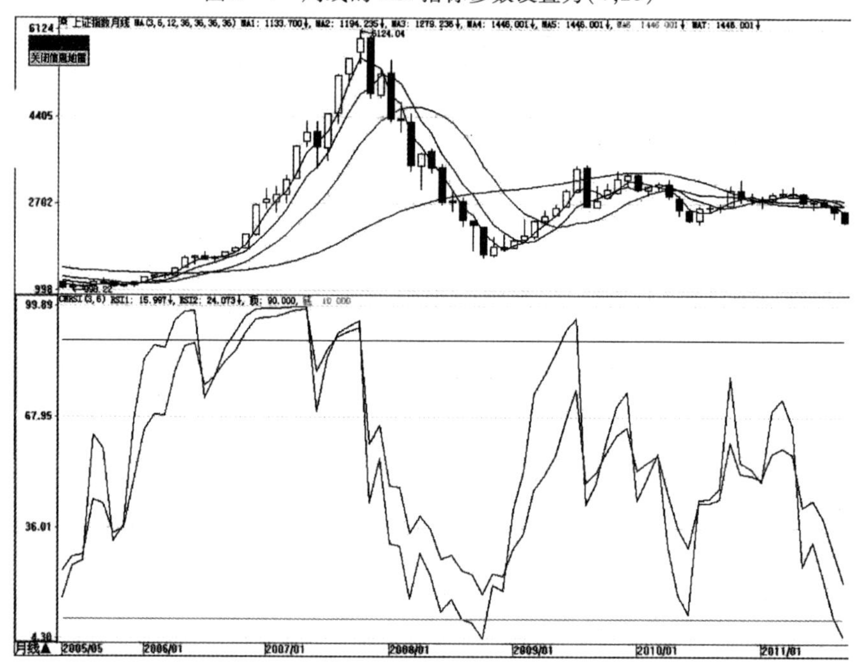

图 2－8　月线的 RSI 指标参数设置为(3,6)

平时习惯将日线的 RSI 指标参数设置为(5,20),将周线的 RSI 指标参数设置为(4,20),将月线的 RSI 指标参数设置为(3,6),见图 2－6 至 2－8,将 60 分钟线的 RSI 指标参数设置为(4,20),将 30 分钟线的 RSI 指标参数设置为(8,40)。

在 CMRSI 指标图中增加了一根顶线参数设置为(90)。作为顶部警戒线之用。一旦出现短周期 RSI 线下穿顶线立刻准备抛,见图 2－9。

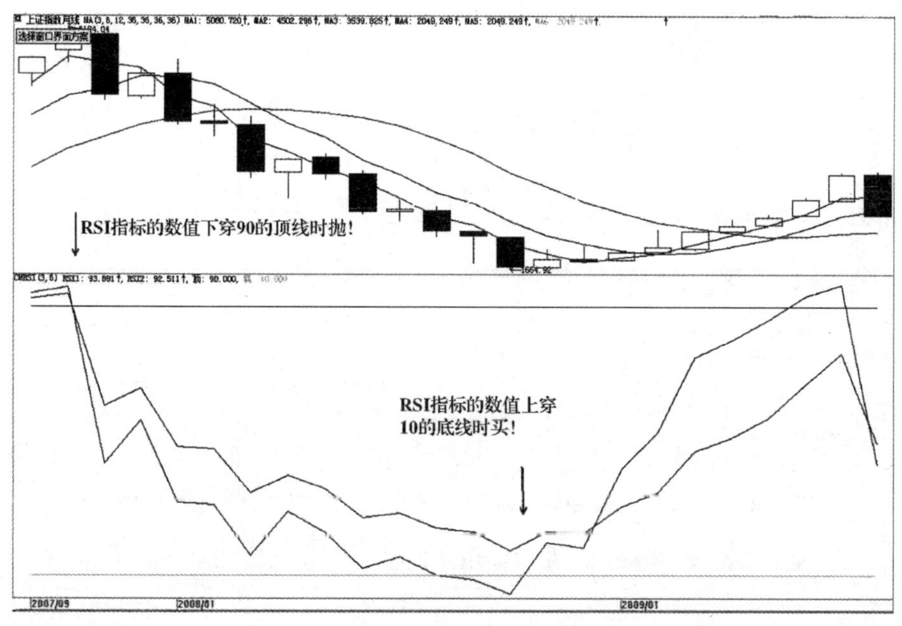

图 2－9

在 CMRSI 指标图中增加了一根底线参数设置为(10)。作为底部警戒线之用。一旦出现短周期 RSI 线上穿底线立刻准备买。

在 CMRSI 指标图中出现的红色柱状图有两种预警作用:

CMRSI 红色柱状图的第一种预警作用

第一种预警作用表现为短周期 RSI 的数值减长周期 RSI 的数值已大于等于 30 之时必须时刻配合其他指标体系发出的卖出信号准备抛。

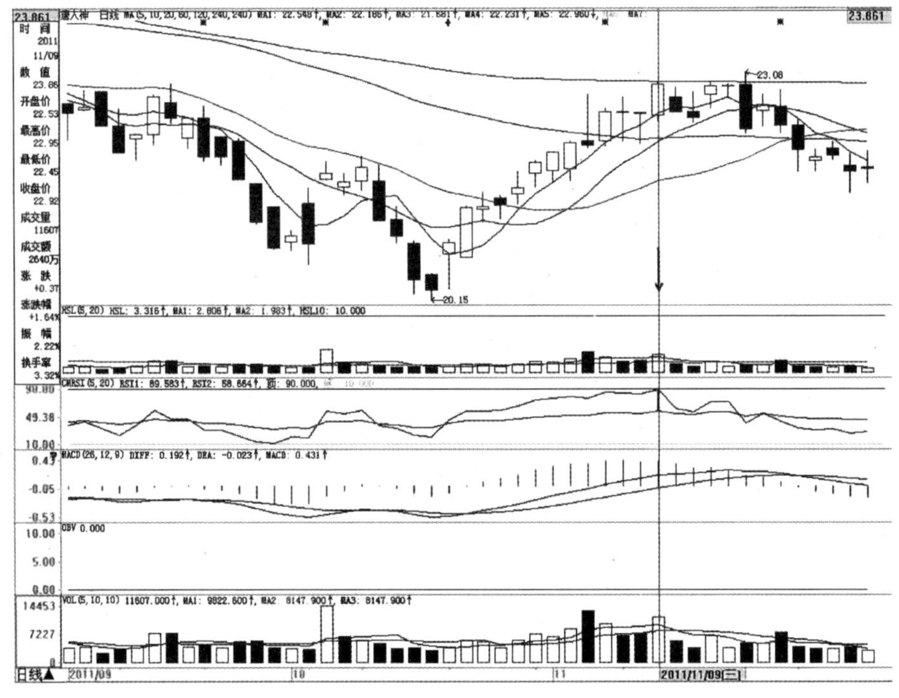

图 2-10

图 2-10 为 002567 唐人神在 2011 年 11 月 9 日 CMRSI 指标的 5 日 RSI 的数值减去 20 日 RSI 的数值已大于等于 30 以上的情况了。此时就需要准备短线抛一下了，如果此时 MACD 的红柱子也有缩短的迹象、OBV 指标也不坚决的向上延伸、K 线上方若有重要平均线的向下压制、在分时图中出现即时成交价大于分时成交均价的 3% 以上等情况时可以

先抛，大多数情况下都能够抛在相当高的位置，然后等待股价有足够的空间回落以后买回来做个差价。如果回落以后趋势发生扭转了那就不见绝佳买进机会不出手了。

CMRSI 指标的 5 日 RSI 的数值减去 20 日 RSI 的数值发生大于等于 30 以上的情况是非常多的。熟练掌握综合判断的这几个要素，然后做高抛低吸。但是若是发生 CMRSI 指标的 5 日 RSI 的数值减去 20 日 RSI 的数值发生大于等于 30 以上的情况时，其他的这几个要素都没有出现或者说在低一周期的指标体系中也没有走弱的表现的话，可以继续持股等待更高的卖点。

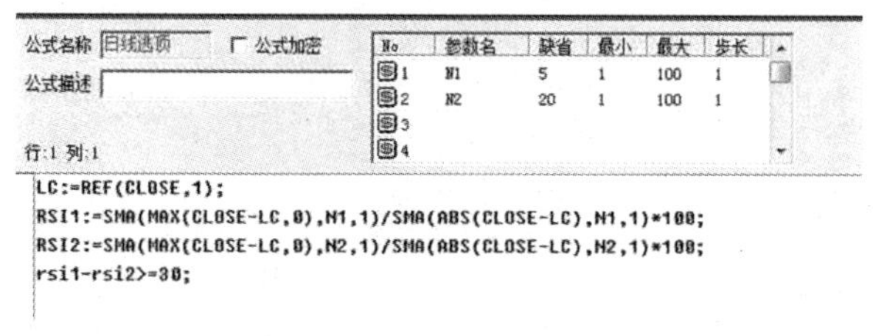

图 2－11 选股公式

图 2－11 为在盘中选出符合 CMRSI 指标的 5 日 RSI 的数值减去 20 日 RSI 的数值发生大于等于 30 情况的选股公式。

想使用在 60 分钟走势图或者周线走势图中的话只要将 N1 的数字为改 4，把禁用周期改到 60 分钟或者周就可以了。使用方法如前所述。见图 2－12。

每次出现这种 CMRSI 指标的 4 周 RSI 的数值减去 20 周 RSI 的数值已大于等于 30 以上的情况，就需要准备短线抛了，如果此时 MACD 的红柱子也有缩短的迹象、OBV 指标也不坚决的向上延伸、K 线上方若有重要平均线的向下压制、在分时图中出现即时成交价大于分时成交均价 3% 以上等情况时可以先抛，大多数情况下都能够抛在相当高的位置，然

图 2－12

后耐心等待股价有足够的空间回落以后买回来做差价。如果回落以后趋势发生扭转了那就不见绝佳买进机会绝不出手。

CMRSI 指标的 4 周 RSI 的数值减去 20 周 RSI 的数值发生大于等于 30 以上的情况是非常多的。熟练掌握综合判断的这几个要素，然后做高抛低吸。但若是发生 CMRSI 指标的 4 周 RSI 的数值减去 20 周 RSI 的数值大于等于 30 以上的情况时，其他的这几个要素都没有出现或者说在低一周期的指标体系中也没有走弱的表现的话，可以继续持股等待更高的卖点。

CMRSI 红色柱状图的第二种预警作用

第二种预警作用表现为长周期 RSI 的数值减短周期 RSI 的数值已大于等于 30 之时，必须时刻配合其他指标体系发出的买入信号准备买。

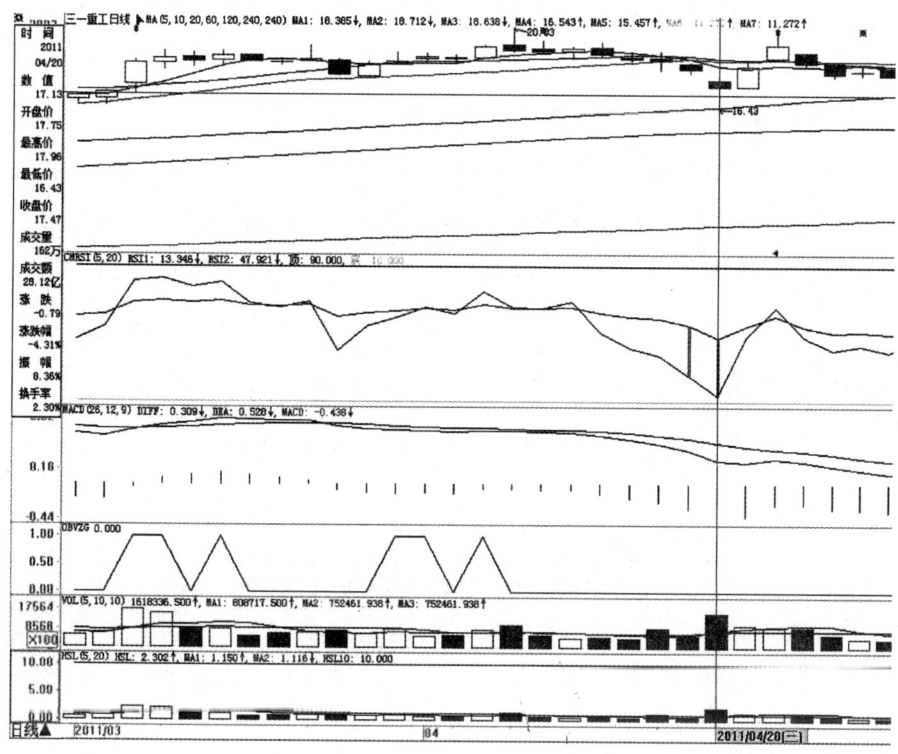

图 2-13 三一重工实例

图 2-13 为 600031 三一重工在 2011 年 4 月 20 日发生了 CMRSI 指标的 20 日 RSI 的数值减去 5 日 RSI 的数值已大于等于 30 以上的情况。此时就需要准备短线买入了，如果此时 MACD 的绿色柱子也有缩短的迹象或者在 60 分钟图中 MACD 的绿色柱子也有缩短的迹象、在 60 分钟图中 OBV 指标已经坚决地向上延伸了、20 日和 60 日移动平均线是向上多

头延伸的、在分时图中出现分时成交均价大于即时成交价 3% 以上等情况时可以先买。大多数情况下都能够买在牛股回调的一个相当低的位置上。然后耐心等待股价上升以后出现卖点再抛。

但是若 20 日线和 60 日线都是空头排列的情况下不能急着买。必须要等到 MACD 的绿色柱子也有缩短的迹象，或者在 60 分钟图中 MACD 的绿色柱子已经有缩短的迹象、在 60 分钟图中 OBV 指标已经坚决的向上延伸了、成交量开始放出来的时候才买入。这样的买点才安全、可靠。

因为 RSI 指标是通过收盘价计算的，如果当天行情的波幅很大，上下影线较长时，看盘后的 RSI 数值就不可能较为准确反映此时行情的变化，需要灵活根据形态走势模拟计算一下。

图 2－14 为在盘中选出符合 CMRSI 指标的 20 日 RSI 的数值减去 5 日 RSI 的数值发生大于等于 30 情况的选股公式。

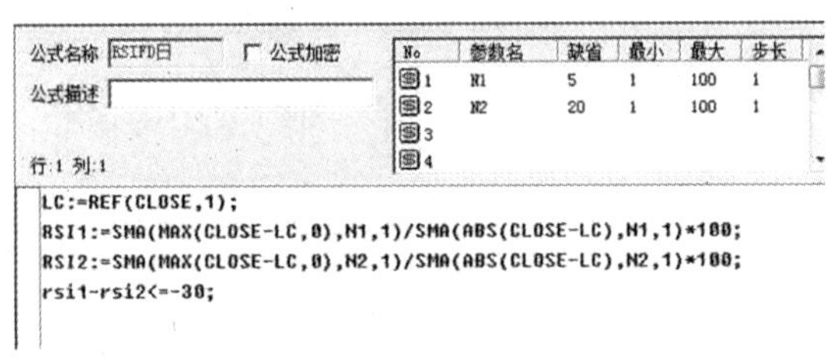

公式名称 RSIFD日　厂 公式加密
公式描述
行:1 列:1

No	参数名	缺省	最小	最大	步长
1	N1	5	1	100	1
2	N2	20	1	100	1
3					
4					

```
LC:=REF(CLOSE,1);
RSI1:=SMA(MAX(CLOSE-LC,0),N1,1)/SMA(ABS(CLOSE-LC),N1,1)*100;
RSI2:=SMA(MAX(CLOSE-LC,0),N2,1)/SMA(ABS(CLOSE-LC),N2,1)*100;
rsi1-rsi2<=-30;
```

图 2－14　选股公式

想使用在 60 分钟走势图或者周线走势图中的话只要将 N1 的数字改为 4，把禁用周期改到 60 分钟或者周就可以了。使用方法如前所述。

短周期 RSI 金叉长周期 RSI

当短周期 RSI 向上突破长周期 RSI 形成“金叉”时，表明市场多头力量开始强于空头力量，价格将大幅扬升，这是 CMRSI 指标所指示的买入信号。尤其是当 K 线也同时带量向上突破时，这种买入信号比较准确。此时，投资者应及时逢低买入。图 2－15 为 RSI 指标产生“金叉”的公式。

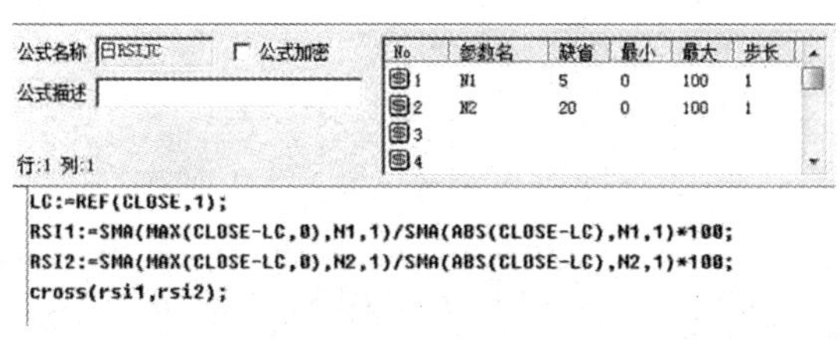

图 2－15　金叉公式

想使用在 60 分钟走势图或者周线走势图中的话只要将 N1 的数字改为 4，把禁用周期改到 60 分钟或者周就可以了。使用方法如前所述。

短周期 RSI 高位死叉长周期 RSI

当短周期 RSI 和长周期 RSI 的数值在高位数值上方运行较长时间后，且短周期 RSI 向下突破长周期 RSI 形成“死叉”时，表明多头力量已经衰弱，价格将开始大幅下跌，这是 CMRSI 指标指示的短线卖出信号。尤其是对于那些前期涨幅过大的市场，这种卖出信号更加准确。此时，投资者应及时清仓离场。

图 2－16 是 RSI 指标产生“中高位置死叉”的公式：

图 2－17 为上证指数在 2007 年 10 月 16 日—2008 年 10 月 26 日出现的各个周线 RSI 指标死叉的情况。

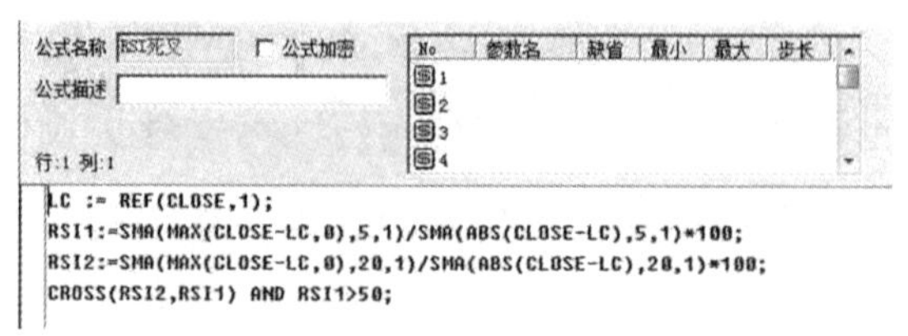

图 2－16 中高位置死叉公式

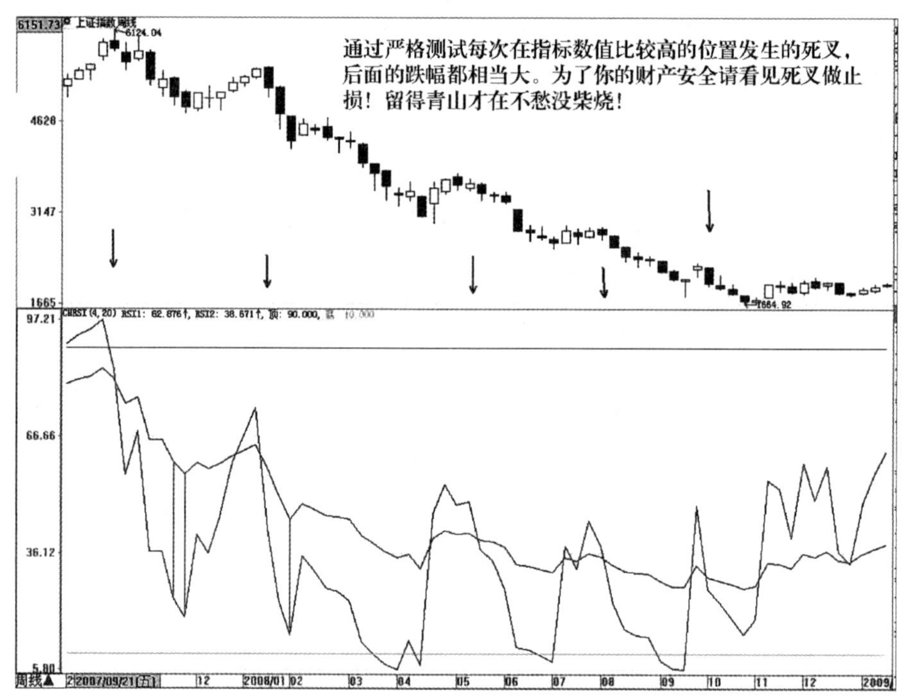

图 2－17 上证指数实例

高位竭尽性缺口预示卖出

一旦日 RSI 或周 RSI 的数值出现在高位区、出现有跳空缺口都要当心是竭尽性缺口出现，若出现长上影线或其他头部形态 K 线，尤其是回补掉该缺口则更加应该先抛。如图 2－18,2－19。

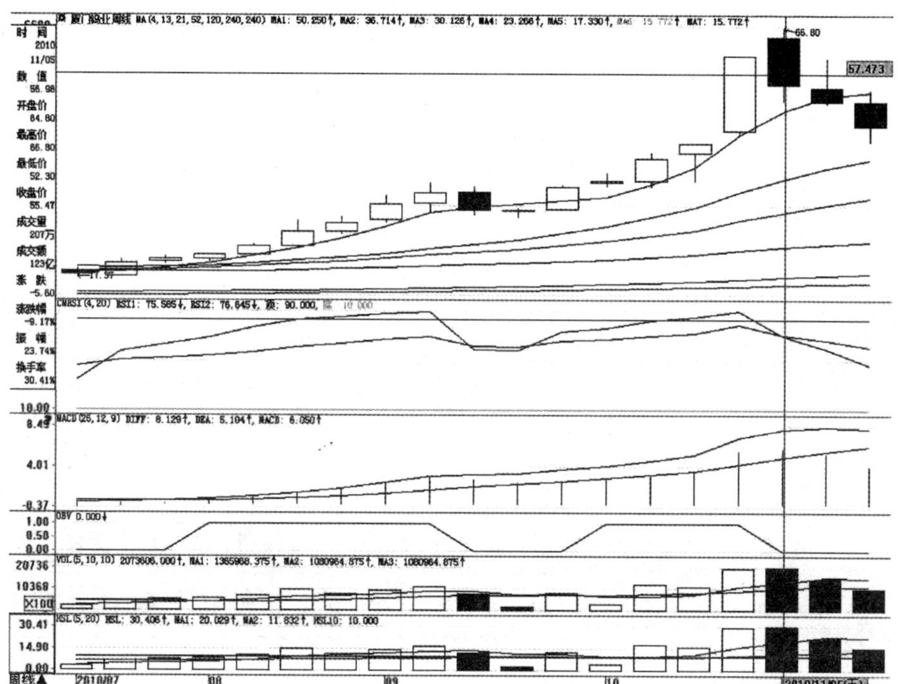

图 2－18　600549 厦门钨业在 2010 年 11 月 5 日这一周见顶时的周线图

RSI 顶背驰预示卖出

当股价涨升一大段后,涨速减缓,高点一次比一次低,同时 60 分钟 RSI 或日线 RSI 出现顶背驰走势宜在两次或两次背驰后抛出。短线快速上攻时出现分时图走软迹象;成交量在连续放大之后迅速减至 30% 以下水平;盘口明显抛盘汹涌,RSI(60 分钟)明显走弱,日线已在指标极大乖离时,先短线抛出,退出观望。如图 2－20。

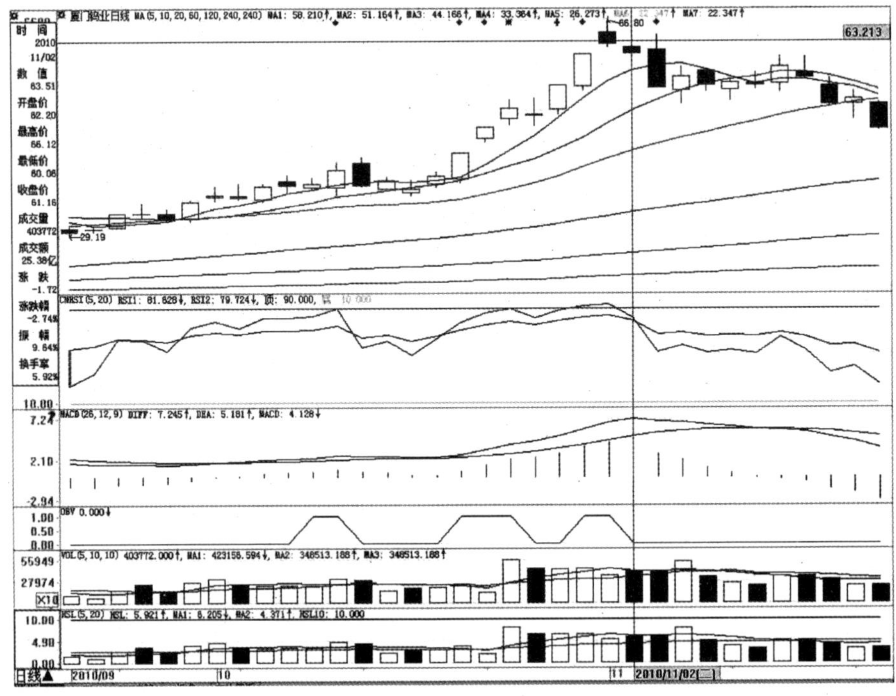

图 2－19　600549 厦门钨业在 2010 年 11 月 5 日见顶时的日线图

RSI 死叉确认卖点

K 线见顶信号与成交量的显著放大与 MACD 的顶背驰或 RSI 的乖离过大都是可确认顶部的共振卖点时机。如图 2－21。

图 2－21 的形态走势及其指标特征完全可以作为经典的例子去对照理解。发现类似的股票走势,第一反应只有一个字“抛”。

刚刚跌破 20 天线时若 RSI 刚产生死叉,或者反弹至 20 天线非常近的时候,此时若 20 天线是朝下走的更应抛。然后等到出现买入信号时再逐步买回来。见图 2－22。

刚刚跌破 60 天线时若 RSI 刚产生死叉,或者反弹至 60 天线非常近

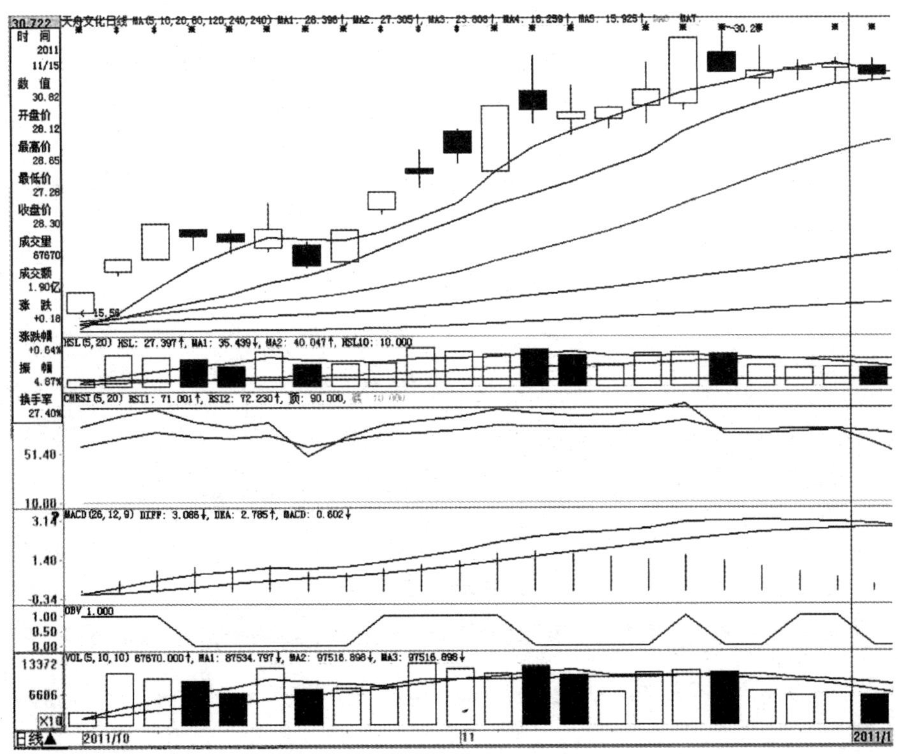

图 2-20 300148 天舟文化在 2011 年 11 月 15 日前发生 RSI 顶背驰时的日线图

的时候，此时若 60 天线是朝下走的更应抛。然后等到出现买入信号时再逐步买回来。

刚刚跌破 120 天线时若 RSI 刚产生死叉，或者反弹至 120 天线非常近的时候，此时若 120 天线是朝下走的更应抛。然后等到出现买入信号时再逐步买回来。

刚刚跌破 240 天线时若 RSI 刚产生死叉，或者反弹至 240 天线非常近的时候，此时若 240 天线是朝下走的更应抛。然后等到出现买入信号时再逐步买回来。

以上的实际案例数不胜数，非常普遍，希望读者认真体验重视，因篇

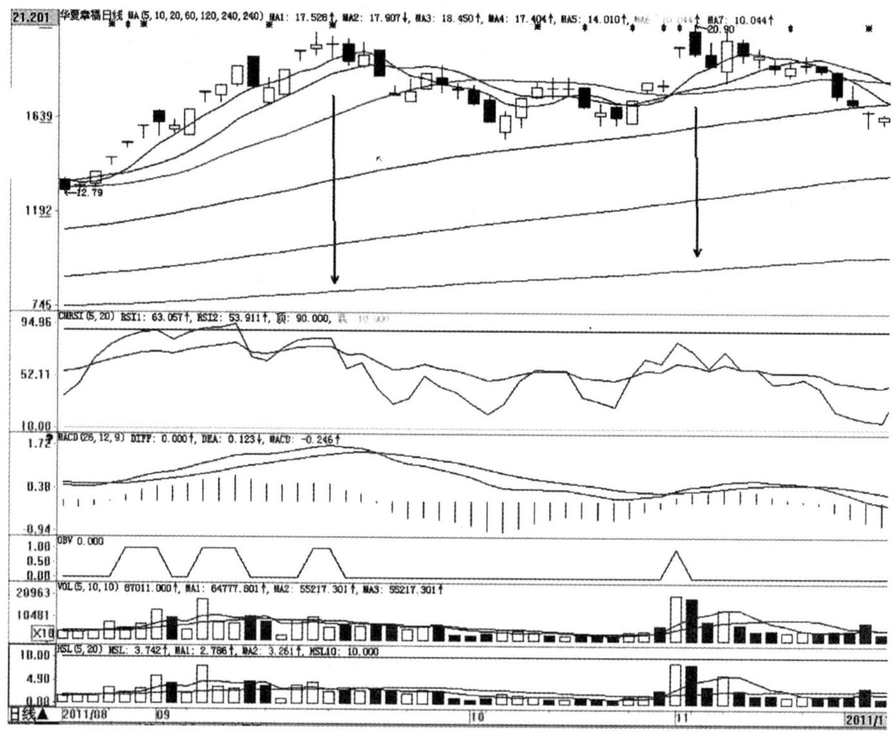

图 2－21　600340 华夏幸福 2011 年 11 月 3 日前发生的经典顶背驰

幅有限恕不一一举例说明。

当日 RSI 和周 RSI 同步产生在 50 区域以上的死叉之时，应当先抛。做空的准确性不容置疑。然后等到出现买入信号时再逐步买回。图 2－23 是该方法的各个时期必须同时具备的条件。

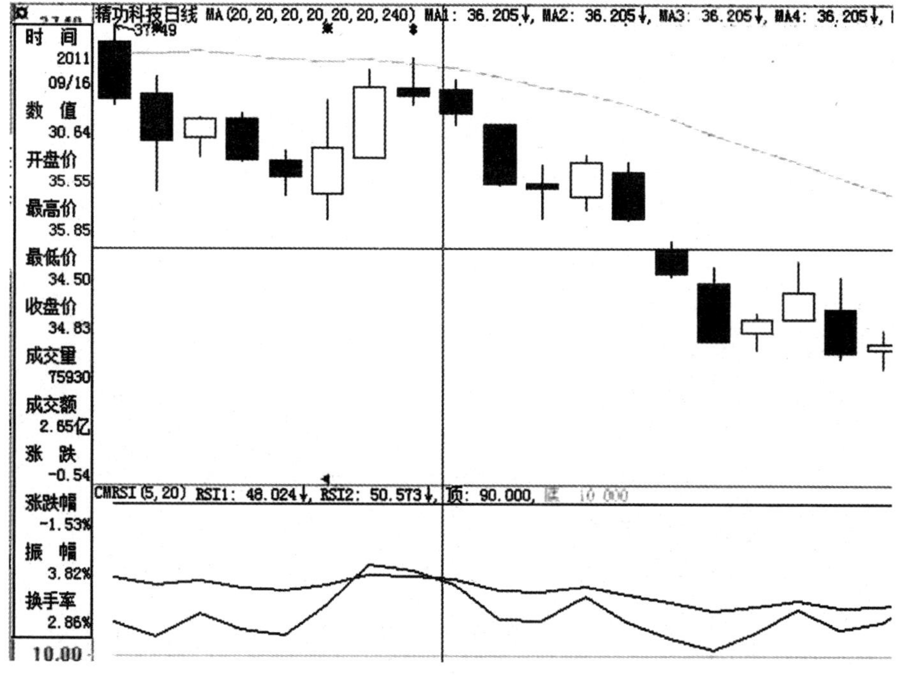

图 2－22

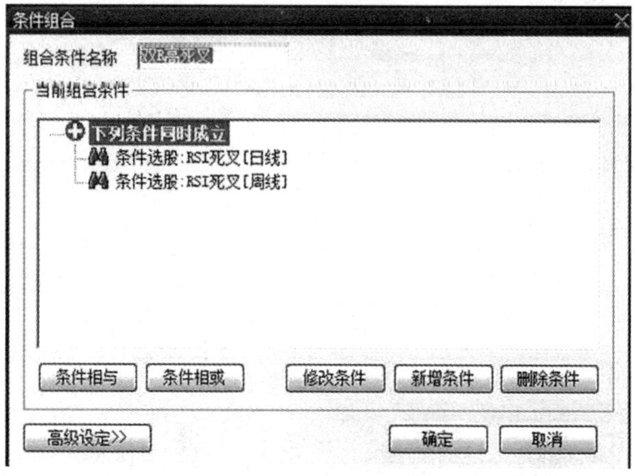

图 2－23　选股条件

该方法由大智慧软件客观、真实的测试,而得出的科学的、直观的统计数据,见图 2 - 24。

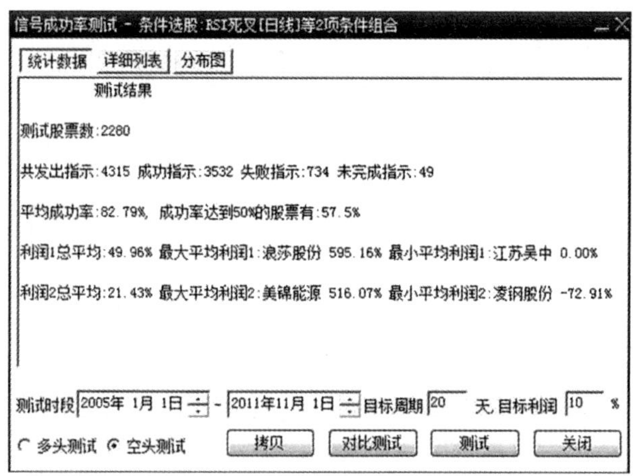

图 2 - 24

图 2 - 25 和图 2 - 26 为 2010 年 4 月 27 日 600551 时代出版日 RSI 和周 RSI 同步在 50 区域以上死叉时,各个相关配套指标当时的情形。

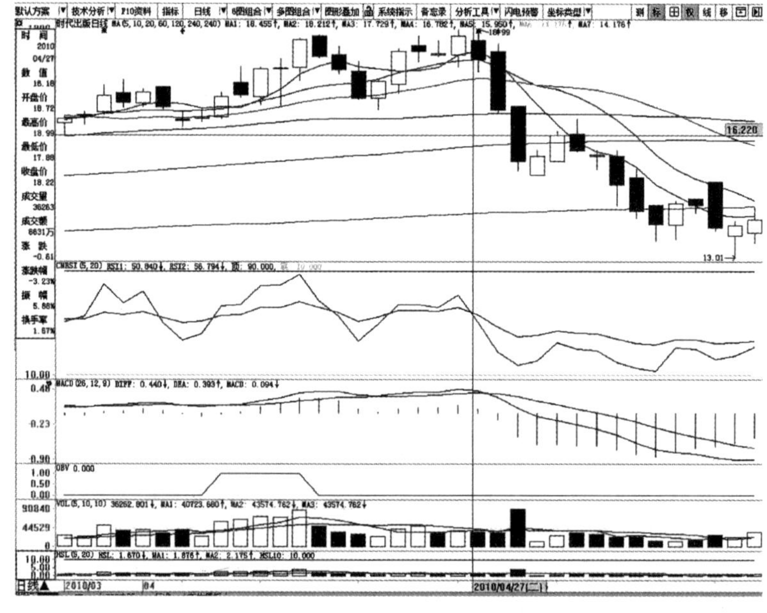

图 2 - 25　时代出版实例日线

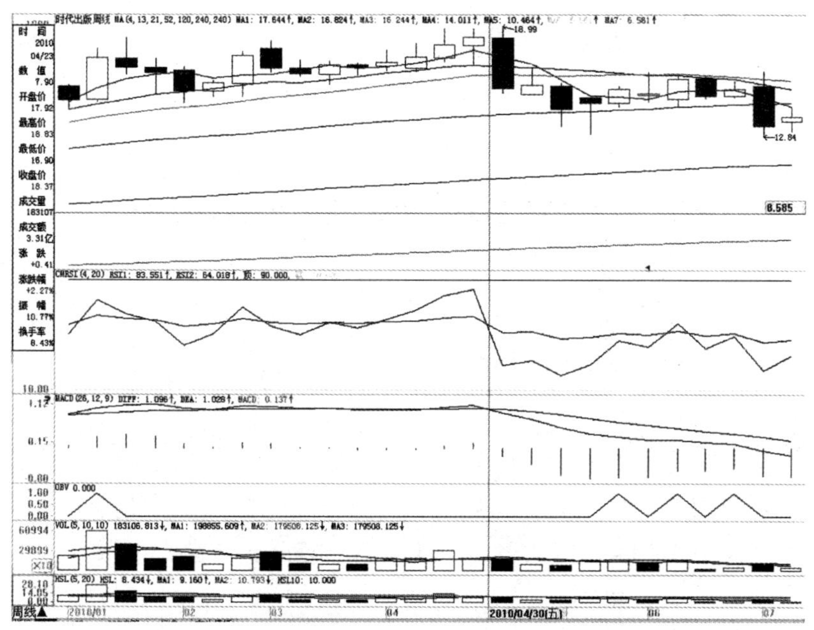

图 2－26 时代出版实例周线

第三节 RSI1 与 RSI2 数值研判技巧

周线 RSI1 与 RSI2 差值研判技巧

当周线 RSI(4,20)之 RSI1 减 RSI2 的数值大于等于 30 之时,若日线 RSI 之 RSI1 也大于 RSI2 数值 30 之时,则等到 60 分钟图中一旦发生 MACD 红柱子首次缩短的情况就要坚决抛出。耐心等待出现买入信号以后再买回。这种方法做空的准确性不容置疑。还要提醒一点因为 RSI 指标是通过收盘价计算的,如果当天行情的波幅很大,上下影线较长时,看盘后的 RSI 数值就不可能很准确反映此时行情的变化,同时 MACD 的指标如果碰到涨停板和停牌时段时它的信号是失真的,碰到这些情况时是需要灵活根据形态走势模拟计算一下。

图 2 - 27 是该方法的各个时期必须同时具备的条件。该方法由大智慧软件客观、真实的测试，而得出的科学的、直观的统计数据，见图 2 - 28。

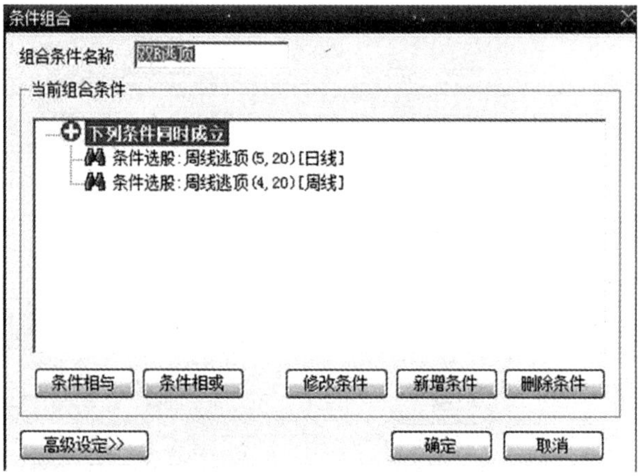

图 2 - 27　选股条件

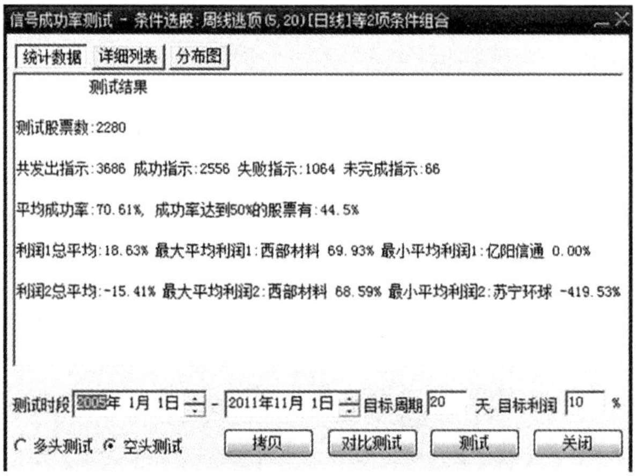

图 2 - 28　软件测试

实战操作中出现这种现象时迅速到它的 60 分钟图中去观察，一旦发生 MACD 红柱子首次缩短的情况就要坚决抛出。绝大多数情况下它马上就要进入调整整理一段时间。

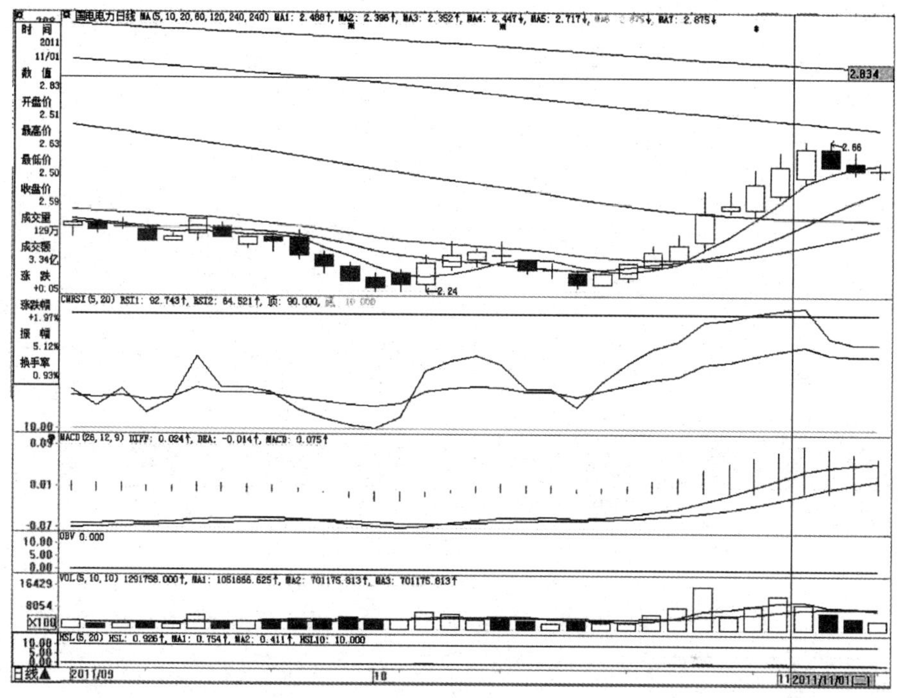

图 2－29　600795 国电电力 2011 年 11 月 2 日发生在日线图上的现象

把这两张指标数值看上去都差一点点的图片做范例就是以实际例子再次提醒大家：RSI 指标是通过收盘价计算的，如果当天行情的波幅很大，上下影线较长时，看盘后的 RSI 数值就不可能准确反映此时行情的变化，同时 MACD 的指标如果碰到涨停板和停牌时段时它的信号是失真的，碰到这些情况时是需要灵活根据形态走势模拟计算一下。其实在当时盘中价格最高的对方，它的日线数值和周线数值都满足了的。因为我是把这些模式都制作成公式，以组合条件为形式放在软件的预警框里的。

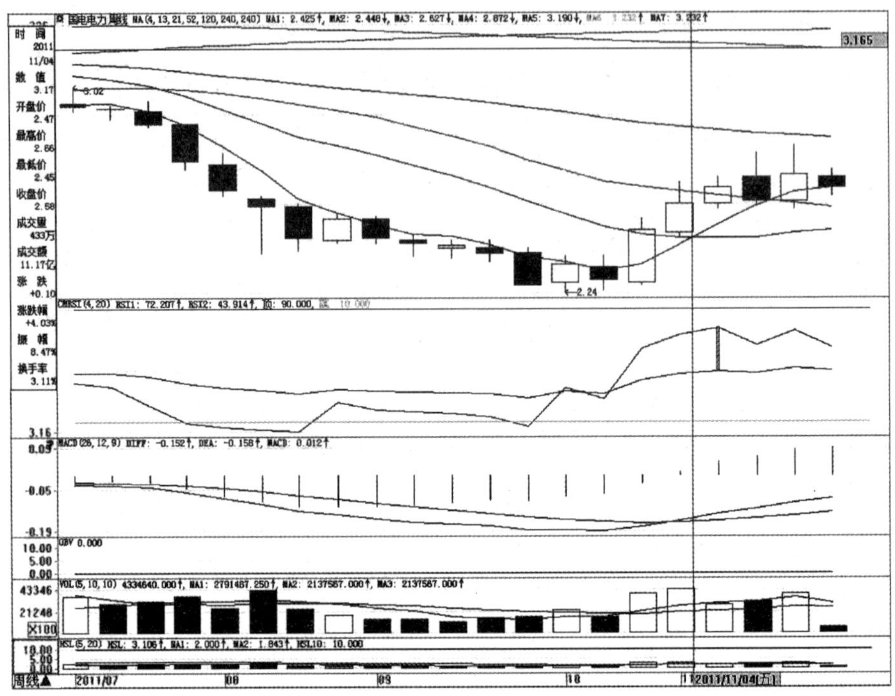

图 2－30　600795 国电电力 2011 年 11 月 2 日这一周发生在周线图上的现象

一旦有达到这些具体条件的股票出现，它就会从预警框里弹出来的。只要稍加判断即可决定是否买卖的。

用 RSI1 数值判断卖点

当日线 RSI(5,20)之 RSI1 的数值已经在 90 以上且放大量或大换手之时，则坚决不急于买入。耐心等待出现买入信号以后再买不迟。手里有发生这样情况的股票，就要去关心它在 MACD 指标中的(60 分钟图和日线图)红柱子有没有缩短的迹象。一旦发生了这种现象立刻抛出。发出这种信号以后的一段时间内的跌幅一般都比较大。

如图 2－31，002460 赣锋锂业 2011 年 7 月 5 日发生上述情况时的日线各种指标现象。

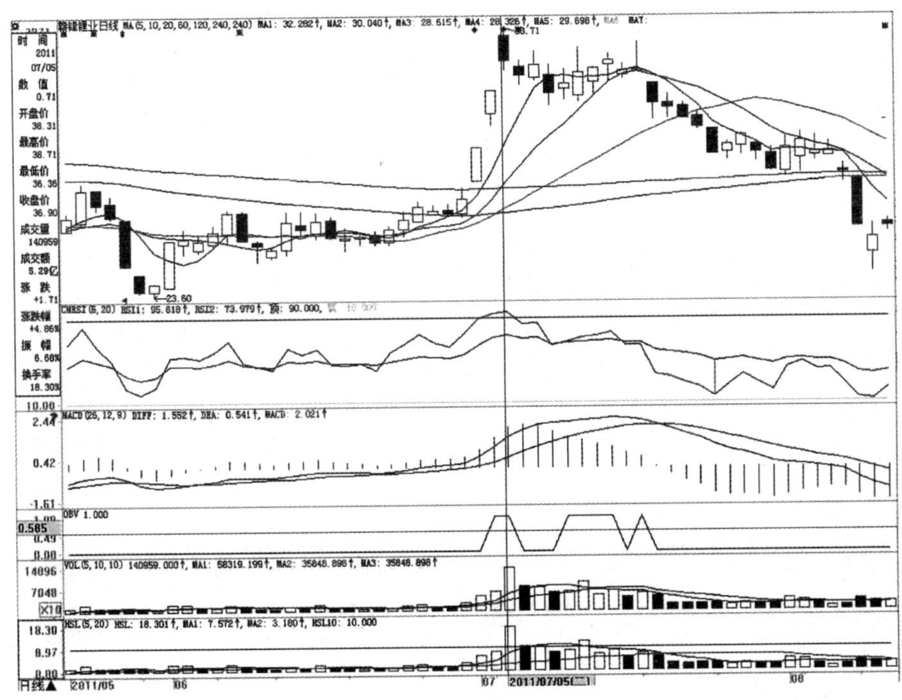

图 2－31 赣锋锂业实例

002460 赣锋锂业在 2011 年 7 月 5 日的 60 分钟图形中发生 RSI 从 90 以上向下死叉、MACD 红柱首次缩短、OBV 指标不再向上、出现大换手率、即时分时图上白线远离分时图均价线 3% 以上等情况时的各种指标现象，见图 2－32。

当周线 RSI(4,20)之 RSI1 的数值已经在 90 以上且放大量或大换手之时，若出现日线图中一旦发生 MACD 红柱子首次缩短的情况，就要坚决抛出。没有短线快且有幅度的连续阴线暴跌之时坚决不买。一定要等到指标体系出现相辅相成的买入信号出现才买。该方法时期必须同时具备的条件见图 2－33。该方法由大智慧软件客观、真实的测

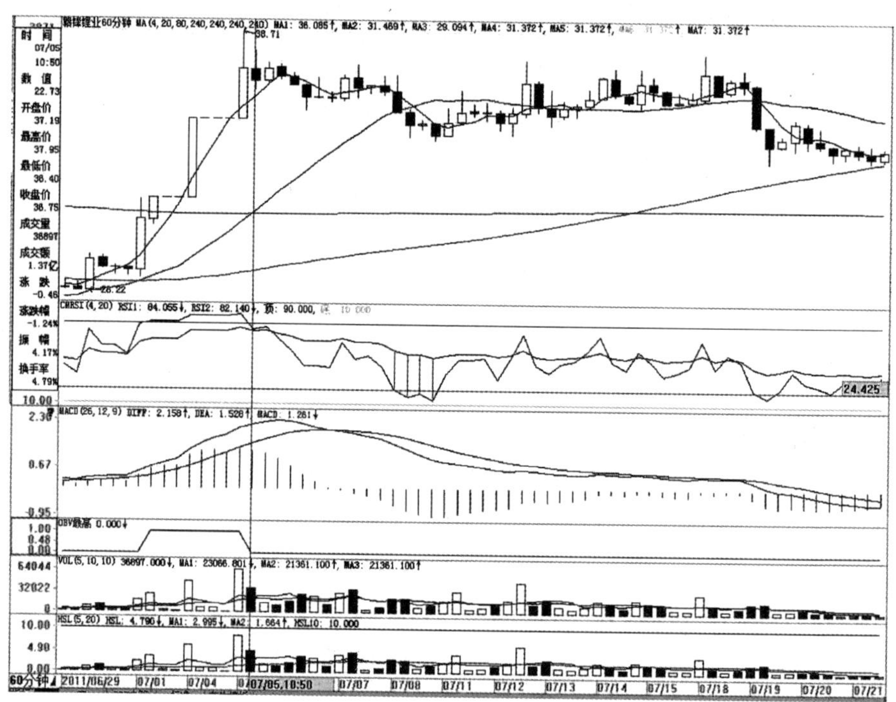

图 2-32　赣锋锂业实例

试，而得出的科学的、直观的统计数据，见图 2-34。

图 2-35 为 002460 赣锋锂业在 2011 年 7 月 15 日这周里发生日线图和 60 分钟图形中发生 RSI1 的数值分别从 90 以上向下死叉、MACD 红柱首次缩短、OBV 指标不再向上、出现大换手率、即时分时图上白线远离分时图均价线 3% 以上等情况时的各种指标现象。

当周 RSI 指标（4,20）之 RSI1 的数值在 90 以上，若此时日线 RSI 指标（5,20）之 RSI1 产生死叉 RSI2 时必抛。该方法必须同时具备的条件见图 2-36。该方法由大智慧软件客观、真实的测试，而得出的科学的、直观的统计数据，见图 2-37。

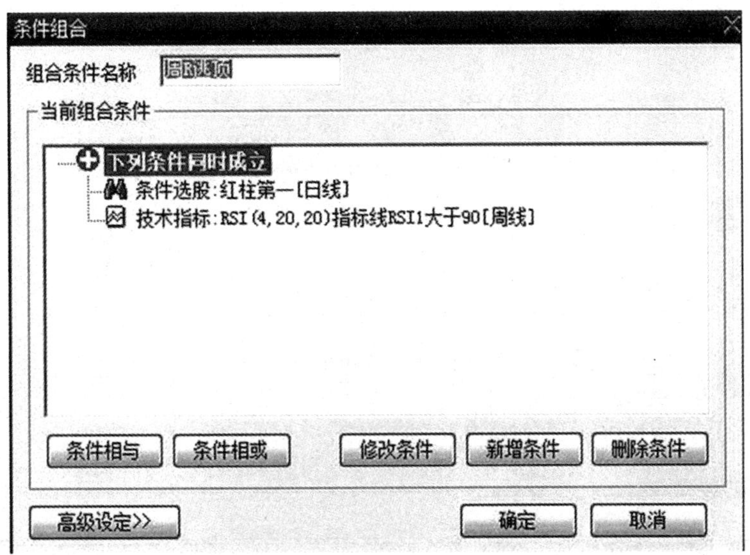

图 2－33　组合条件

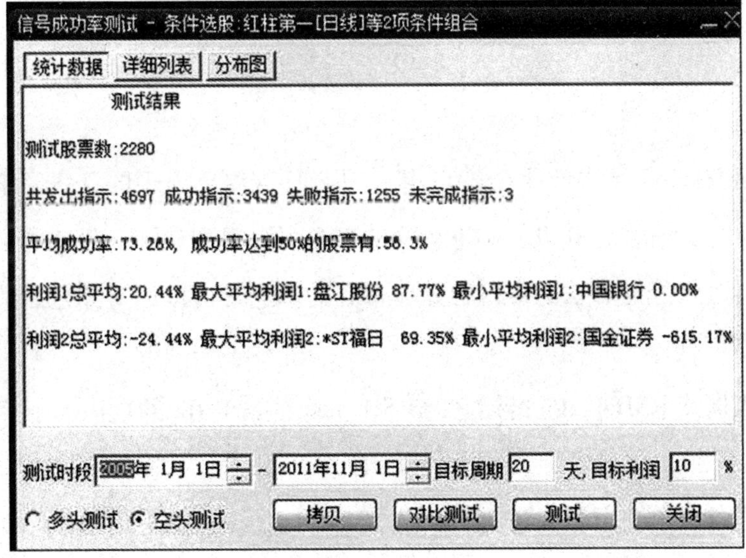

图 2－34　软件测试

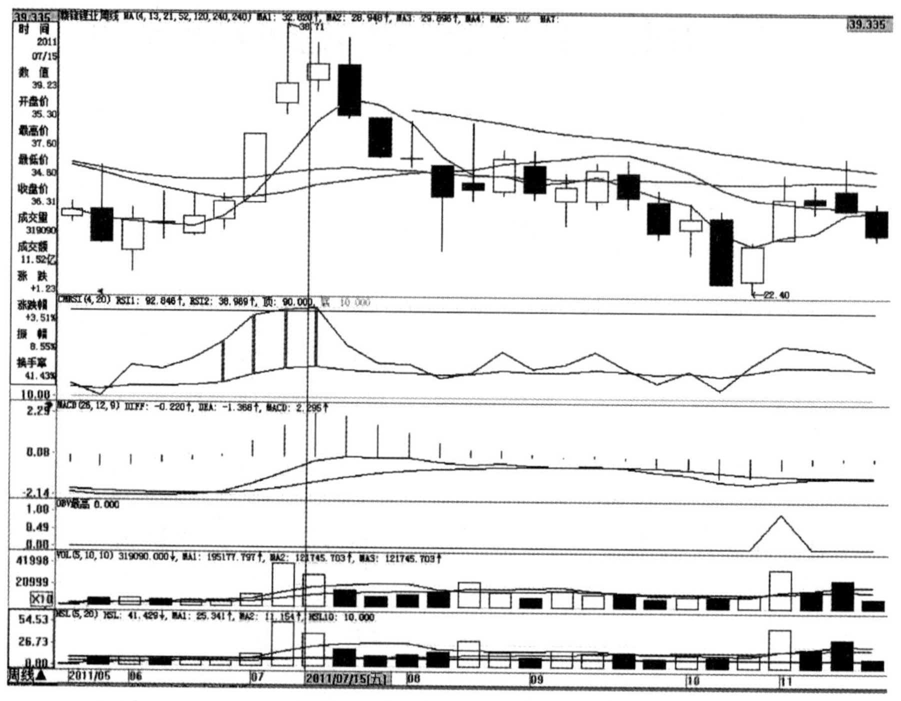

图 2-35　赣锋锂业实例

从 002460 赣锋锂业在 2011 年 7 月 8 日这周里出现的日线图中发生的 RSI1 的数值从 90 以上向下死叉的现象可以得到认证。具体的例子非常多。这种抛点方法的准确性是非常高的。经常可以回避掉之后的一大段中期下跌。

当周线 RSI(4,20)指标之的 RSI1 的数值减 RSI2 的数值大于等于 30 之时,

若日线出现放量急涨,若即时分时图上白线远离分时图均价线 3% 以上时必抛。这种方法做空的准确性勿庸质疑。实际案例数不胜数,非常普遍,希望大家认真体会重视这种信号的卖出时机。因为篇幅有限恕不一一举例说明了。为什么经常可以在大牛股上卖在最高价附近?为什

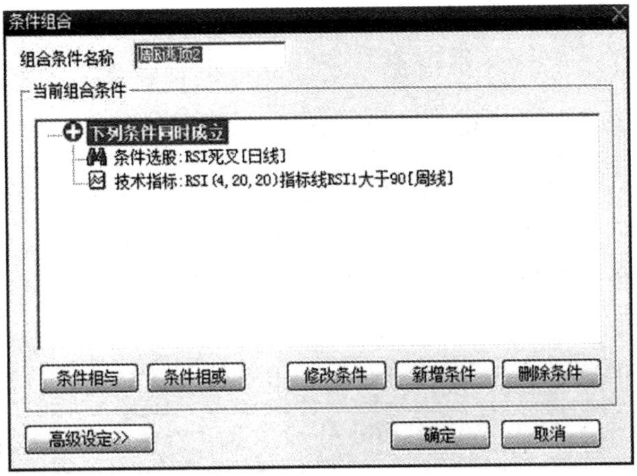

条件组合

组合条件名称

当前组合条件

下列条件同时成立

条件选股:RSI死叉[日线]

技术指标:RSI(4,20,20)指标线RSI1大于90[周线]

条件相与　条件相或　修改条件　新增条件　删除条件

高级设定>>　确定　取消

图 2－36　组合实例

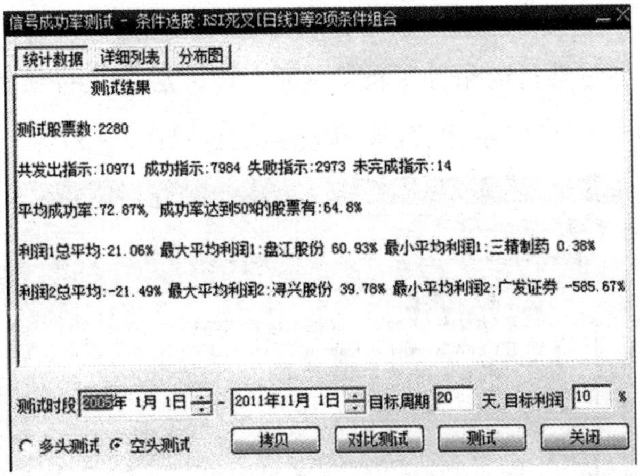

信号成功率测试 - 条件选股:RSI死叉[日线]等2项条件组合

统计数据　详细列表　分布图

测试结果

测试股票数:2280

共发出指示:10971 成功指示:7984 失败指示:2973 未完成指示:14

平均成功率:72.87%, 成功率达到50%的股票有:64.8%

利润1总平均:21.06% 最大平均利润1:盘江股份 60.93% 最小平均利润1:三精制药 0.38%

利润2总平均:-21.49% 最大平均利润2:浔兴股份 39.78% 最小平均利润2:广发证券 -585.67%

测试时段 2005年 1月 1日 - 2011年11月 1日 目标周期 20 天,目标利润 10 %

多头测试　空头测试　拷贝　对比测试　测试　关闭

图 2－37　软件测试

么能够在大牛股中短线进出做到差价？就是掌握了非常多的小窍门，并且经过长期的实践和科学的测试形成了条件反应。我相信大家认真学习以后要反复体会、经常练习、总结经验、形成反应。天下无难事只怕有心人!

当日 RSI 指标(5,20)出现二次或以上顶背驰死叉之时不惜一切抛出。一定要等到指标体系重新出现相辅相成的买入信号出现再买。之前已经有过案例和图片介绍了,这里不再赘述。

利用复合周期数值抓大底买点

当日 RSI 指标之 RSI2 小于 30、周 RSI 之 RSI2 也小于 30、月 RSI 之 RSI1 同时也小于 20 以内,一旦 60 分钟线 RSI 产生放量阳线金叉或者 60 分钟 MACD 指标中的绿柱子一放量起来则可立即进场买入。这种方法是在大熊市结束点附近密集出现的。一直日线的 5 日 RSI 数值在非常高的位置,同时 MACD 的红柱开始缩短、DIFF 数值开始走平下跌的时候才抛。(这个方法对于新上市的一年不到的新股是不能用的)该方法的各个时期必须同时具备的条件见图 2 - 38。该方法由大智慧软件客观、真实的测试,而得出的科学的、直观的统计数据,见图2 - 39。

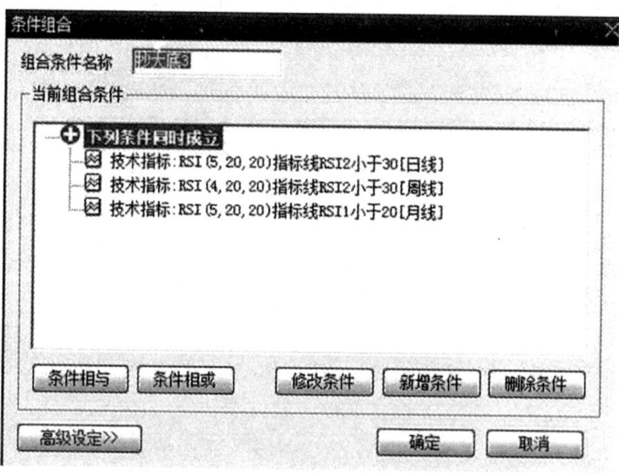

图 2 - 38　组合条件

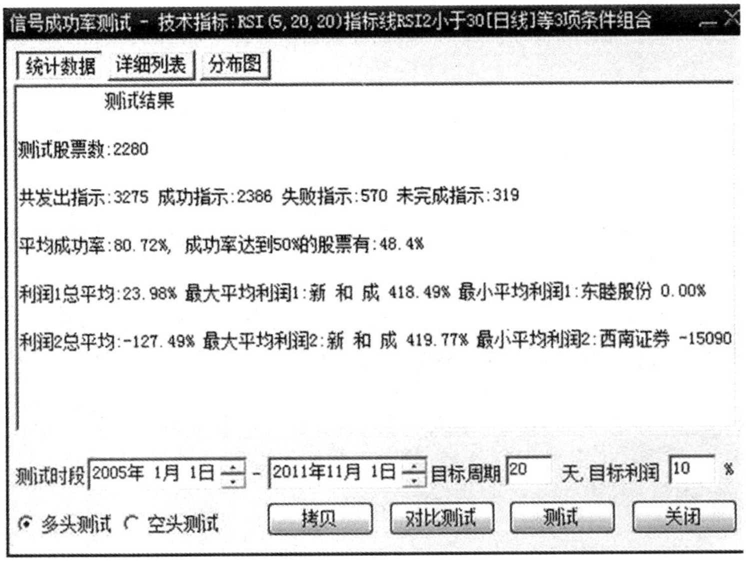

信号成功率测试 - 技术指标:RSI(5,20,20)指标线RSI2小于30[日线]等3项条件组合

统计数据 详细列表 分布图

测试结果

测试股票数:2280

共发出指示:3275 成功指示:2386 失败指示:570 未完成指示:319

平均成功率:80.72%, 成功率达到50%的股票有:48.4%

利润1总平均:23.98% 最大平均利润1:新 和 成 418.49% 最小平均利润1:东睦股份 0.00%

利润2总平均:-127.49% 最大平均利润2:新 和 成 419.77% 最小平均利润2:西南证券 -15090

测试时段 2005年 1月 1日 - 2011年11月 1日 目标周期 20 天,目标利润 10 %

多头测试 空头测试 拷贝 对比测试 测试 关闭

图 2-39

图 2-40 是 600460 士兰微在 2011 年 10 月 18 日就产生了日 RSI 指标之 RSI2 小于 30、周 RSI 之 RSI2 也小于 30、月 RSI 之 RSI1 同时也小于 20 以内的买入信号的提示的显示图。但是它当时没有满足一旦 60 分钟线 RSI 产生放量阳线金叉或者 60 分钟 MACD 指标中的绿柱子一放量起来则可立刻进场买入的这个条件。

图 2-41 是它的 60 分钟图在 10 月 24 日上午才出现的 MACD 的绿柱首次缩短、放量、RSI 金叉共同出现时候的第一买点。

一直等到 2011 年 11 月 3 日,它日线的 5 日 RSI 数值在非常高的位置,之后的几天内同时发生了 MACD 的红柱首次开始缩短、DIFF 数值首次开始走平下跌的这种时候才抛。见图 2-24。这样就构成了一个完整又完美的买卖过程。有些股票的买点是在同一天出现的,有的是需要几天来等待出现 60 分钟走势图里出 MACD 的绿柱首次缩短、放量、RSI 金

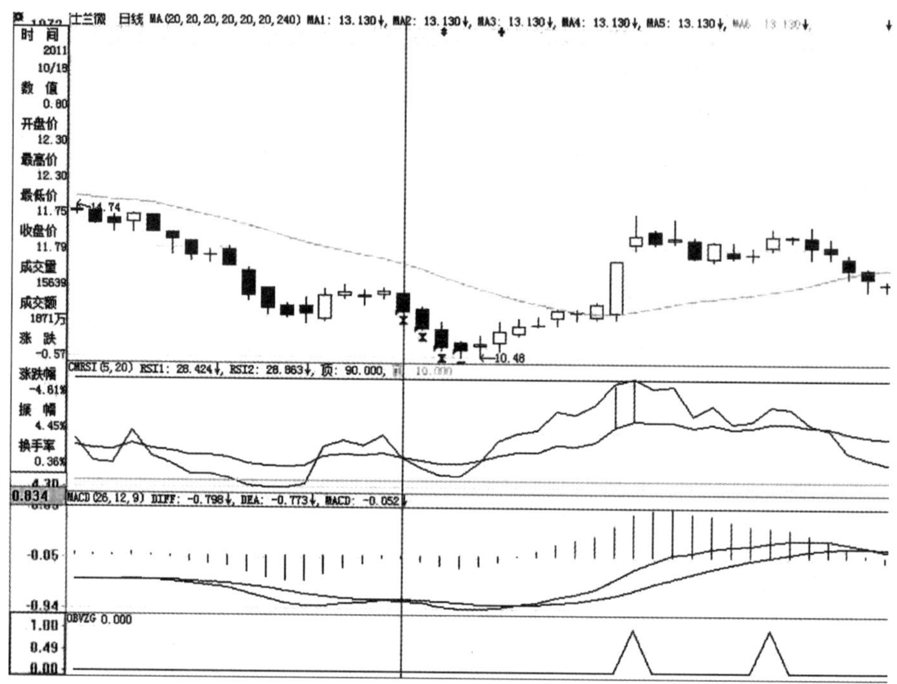

图 2－40 600460 士兰微实例

叉共同出现时候的第一买点的。

RSI1 金叉 RSI2 买入技术

当日、周、月之 RSI 指标的 RSI1 同时金叉 RSI2 之时必须立刻买入。在后面的章节会详细的介绍。

当 5 日线向上、4 周线向上、3 月线向上、RSI(60 分钟和日线的)指标之 RSI1 金叉 RSI2 之时可买入。这种现象非常多，通常需要配合 OBV 指标是不是在历史最高位置、MACD 的红柱子是不是在配合向上状态、成交量是不是能够温和放出等来一起证明其金叉的有效性。

当个股之 5 日、10 日、20 日线是多头往上的时候，其 60 分钟 RSI

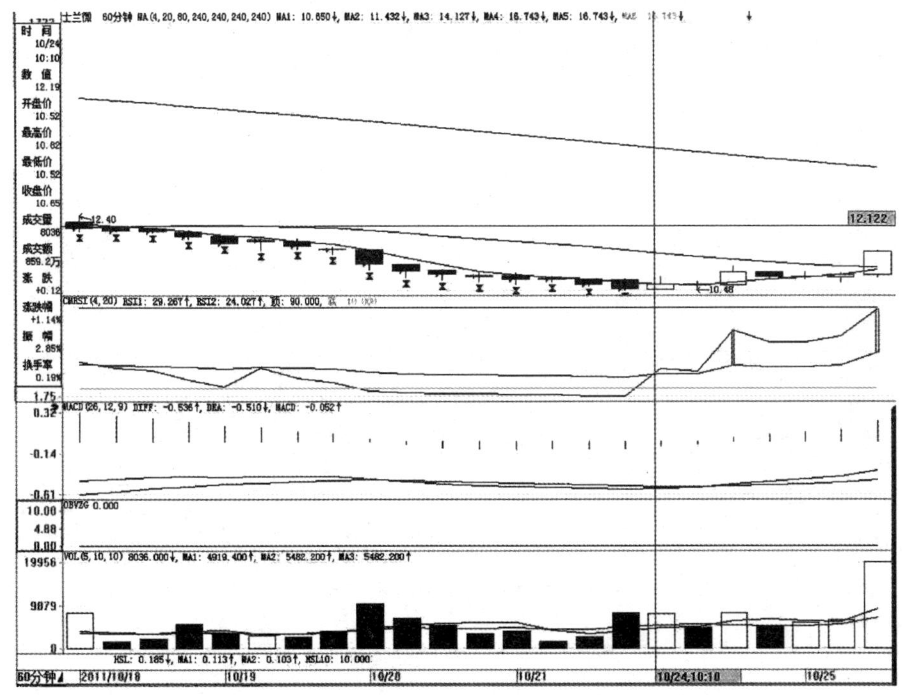

图 2－41　士兰微 60 分钟图

减 RSI1 等于 30 时，随时准备买入。这种现象非常多，通常需要配合 30 分钟图中的 MACD 的红柱子是不是在配合向上状态、30 分钟图中的成交量是不是能够温和放出等来一起证明其买点的准确性。是属于在市场的做多气氛比较活跃的时候经常可以采用的游击战的短线操作技巧。

RSI 放量底背驰金叉买入法

当 RSI(日、周)指标产生放量底背驰金叉之时可以买入。前面已详细介绍过当 RSI 指标产生底背驰现象之时一般都有一段上升行情的，再加上同时 RSI 指标周线级别里面也产生了底背驰金叉现象。

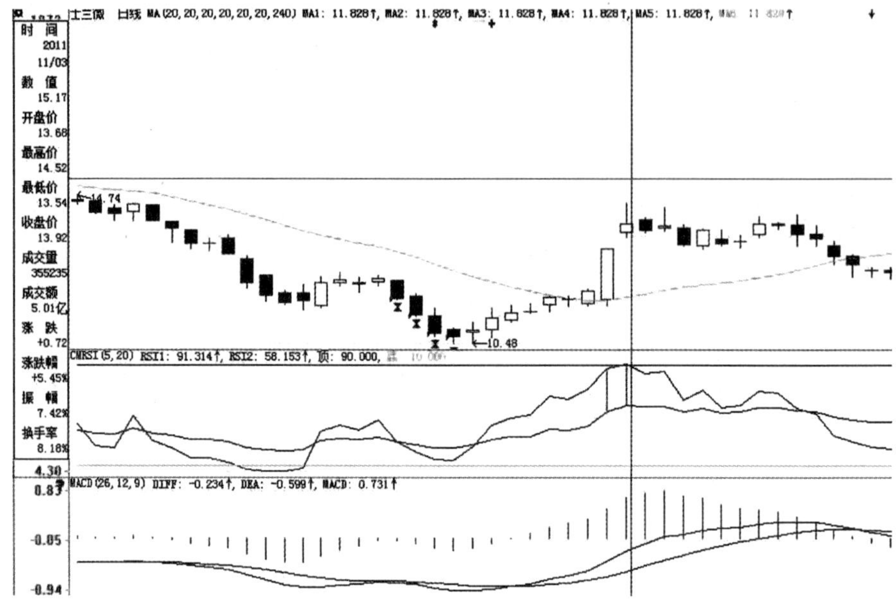

图 2-42 士兰微完整买卖过程

图 2-43 是 300097 智云股份在 2011 年 10 月 25 日发生的 RSI 底背驰金叉现象时的 K 线形式变化的情况、成交量变化的情况、MACD 指标的柱子产生向上变化的情况、经过这几个指标体系的综合判断。就可以正确的买入和卖出。

图 2-44 是 300097 智云股份在 2011 年 10 月 25 日这一周同步发生的 RSI 底背驰金叉现象时的 K 线形式变化的情况、成交量变化的情况、MACD 指标的柱子产生向上变化的情况、经过这几个指标体系的综合判断。就可以正确的买入和卖出。

均线多头时用 RSI1 与 RSI2 数值的变化定买点

当 20 周线多头向上然其周线 RSI 指标之 RSI2 数值减 RSI1 的数值大于等于 30 之时。需综合分析判断在其日线 MACD 指标的柱状体首次

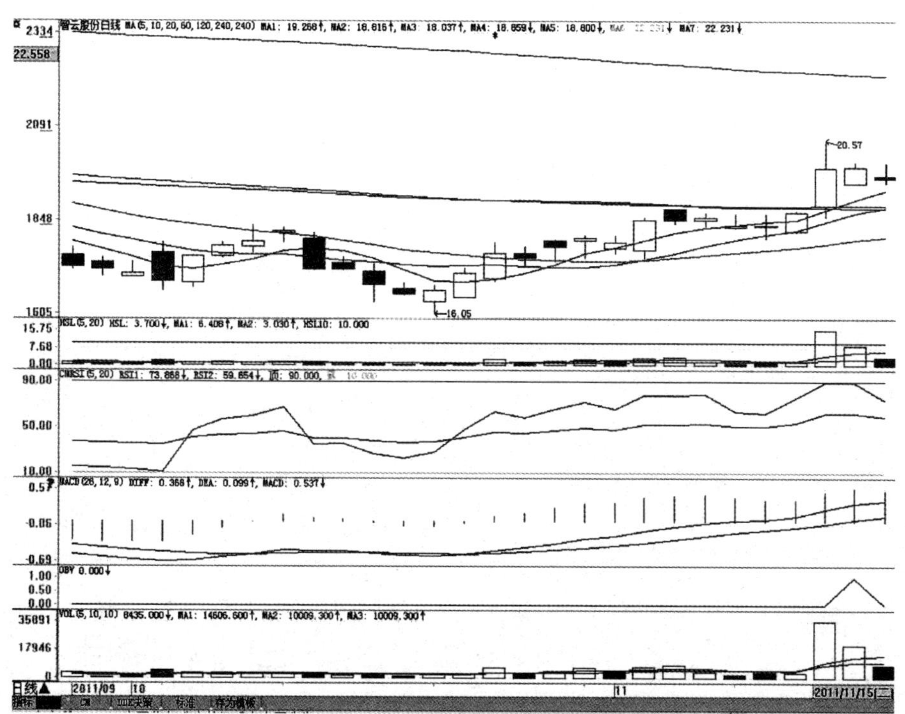

图 2－43　300097 智云股份实例

上升时可买进再做一波段。这种情况发生的次数比较少却成功率非常高，接近 100%。

可炒 20 天、60 天、120 天、240 天线均往上走，60 分钟 RSI1 小于 20 以内的个股。一旦其 30 分钟的 MACD 指标中的柱状体首次上升，就可以买入做个短线。

可炒 20 天、60 天、120 天、240 天线均往上走，日 RSI1 小于 20 以内的个股。一旦其 60 分钟的 MACD 指标中的柱状体首次上升，可买入做个短线。

炒 20 天、60 天、120 天、240 天线均往上走，然 60 分钟 RSI1 上穿 RSI2 的个股。可以买入做个短线。

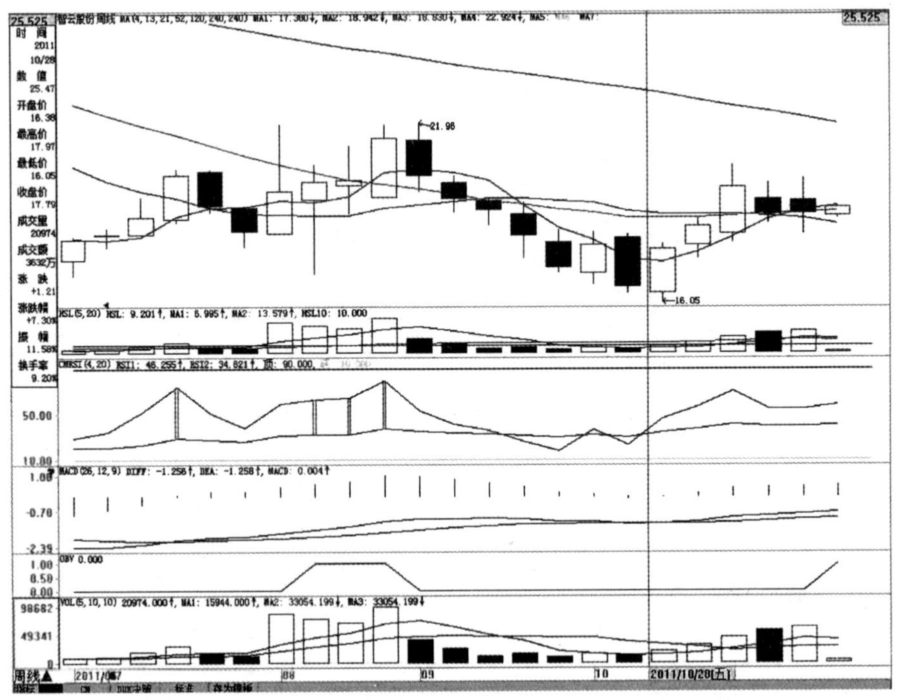

图 2－44　300097 智云股份一周变化实例

对股价负乖离 20 日平均线达到 20 以上的个股需密切关注，若其 60 分钟 RSI 出现放量金叉之时可以适量买入。（其目标股不能是亏损或素质很差的个股）

当强势龙头股第一次、或第二次跌至 10 天线处时若 60 分钟出现 RSI2 与 RSI1 的值已经超过 30 之时可适量介入、一旦 60 分钟出现 RSI1 放量金叉 RSI2 之时可适量增仓。对回敲 5 天线时出现上述情形也同样操作。

RSI 低位配合地量把握暴涨行情

当周线、月线的 RSI1 数值都在极低位时，若量能也都已缩至极小的地量时，要时刻准备在日线级别中出现股价暴涨行情。该方法的各个时期必须同时具备的条件见图 2－45。该方法由大智慧软件客观、真实的测试，得出的科学的、直观的统计数据，见图 2－46。

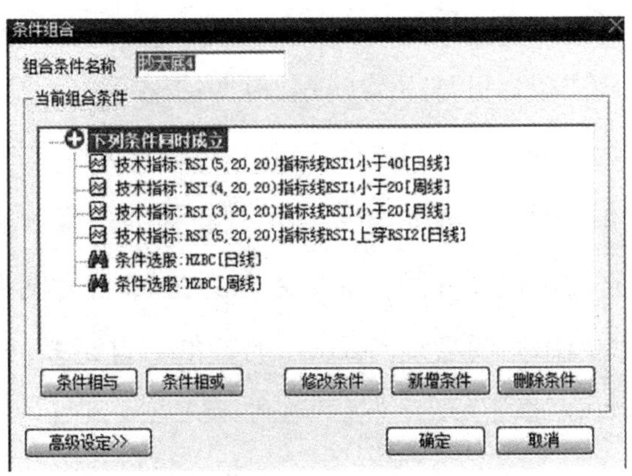

图 2－45

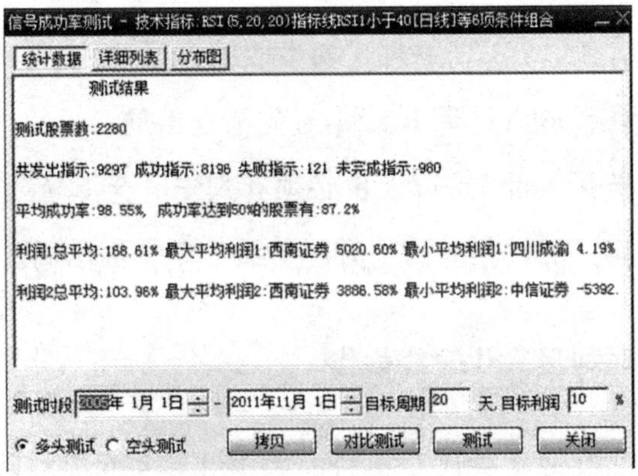

信号成功率测试 - 技术指标：RSI（5,20,20）指标线RSI1小于40[日线]等6项条件组合

统计数据　详细列表　分布图

测试结果

测试股票数：2280

共发出指示：9297 成功指示：8196 失败指示：121 未完成指示：980

平均成功率：98.55%，成功率达到50%的股票有：87.2%

利润1总平均：168.61% 最大平均利润1：西南证券 5020.60% 最小平均利润1：四川成渝 4.19%

利润2总平均：103.96% 最大平均利润2：西南证券 3886.58% 最小平均利润2：中信证券 -5392.

测试时段 年 1月 1日 - 2011年11月 1日 目标周期 20 天 目标利润 10 %

多头测试　空头测试　拷贝　对比测试　测试　关闭

图 2－46

买入技术特征要点：

出现这种情况的股票多数是属于在熊市末期的股票，通过复合周期指标体系相互配合的确认办法，可以有效的解决错误信号的发生。尤其是加了 MACD 向上指标的配合和在这种形态和指标的位置容易产生底背驰现象，一旦有这些现象的确认与配合，一般都是买了就大涨，出现的次数也比较多。也的确是在大熊市末期非常有实战参与意义的。如果再加上底部突然放大的主动抢筹码的成交量的话那就是更加完美的一个大抄底了。由于 RSI 指标设计上的问题，有些股票经过一段时间以后想在各周期 K 线图上看见当时发生的真实数值已很困难了，它已随着交易数据和 K 线的增加漂移了。所以需要利用到软件的预警功能，这样就可以很好的解决掉它的取值漂移问题。买入以后在 60 分钟图中去观察，只要 MACD 指标中的 DIFF 的数值和 DEA 的数值一直是多头向上的就不要轻言上升趋势结束。

风险控制：

买入后出现 MACD 绿柱子再次向下放大，同时 CCI 数值再下跌回 -100 区间以内，RSI 指标再下跌立刻减一半仓。必须出现 RSI 和 CCI 指标同时发生底背驰、MACD 绿柱子向上收缩，才可再次买入。

出现 RSI 死叉或者见顶 K 线信号先清仓出局。

若发生跌破买入价 5% 以上也必须立刻先清仓出局。

跌破即时修正的最强势的上升趋势线立刻止损出局。如图 2 -47

股价突破时利用 RSI 短线炒作

股价突破前高或突破历史天价时若 RSI 指标的 RSI1 数值没有超过 80 或均线刚成向上金叉或已在此附近缩量蓄过势，分时圈走势强劲的，可短线快进快出一把。

这种例子在强势股中很多，只要大家经常在那些已经进入主升浪的股票中利用日线或者 60 分钟指标体系里的 RSI 的金叉、利用日线或者 60 分钟指标体系里的 MACD 红柱的首次向上、利用日线或者 60 分钟指

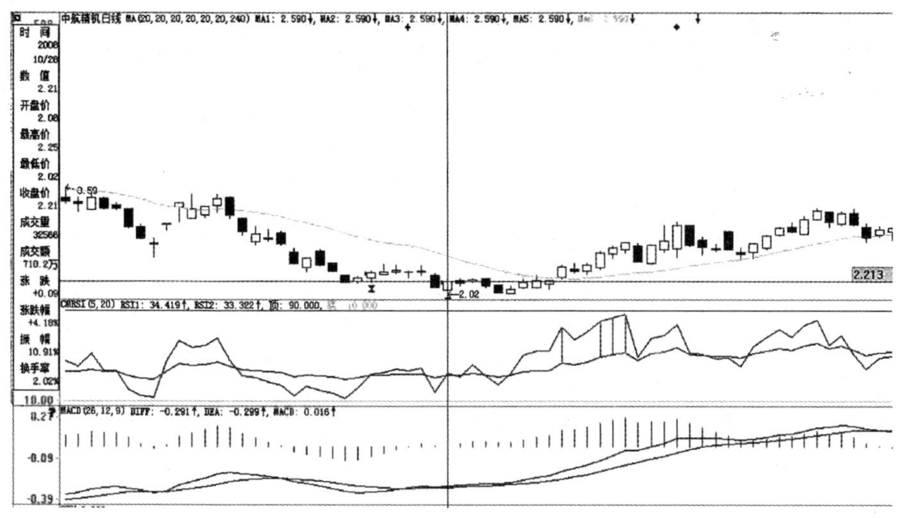

图 2－47　2008 年 10 月 28 日 002013 中航精机发生买入信号时的各种指标体系

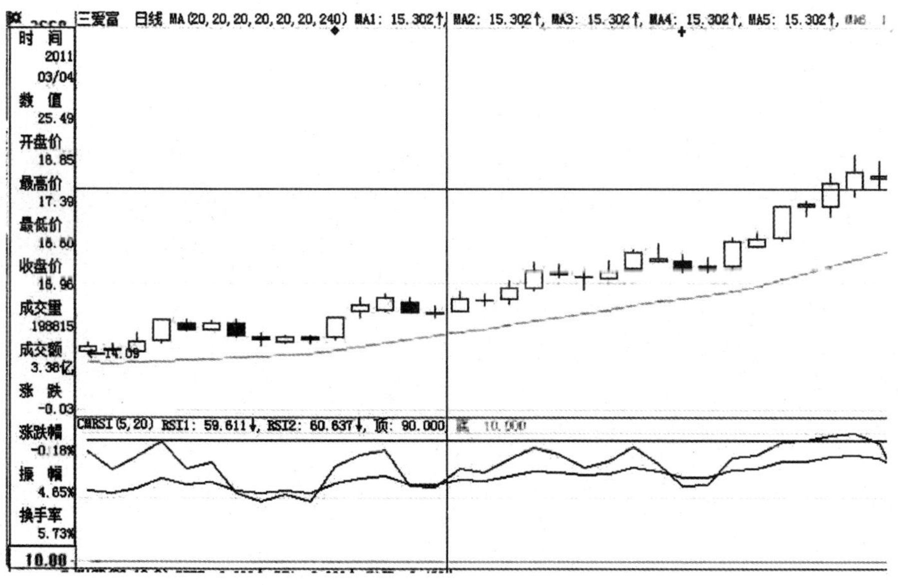

图 2－48　600636 三爱富在 2011 年 3 月 4 日前后发生的这样的情况的图形特征

标体系里的 MACD 的金叉啦这些小方法、小技巧,经常打打游击战,效果还是非常不错的哦!

若日线该股的 10 日线、20 日线是多头向上的,则其 15 分钟、30 分钟、60 分钟的指标均在极低的短线买点相当精准。喜欢做超短线的股友,可以深刻理解体会后常操作。

快速拉升后的首次快速连续阴线回调,10 天、20 天、60 天线仍大角度向上,出现 60 分钟 RSI 买点信号可以适量介入,或分时图中离黄线足够大时可适量介入。但是不能恋战。要随时观察小一级别周期的 MACD 指标图中有否红柱缩短迹象、即时分时图上白线远离分时图均价线 3% 以上迹象。一旦发现立刻抛出。

在日 RSI 之 RSI1 数值在 80 以上、或周 RSI 之 RSI1 数值在 80 以上时出的放量十字星或上影线很长的先抛再说。

第三章　看清主力资金运动方向的 OBV 绝招

第一节　OBV 指标详解及应用

将 OBV 数值与价位关系数字化

资金流向是促使股价涨或跌的主因已不容争辩，日益增多的技术分析者也将资金流向列为重要研究对象，各种资金流向指标因此而生，但却都以股价涨跌和成交量大小间的关系为依据。目前常使用的资金流向指标就是 OBV 线。

OBV 线方法是美国投资分析家葛南维（Joe · Granville）的另一贡献，其将“量的平均”概念加以引申。葛氏认为“成交量是股市的元气，股价不过是它的表征而已，因此，成交量通常比股价先行。”此种“先见量后见价”的理论已在实践中有大量实例为证，且屡试不爽。

OBV 线方法就是把成交量看作股价涨跌的能量，另外再加上物理现象的惯性法则和重力原理。

（1）惯性法则——动则恒动，静则恒静。此法则只适用于股票上的某段期间，有些股票在某段期间，也许几天，也许几周，也许几年内成交热络，是主要争购对象，以后受宠的因素或条件消失，就不再为投资人注目，成交自然渐趋平淡。有些冷门股票则因符合某些条件而逐渐成作哄抬与投资人关注之焦点，交投自然活络起来。

(2)重力原理——上升的物体迟早会下跌，物体上升所需的能量比下跌更多，此原理本意在解释股价上升时，成交量和资金的推动力必须不断增加。股价下跌时，成交量不一定扩大，甚至有萎缩趋势，多数情况下还会越下跌越小，直到趋势又要改变之时再放大。

惯性法则是技术分析研判有关“势”的基本方法，重力原理则解释能量潮配合的问题。

OBV 线使用方法

OBV 线是表现量与价间的关系，因此在画 OBV 线时必须搜集当日的指数与成交值，将它们制成表格，添加涨跌栏、正负数栏与累积数栏。当日股价指数较前一日股价指数高，则在涨跌栏以“△”表示，若较前一日股价指数低，则以“×”表示。当日指数上涨，成交值则是正数，为了计算方便，成交值则以亿元为单位，将其登记于符号栏，则以“+”表示、当日指数下跌，成交值则是负数，以“一”表示。将每日涨跌之正负数累积起来，可得一累积数，OBV 线就是根据此数字用图形显示能量潮的关系。

用 OBV 线判断行情变动趋势的原则

(1)OBV 线下降，而此时股价上升，是卖出股票的信号。

(2)OBV 线上升，而此时股价下跌，是买进股票的信号。

(3)OBV 线从正的累积数转为负数时，为下跌趋势，应卖出持有股票；反之，OBV 线从负的累积数转为正数，应买进股票。

(4)OBV 线呈缓慢上升时,为买进信号,但是若 OBV 线急速上升,表明能量不可能长久维持大成交量,非但不是买进信号,而是卖出时机。

以上四个原则,以(1)、(2)适用性较高。对于 OBV 线的运用,应该注意它与股价如何怎样的问题,尤其是股价趋势抵抗区的突破,能量潮是否能够配合是主要关键。

一般来说,在观察股市经过一段期间盘局整理后,要了解何时脱离盘局以及突破时将来走势,OBV 线变动方向是重要参考指标,这也是 OBV 线的最大适用处。

使用 OBV 线判断股价趋势时的若干特点

1. OBV 指标是短期操作技术的重要判断方法,仅涉及价和量的技术因素面,与基本因素毫不相干,因此适用范围仅限于短期操作,而不适合长线投资。

2. 若某日股市总成交值或个别股票成交量虽然庞大,当日股价波动亦大,最后加权股价指数或收盘价却与前一日相同,此时 OBV 线的累积数与前日相同,就这种线而言,表示这一日没有什么信号,但是进一步讨论,即使股票的收盘价不涨不跌,股市的实质结构、人气动向却都在改变,OBV 线却毫无反应,是重大缺憾。

OBV 创新高价,表明量价配合股价进入整理时,OBV 亦进入整理,却一底比一底高,再度上涨时,成交量又扩大,表明人气再度旺盛,是多头市场标准特征。

个别股票的 OBV 线以价格上涨日的成交量为正数,而价格下跌日的成交量为负数,正负相抵,并加以累积,作为买进或卖出的判断指标。但是对于 OBV 线的运用,除了看它的正负变化外,还要看它与股价趋势是否配合,即能量潮的配合问题。

譬如，股价虽然仍在上涨，而 OBV 线上升趋于缓和或已逐渐向下挫低时，表示尽管股价仍涨，但“量”的配合不足，将使股价上升有限或就此下跌。有时，股价走势仍是盘档，但 OBV 线已开始逐步上扬，这是及早买进的信号，显然“量”已注入，即将产生能量，发动一段行情。

另外更常用的则是判断股价波动趋势所谓的 M 头形成，当股价在高价可能形成两个高峰的趋势（第二高峰尚未确定）时，技术分析者此时的主要工作，在于研判股价趋势是持续攀高，还是后继无力，即将反转，形成一段下跌行情。

在此时 OBV 线发挥决定性的指标，即如果 OBV 线随着股价趋势同步扬升，能量潮相互配合将会不断出现新高峰。反之，如果此时 OBV 线无力上扬，成交量反见萎缩，很容易形成 M 头而股价开始下跌。

这种以股价趋势的“量”来预测“势”的研判方法，因有技术上的理论基础，所以股市投资人采用颇为普遍。但是决定买卖时机的判断基准，最好加上其他的技术指标来一起配合研判。

第二节　特色的 OBV 实战技巧

OBV 多头特色指标

加上均量线的 OBV 指标就可以直观的观察到它所发生的金叉死叉情况，然后与 MACD 指标合用判断买与卖的时机就较实用。买的时机：两个指标均满足条件方可买入。缺一不可，安全第一。卖的时机：任何一个指标发出卖出信号，均可以卖出以规避可能出现的风险落袋为安。如图 3－1 是 OBV 多头特色指标：

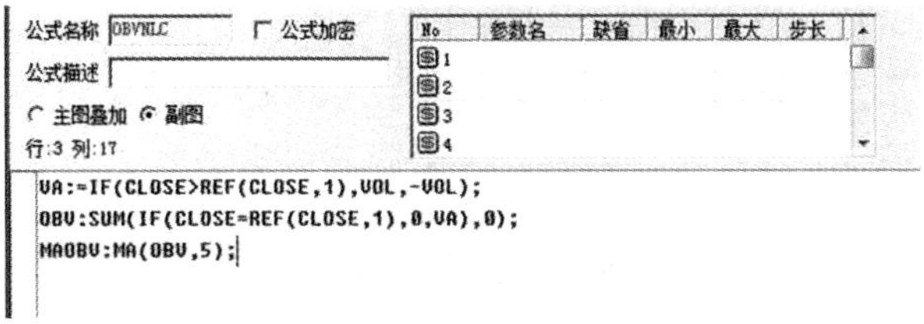

公式名称 OBVNLC 公式加密
公式描述
主图叠加 副图
行:3 列:17

No	参数名	缺省	最小	最大	步长
1					
2					
3					
4					

```
VA:=IF(CLOSE>REF(CLOSE,1),VOL,-VOL);
OBV:SUM(IF(CLOSE=REF(CLOSE,1),0,VA),0);
MAOBV:MA(OBV,5);
```

图 3－1 OBV 多头特色指标

改良后的 OBV 指标很简单,就是在均线以上运行,为持仓信号、反之为空仓信号。

OBV 不能单独使用,必须用股价曲线结合使用才会发挥作用。

OBV 曲线的上升和下降对我们进一步确认当前股价的趋势有着很重要的作用。

股价上升(或下降),而 OBV 也相应的上升(或下降),我们就更相信当前的上升(或下降)趋势。

OBV 炒作强势股公式

当 OBV 曲线呈现与价格趋向一致时,并没有什么特别的买卖提示。但是股价上升(或下降),但 OBV 并未相应地上升(或下降),则我们对目前的上升(或下降)趋势的认可程度就要大打折扣,这就是背驰现象。OBV 已经提前告诉我们趋势的后劲不足,有反转的可能。比如:当股价经过大幅的下跌之后,OBV 值明显止跌回稳,并出现超过一个月以上,近似水平的横向移动时,表明市场正处于一段漫长的盘整期,大部分投资者没有耐心而纷纷离场,可见此时往往预示着做空的能量已慢慢减少,逢低吸纳的资金已逐渐增强,大行情随时都有可能发生。当 OBV 值能够有效向上爬升时,则表明主力收集阶段已经完成。在别的技术指标中适用的形态学和切线理论的内容也一样可用于 OBV 曲线。W 底和 M 头等著名的形态学结果在 OBV 身上也能使用。其市场含义与股价同类形态相同。

在股价进入盘整区后,OBV 曲线会率先显现出脱离盘整的信号,向上或向下突破。

最好的股票应是 OBV 值在最高位,而股价在较低的位置,这种现象表明有主力被套牢,并且这种股票最具大幅向上的潜力和幅度。为了方便大家了解和制作公式组合和预警。特将具体公式公布如图 3－2:

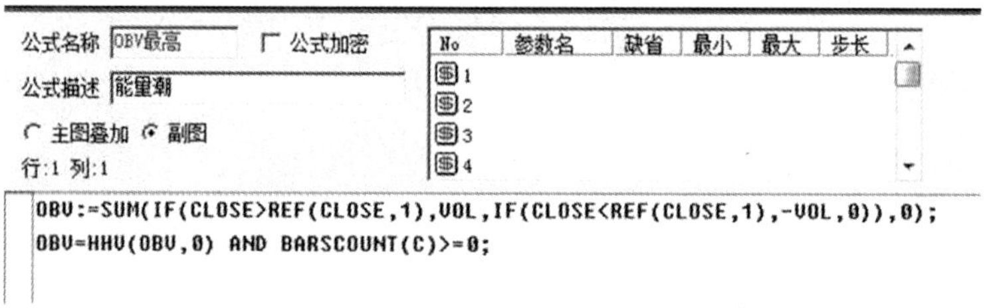
公式名称 OBV最高
公式加密
公式描述 能量潮
主图叠加 副图
行:1 列:1
No 参数名 缺省 最小 最大 步长
1
2
3
4
OBV:=SUM(IF(CLOSE>REF(CLOSE,1),VOL,IF(CLOSE<REF(CLOSE,1),-VOL,0)),0);
OBV=HHV(OBV,0) AND BARSCOUNT(C)>=0;

图 3－2　OBV 值制作公式

此公式表达了现在的 OBV 数值是历史上最高的意思。在制作选股条件时表达为:OBV 最高指标线第一条指标线大于 0 就可以了。这个公式是很好的参考公式。对于炒作强势股和极端强势股的时候和逃顶的时候非常喜欢参考的一个指标。

大家可以做个有心人,看看是不是在每一个大牛股的每一次有力度的上涨时,它总是最先反应的。可以这么说:没有它出现最高指标线第一条指标线大于 0 的现象的上升都是没有力度的,都会半途而废。

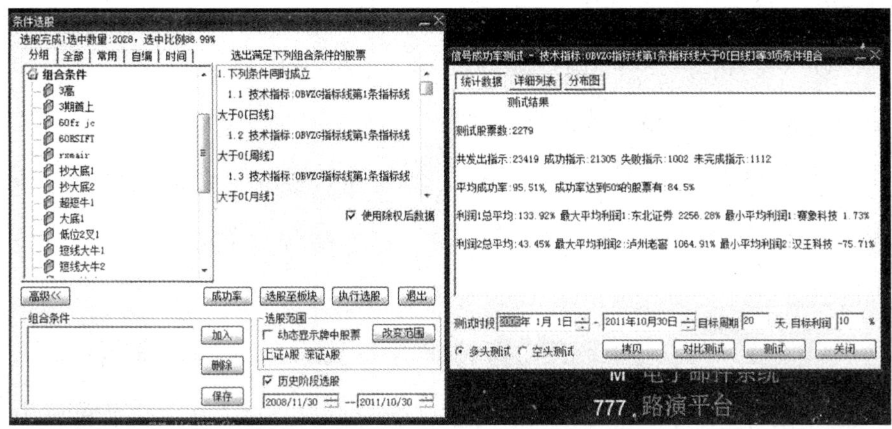

图 3-3　一个条件的组合条件的测试结果报告

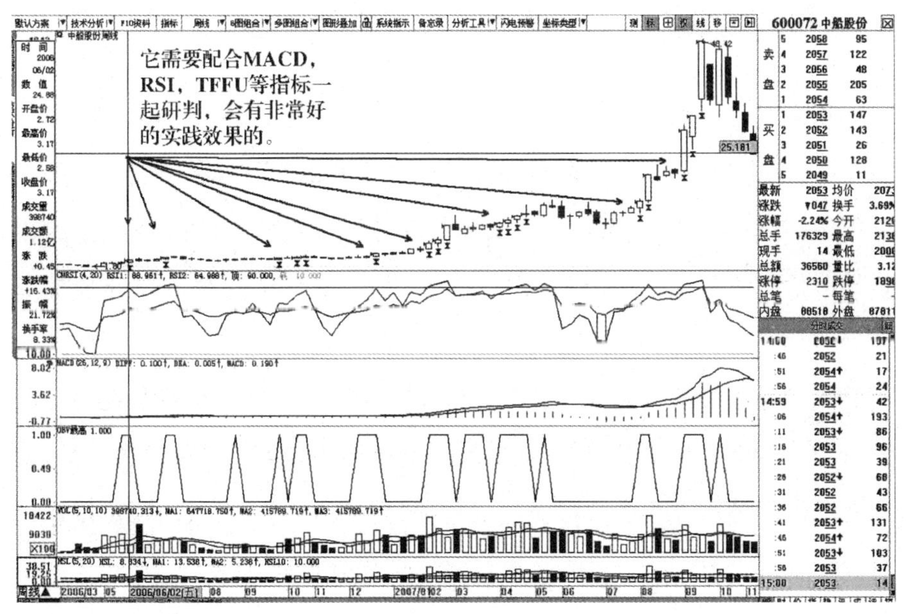

图 3-4　一个条件的组合条件产生的买入点的效果图

OBV 指标与 MACD 指标合用来判断买与卖的时机实用、有效、精确。值得大家重点学习、研究、体会、信任、执行。

OBV 的趋势一直向上为好,如果中途出现一定幅度的回落,说明主力筹码的集中度不够,这种现象说明存在原有机构减仓或换庄的可能性。

OBV 于股价同步上升,确认上升趋势,为“吸货”阶段。OBV 于股价同步下降,确认下降趋势,为“出货”阶段。当 OBV 强劲上扬初期并且是同时突破其历史最高数值时,是最好的入场良机。

OBV 在股价高位区急速上扬,倾角 >75 度时,并不表示股价将暴升,反而显示做多动能消耗过快,股价将见顶的前兆。OBV 在股价底部区域大倾角上升,至少 >45 度以上,且保持一周以上。股价上涨幅度不大时,显示有新增资金入场吸筹。

OBV 跟庄技术

用 OBV 指标配合 K 线形态和 MACD 等指标是挑选黑马的原理是由于:对于中长线主力而言,需要在股价处于底部的时候尽可能地吸进大量筹码,然后拉到高处派发。在底部收集筹码阶段,必然会由于庄家的买进使股价有一定上涨,同时伴随成交量放大。这时候,为了降低吸筹成本,庄家会把小幅上涨的股价向下打压,到底部后继续吸筹。如此反复,直到吸到足够的筹码为止。这个过程反映在 OBV 上,就是股价在底部盘整,而 OBV 却一波一波走高,形成底部背驰形态。需要着重注意的是,大众所掌握的分析方法也有可能被机构利用。就 OBV 而言,庄家可以在每日盘中吸筹,使成交量增加,到收盘时再把股价打成阴线,这样 OBV 就会往下走,以此来迷惑投资者。要破解这种手段,一个最有效的方法是选择 30 分钟或 60 分钟的 OBV 线,根据它的平均线形态来综合判断,就可以避开庄家释放的烟雾。

从某种意义上讲 OBV 是一个长线技术指标主要用于跟庄者判断主

力机构的持仓量，也用于坐庄者判断其坐庄的股票是否中途有新的集团资金进入或退出。

OBV 在弱势市场的使用价值高，在强势市场的使用价值有限。这主要是因为强庄股的威力主要在弱势中体现，逆势是沪深市场的中长线强庄股的典型特点。在强势市场中，新庄股的爆发力更为吸引人，此时 OBV 能量潮 + 换手率 + 形态 + 基本面的运用更适合职业投资者的胃口。

OBV 主要用于选股以及跟踪庄股上，而不适于单独做买卖时机的参考。

处于高位的小（大）盘股的 OBV 经过 45 ~ 60 个交易日的横盘还没有上涨趋势，则需要注意主力的减仓行为。

OBV 能准确捕捉到长庄出货的个股。

OBV 与股价同步上升，确认上升趋势，为“吸货”阶段。OBV 与股价同步下降，确认下降趋势，为“出货”阶段。

OBV 与股价顶背驰时，上升趋势后劲不足，为“派发”阶段。

OBV 与股价底背驰时，为“收集筹码”阶段。

OBV 的“底背驰”和“异常动向”是选黑马股票的一个很有用的明确信号。

OBV 线能帮助确定股价突破盘局后的发展方向。

OBV 曲线图形态

OBV 曲线图也会走出 M 头、W 底、头肩顶或底等，其市场含义与股价同类形态相同。

OBV 线对双重顶第二个高峰的确定有比较标准的显示。

OBV 同样有支撑及阻力位。

OBV 累积了七个或九个“箭号”时，股价将会产生大方向的扭转，下跌趋势居多。

连续的小 N 字波，变成大 N 字波时，上涨接近尾声。

反转讯号视突破或跌破颈线位为依据。

当 N 波放大时，VR 也必定向上，可确定大 N 波是否达到极限。

第四章　趋利避害抓大放小的 MACD 神技

第一节　MACD 技术指标

MACD 介绍

MACD(Moving Average Convergence and Divergence)是 Geral Appel 于 1979 年提出的,它是一项利用短期(常用为 12 日)移动平均线与长期(常用为 26 日)移动平均线之间的聚合与分离状况,对买进、卖出时机作出研判的技术指标。

MACD 公式算法

DIFF 线:(Difference)收盘价短期、长期指数平滑移动平均线间的差;

DEA 线:(Difference Exponential Average)DIFF 线的 M 日指数平滑移动平均线;

MACD 线:DIFF 线与 DEA 线的差,彩色柱状线;

参数:SHORT(短期)、LONG(长期)、M 天数,一般选择为 12、26、9。

公式如下所示:

加权平均指数(DI)=(当日最高指数+当日收盘指数+2 倍的当日最低指数);

12 日平滑系数(S12)=2/(12+1);

26 日平滑系数(L26)=2/(26+1);

12 日指数平均值(12 日 EMA)=S12×当日收盘指数 +11/(12+1)×昨日的 12 日 EMA;

26 日指数平均值(26 日 EMA)=L26×当日收盘指数 +25/(26+1)×昨日的 26 日 EMA

EMA(Exponential Moving Average)指数平均数指标,也叫 EXPMA 指标,它也是一种趋向类指标,指数平均数指标是以指数式递减加权的移动平均。各数值的加权是随时间而指数式递减,越近期的数据加权越重,但较旧的数据也给予一定的加权。

差离率(DIFF)=12 日 EMA-26 日 EMA;

9 日 DIFF 平滑移动平均值(DEA)=当日的 DIFF×0.2+昨日的 DEA×0.8

分析软件上还有一个指标叫柱状线(BAR):

MACD:BAR=2×(DIFF-DEA)

5 点基本应用原则

在现有的技术分析软件中,MACD 是快速平滑移动平均线常用参数为 12,慢速平滑移动平均线参数为 26。此外,MACD 还有一个辅助指标——柱状线(BAR)。在大多数期货技术分析软件中,柱状线是彩色的,在低于 0 轴以下是绿色,高于 0 轴以上是红色,前者代表趋势较弱,后者代表趋势较强。

下面来说一下使用 MACD 指标在股市中所应当遵循的基本原则：

1. 当 DIFF 和 DEA 处于 0 轴之上时，属于多头市场，DIFF 线自下而上穿越 DEA 线时是买入信号。DIFF 线自上而下穿越 DEA 线时，如果两线值均处于 0 轴以上运行，仅仅只能视为一次短暂的回落，而不能确定趋势转折，此时是否卖出还需要借助其他指标综合判断。

2. 当 DIFF 和 DEA 处于 0 轴之下时，属于空头市场。DIFF 线自上而下穿越 DEA 线时是卖出信号，DIFF 线自下而上穿越 DEA 线时，如果两线值均处于 0 轴以下运行，仅仅只能视为一次短暂的反弹，而不能确定趋势转折，此时是否买入还需要借助其他指标综合判断。

3. 柱状线收缩和放大。一般来说，柱状线的持续收缩表明趋势运行的强度在逐渐减弱，当柱状线颜色发生改变时，确定趋势转折。但在一些时间周期不长的 MACD 指标使用过程中，这一观点并不能完全成立。特别是当时没有成交量同步放出相配合的情况的话，不能轻易去积极操作。

4. 形态和背驰情况。MACD 指标非常强调形态和背驰现象。当形态上 MACD 指标的 DIFF 线与 MACD 线形成高位看跌形态，如头肩顶、双头等，应当保持警惕；而当形态上 MACD 指标 DIFF 线与 MACD 线形成低位看涨形态时，应考虑买入。在判断形态时以 DIFF 线为主，MACD 线为辅。当价格持续升高，而 MACD 指标走出一波比一波低的走势时，意味着顶背驰出现，预示着价格将可能在不久之后出现转头下行，当价格持续降低，而 MACD 指标却走出一波高于一波的走势时，意味着底背驰现象的出现，预示着价格将很快结束下跌，转头上涨。

5. 牛皮市道中指标将失真。当价格并不是自上而下或者自下而上运行，而是保持水平方向的移动时，我们称之为牛皮市道，此时虚假信号将在 MACD 指标中产生，指标 DIFF 线与 MACD 线将会十分频繁地交叉，同时柱状线的收放也将频频出现，颜色也会常常由绿转红或者由红转绿，此时 MACD 指标处于失真状态,使用价值相应降低。此刻需要结合观察其当时的长周期和短周期的 MACD 指标的动向情况来综合判断。例如你当时是依据日线 MACD 指标操作,如果发生在牛皮市道或者感觉没有特别清晰的信号和成交量配合现象。你可以到它的周线级别指标中和 60 分钟指标级别 MACD 指标中去观察判断一下。

用 DIFF 的曲线形状进行分析,主要是利用指标相背驰的原则。具体研判方法为:如果 DIFF 的走向与股价走向相背驰,则是采取具体行动的时间。但是,根据以上原则来指导实际操作,准确性并不能令人满意。经过实践摸索和总结,综合运用 5 日、10 日均量线和 MACD 指标配合使用研判,其准确性将大大提高。

就使用优点而言,MACD 可自动定义出目前股价趋势之偏多或偏空,避免逆向操作的危险。而在趋势确定之后,则可确立进出策略,避免无谓之进出,或者避免进出时机不当之后果。MACD 指标只要运用得当不但适于研判中长期走势,也适用于短线操作。还可以用来研判中期上涨或下跌行情的开始与结束。总而言之,只要你懂得同时看一下不同周期的 MACD 指标的体现形式和其独特语言,它就能够帮助你看清楚市场的变化,从而找到市场的转势点,找出市场的超买超卖点。

第二节 MACD 指标的实战买卖经验

三金叉买入

股价在经过漫长的下跌后,开始筑底,随后股价开始缓慢回升,5 日、10 日均价线,5 日、10 日均量线和 MACD 都出现黄金交叉点,简称三金叉,这时是股价见底的信号,而交叉的次越多且底部不断提高,则准确性高,该股即将走出一波上升行情。

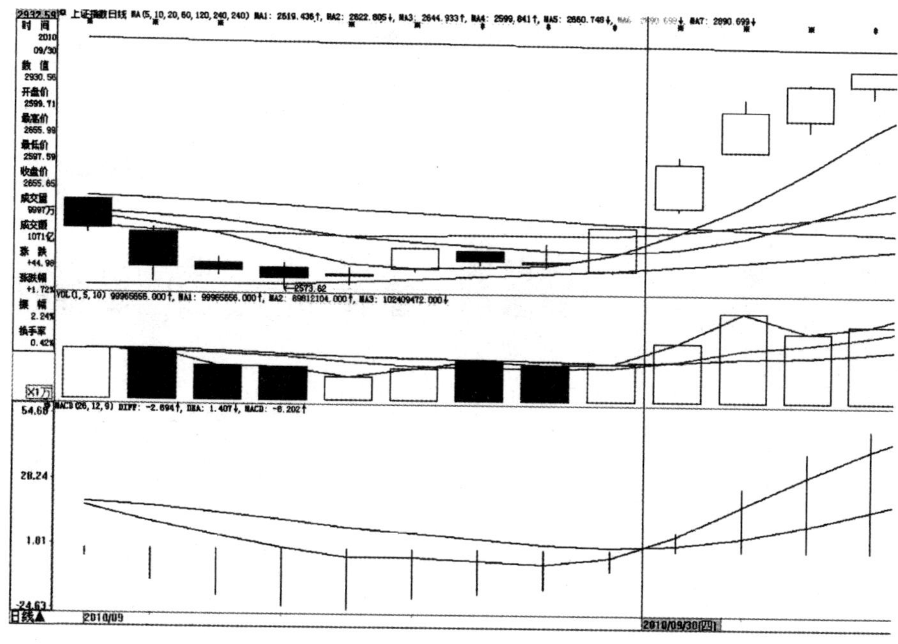

图 4－1 2010 年 10 月 8 日上证指数三金叉现象

图 4－1 所示,2010 年 10 月 8 日的上证指数 5 日、10 日均价线,5 日、10 日均量线和 MACD 都出现黄金交叉点,简称三金叉现象。

MACD 参数设置快速 EMA12, 慢速 EMA26。

三死叉卖出

当股价经过一轮大涨,受到众多中小投资者的追捧,主力开始派发,这时出现 5 日、10 日均价线,5 日、10 日均量线和 MACD 同时死叉,则是卖出的最佳时机,这时若稍有迟疑,股价便会一泻千里。

如图 4－2 所示,2010 年 10 月 8 日的上证指数 5 日、10 日均价线,5 日、10 日均量线和 MACD 同时出现死叉,简称三死叉现象。

MACD 参数设置快速 EMA12, 慢速 EMA26。

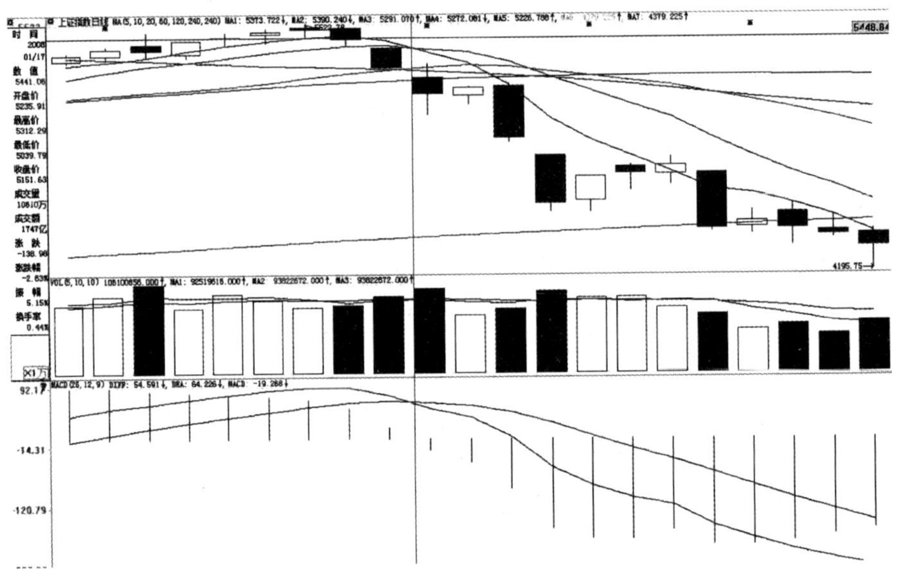

图4－2　2010年10月8日的上证指数三死叉现象

MACD低位两次金叉

“MACD低位两次金叉”出暴利机会。MACD指标的要素主要有红色柱、绿色柱、DIFF指标、DEA指标。其中，当DIFF、DEA指标处于0轴以下的时候，如果短期内（8或13个交易日内）连续发生两次金叉，则发生第二次金叉的时候，可能发生暴涨。

为方便大家及时选出符合“MACD低位两次金叉”的股票，在本书中把公式予以公布，见图4－3：

如600085同仁堂在2011年6月23日发生MACD指标低位二次金叉现象，见图4－4。

使用“MACD低位二次金叉”寻找短线暴涨股，需注意下列事项：

（1）MACD低位一次金叉的，有时候也能出暴涨股，但“MACD低位

公式名称 MACD2CJC　　公式加密

公式描述

行:1 列:1

No	参数名	缺省	最小	最大	步长
1					
2					
3					
4					

```
DIFF := EMA(CLOSE,12) - EMA(CLOSE,26);
DEA  := EMA(DIFF,9);
COUNT(CROSS(DIFF,DEA),20)=2 AND CROSS(DIFF,DEA) AND
COUNT(DIFF<0,10)=10 AND COUNT(DEA<0,5)=5 ;
```

图 4－3

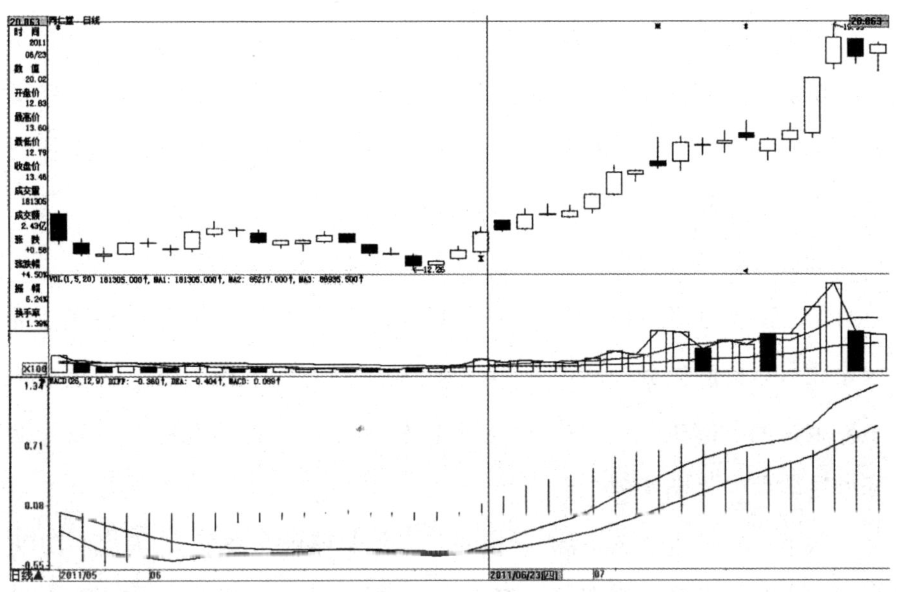

图 4－4　600085 同仁堂实例

二次金叉”出暴涨股的概率更高一些。

(2)“MACD 低位二次金叉”出暴涨股的概率和把握之所以更高一些，是因为经过“第一次金叉”之后，空方虽然再度发力形成了又一次的死叉，但是，空方的进攻在多方的“第二次放量金叉”面前，遭遇溃败，从而多头力量彻底胜利。

(3)“MACD 低位二次金叉”,如果结合 K 线形态上的经典攻击形态研判,则可信度将大为提高,同时当天必须放出比 5 日均量大的量,其周线 MACD 指标的柱状体必须要在上升过程中。结合这些因素综合研判后的“MACD 低位二次金叉”可信度可以获得明显增加。应该可以大胆买入。

DIFF 从上向下交叉 MACD

当 DIFF 与 MACD 两指标位于 0 轴的下方时,说明目前的大势属于空头市场,投资者应该以持币为主要策略。若 DIFF 由上向下交叉 MACD 时,会产生一个调整低点。一般情况下,在此之后有一波反弹行情产生,这是投资者一次很好的平仓机会。

如上证指数在 2007 年 10 月 16 日至 2008 年 1 月 17 日期间发生了 MACD 指标的 DIFF 和 DEA 第一次从 0 轴上方穿入 0 轴下方,出现这种现象就可以彻底抛弃所有的牛市思维,利用它之后出现的第一次在 0 轴下方金叉向上的机会,一旦发现它的红柱子缩短或者产生死叉现象时彻底抛空股票。见图 4 - 5。

股市一旦进入空头市场,投资者最好的策略就是离场观望。若 DIFF 由下向上第一次产生迎合性金叉 MACD 时,会产生近期的一个高点,投资者应当抓住机会果断平仓。这种信号的产生,一般以反弹的性质居多。在空头市场中,每次反弹都应当视为出货的最佳良机。尤其需要引起注意的是,若 DIFF 第二次由上向下交叉 MACD,预示着今后会有一波较大的下跌行情产生。通常产生的这段下跌,属于波浪理论中的 C 浪下跌,是最具杀伤力的一波下跌。只有躲过 C 浪下跌,才可以说真正在股市中赚到了钱。在空头市场经过 C 浪下跌以后,偶尔也会发生 MACD 指标与 K 线走势图背驰的现象,通常称为牛背驰,即 K 线走势图出现第二或第

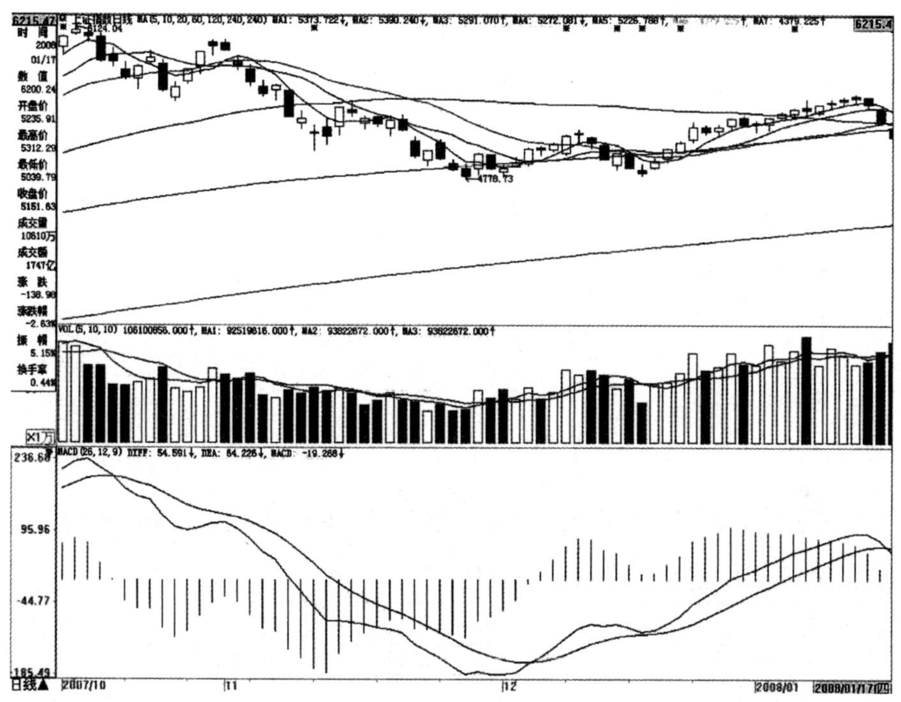

图 4－5

二个近期的低点，MACD 指标并没有相应的低点产生，却出现一底高过一底的相反走势。产生这种现象，预示着行情在今后会发生反转走势，投资者应当积极介入，因为此时的市场根本没有风险。

DIFF 由下向上穿越 0 轴

当经过 C 浪下跌以后，DIFF 由下向上穿越 0 轴时，可看做大势可能步入多头市场。预示着大势将走强，操作上应部分资金参与。若 MACD 也由下向上穿越 0 轴，则确认大势进入多头市场，投资者可以大胆持股，积极介入。在多头市场中，获得的收益高于承担的风险。

为方便大家及时选出符合“MACD 指标 DIFF 由下向上穿越 0 轴”的

股票，在本书中把公式予以公布，见图 4－6：

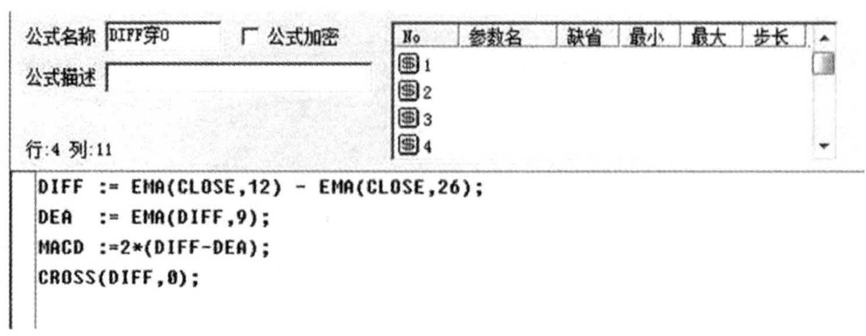

图 4－6　DTFF 穿 0 公式

为方便大家及时选出符合“MACD 指标 DEA 由下向上穿越 0 轴”的股票，在本书中把公式予以公布，见图 4－7：

公式名称 DEA穿0　公式加密
公式描述
行:1 列:1

No	参数名	缺省	最小	最大	步长
1					
2					
3					
4					

```
DIFF  := EMA(CLOSE,12) - EMA(CLOSE,26);
DEA   := EMA(DIFF,9);
MACD  :=2*(DIFF-DEA);
CROSS(DEA,0);
```

图 4－7　DEA 穿 0 公式

如 000819 岳阳兴长在 2006 年 5 月—2006 年 6 月期间发生了月线级别的第一次 DIFF 和 DEA 相继由下向上穿越 0 轴现象。若在此时介入，完全已经确认了它进入主升行情。投资者可以大胆持股，在多头市场中，获得的收益高于承担的风险不知道多少倍的巨大利润，见图 4－8。

利用红绿柱抄底

在 MACD 指标中，红柱和绿柱分别代表了多头和空头能量的强弱盛

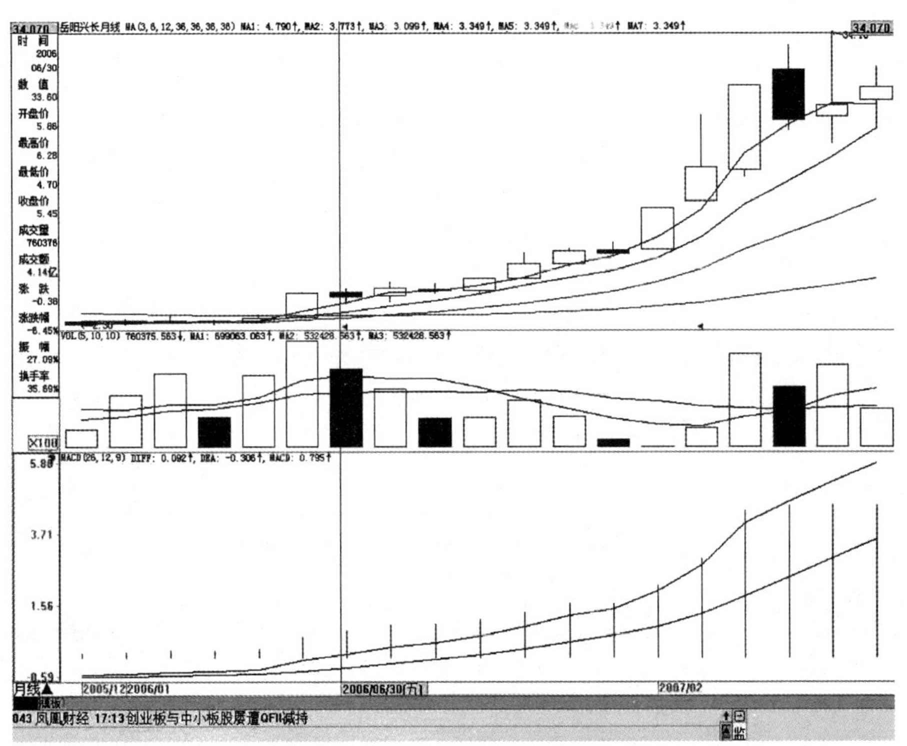

图 4-8 000819 岳阳兴长实例

衰。它们对市场的反应，要比短期均线 DIFF 在时间上提前。能量释放的过程是一个循序渐进的过程，通常是逐渐放大。阳盛则衰、阴盛则强。利用红柱结合 K 线走势图可以得出，当 K 线走势图近乎 90 度地上升，加之红柱快速放大，预示着大势的顶部已近。尤其是相邻的两段红柱产生连片时，所爆发的行情将更加迅猛。反之，在空头市场中，这种现象也成立。在熟悉了这种操作手法后，对投资者逃顶和抄底将大有益处。

图 4-9 为根据红柱和绿柱数值的首次变长变短进行的买卖行为简单介绍。强烈建议大家再多收藏些类型走势的图形，进行揣摩、记忆、执行。为方便大家了解如何去初选出红柱子首次缩短的股票，在这里把选

股公式公布如下，见图 4－10。

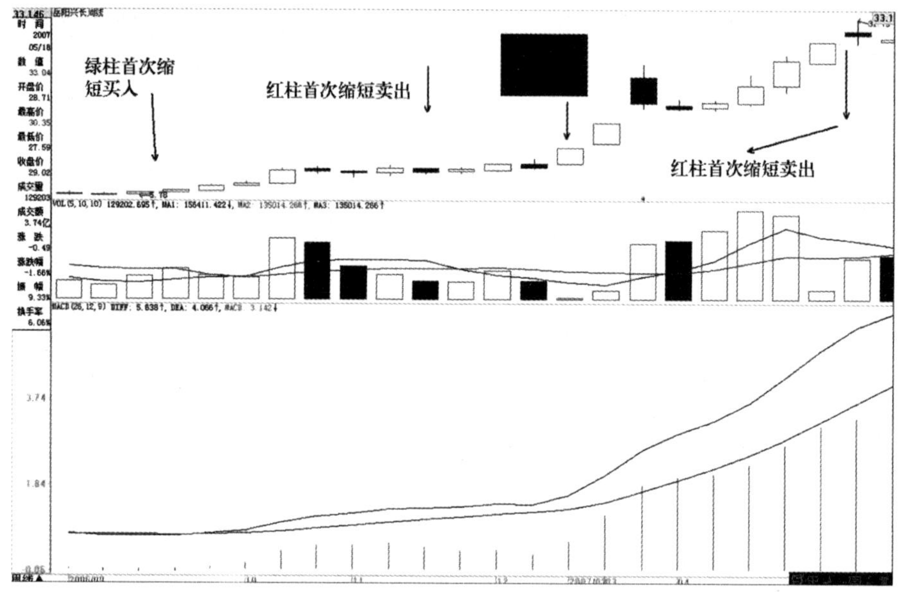

图 4－9　根据红柱、绿柱数值变化而进行的简单买卖行为介绍

公式名称 红柱第一　　公式加密

公式描述 红柱第一次缩短

行:4 列:79

No	参数名	缺省	最小	最大	步长
1					
2					
3					
4					

```
DIFF := EMA(CLOSE,12) - EMA(CLOSE,26);
DEA  := EMA(DIFF,9);
MACD :=2*(DIFF-DEA);
count(ref(macd,1)>ref(macd,2),5)=5 and COUNT(macd>0,6)=6 AND MACD<REF(MACD,1);
```

图 4－10　组合条件

图 4－11 是用该公式选出并标识出包钢稀土红柱子第一次缩短的情形。

如果按照传统的死叉卖出已经晚了很多时间和已经有了一定的下跌空间和幅度了。

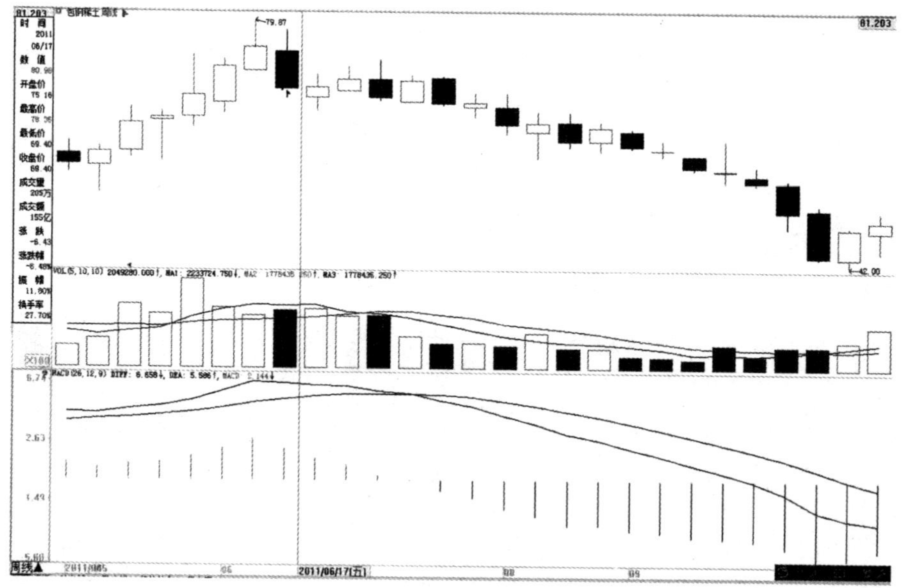

图 4－11　包钢稀土实例图

为方便大家了解如何去初选出 MACD 指标柱状体首次上升的股票，在这里把选股公式公布如下图 4－12。

公式名称 MACD首上　　公式加密

公式描述

行:4 列:74

No.	参数名	缺省	最小	最大	步长
1					
2					
3					
4					

```
DIFF :=EMA(CLOSE,12) - EMA(CLOSE,26);
DEA  :=EMA(DIFF,9);
MACD := 2*(DIFF-DEA);
REF(MACD,1)<REF(MACD,2) AND REF(MACD,2)<REF(MACD,3) AND MACD>REF(MACD,1);
```

图 4－12　选股公式

图 4－13 是用该公式选出并标识出包钢稀土走势图上的 MACD 柱状体首次上升的情形。

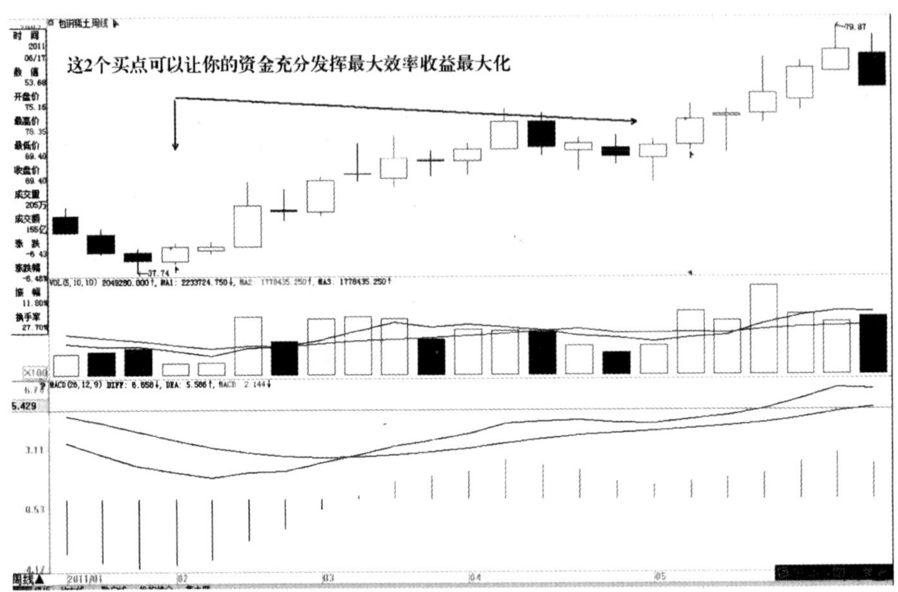

图 4－13　包钢稀土走势图实例

MACD 指标与 RSI 指标、成交量配合

在使用 MACD 指标过程中，有两点需要注意：

（1）MACD 指标对于研判短期顶部和底部并不一定可信，只有结合中期乖离率和静态中的 ADR 指标，才可以有效判定。

（2）利用周线中的 MACD 指标分析利用比日线的 MACD 指标效果更加好、更加稳定、更加踏实。

总之，在使用 MACD 指标时必须判定市场的属性。即当前的市场是多头市场还是空头市场。根据不同的市场属性，采取不同的操作策略，以达到规避风险，保障利润的目的。具体操作中，MACD 的黄金交叉一般是重要的买入时机。首先，就其要点分析，当 DIFF 和 MACD 两线在 0 轴之下较远处由下行转为走平，且快线 DIFF 上穿慢线 MACD 形成的金叉是较佳的短线买入时机，但必须注意 DIFF 和 MACD 距离 0 轴远近的判断主要根据历史记录作为参考。而发生在 0 轴之上的金叉则不能离 0 轴太远，否则可靠性将大大降低。比较倾向于在红柱连成一片的时候，在 0 轴上方 DIFF 正向交叉 MACD 形成金叉，其中线可靠性较好。同时这也符合"强势市场机会多、弱势市场难赚钱"的股市道理。

MACD 指标与 20 日均线配合

大多数情况下利用 MACD 与 20 日均线配合起来寻找底部，可剔除绝大多数的无效信号，留下最真正可靠的买入信号。其使用法则为：MACD 指标中 DIFF 线在 0 轴以下与 MACD 线金叉后没有上升至 0 轴以上，而是很快又与 MACD 线死叉，此时投资者可等待两线再重新金叉，若两线再度金义（在 0 轴以下）前后，此时若 20 日平均线已经拐头上行，那就表明底部构筑成功，随后出现一波行情的可能性极大。发生这样的情况时得这个 MACD 金叉的含金量就变得特别地高。大家可以通过观察不同的情况下发生的 MACD 金叉来深刻体会感悟。否则还是有一定的风险。在风险市场中行走必须时刻绷紧"风险"这根弦。

第三节 用 MACD 的背驰买卖股票

顶背驰与底背驰

指标背驰原则是整个 MACD 运用的精髓所在，也是这个指标准确性较高的地方。其中细分为顶背驰和底背驰。其基础要点如下：

（1）背驰形成原理：往往是在市场多空中一方运行出现较长时期后出现的（图象上即为 DIFF 和 DEA 交叉开口后呈近平行同向运行一段时

间),因为这代表一方的力量较强,在此情况下往往容易走过了头,这种股价和指标的不对称就形成了背驰!

(2)背驰原点取值非常重要,强调要具有明显的高(低)点性。注意要在同一上升(下降)趋势里取值,一般在上升末段、股价与指标出现第三浪高点、下跌末段、股价与指标出现第三浪低点后才去确认原点,这样做才比较可靠。否则容易庸人自扰之,自乱阵脚。

(3)连续性原则。注意,必须在前复权价位下运用指标。背驰是一种能量积累过程,只有震荡交易才有利于能量的积累与转换。故此,停牌阶段 MACD 指标的反应是失效的。涨跌停板的时候它所对应的分时图 MACD 指标的反应是会失效的。那种指标暴涨(跌)后形成的背驰往往是反弹(回调)行情。因为只有逐步震荡的方式才能是能量完全释放完毕而确立顶(底)部。以一次性爆发的方式导致的指标失真状态,之后至少需要出现多次背驰才能真正出现行情反转。

为方便大家了解如何去初选出 MACD 指标中出现底背驰现象的股票,在这里把选股公式公布如下图 4 - 14。

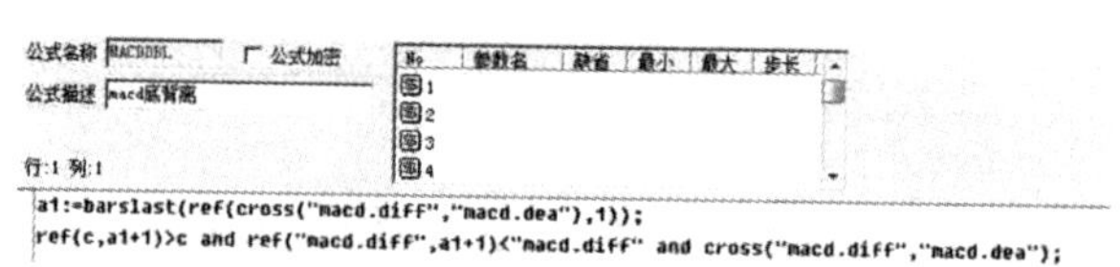

图 4 - 14

图 4 - 15 是用 MACD 指标中出现的底背驰现象的公式选出并标识出 600379 宝光股份 2008 年 11 月 14 号这一周前后产生的底背驰形态的变化情形。

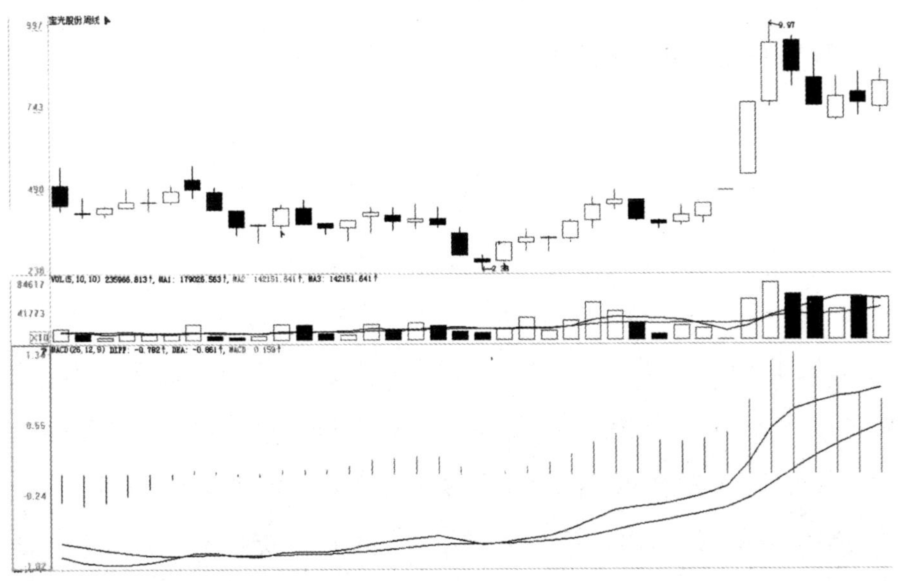

图4－15 600379宝光股份实例

图4－16是用MACD指标中出现的底背驰现象的公式选出并标识出600252中恒集团2008年10月24号这一周之前后产生的底背驰形态的情形。

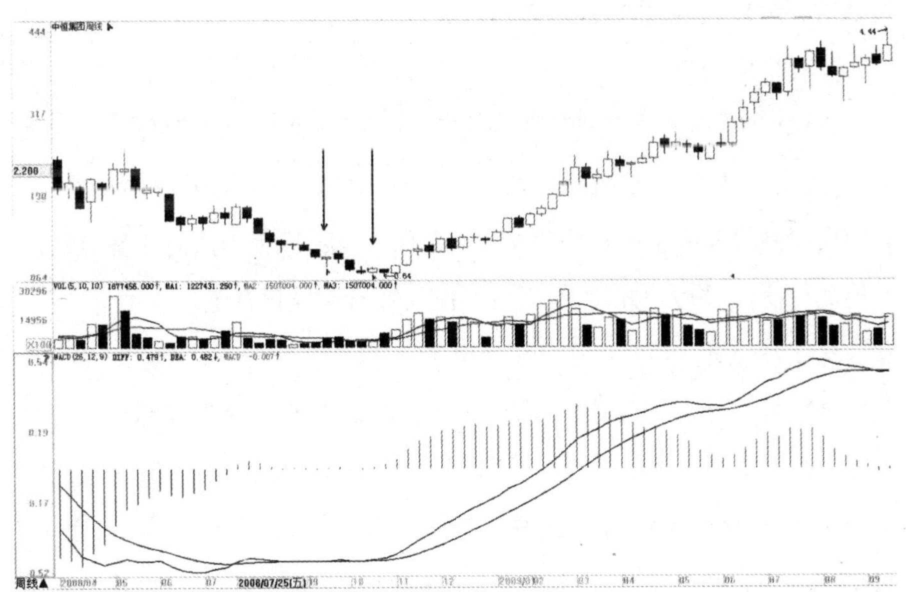

图4－16 600252中情恒集团实例

MACD底背驰抄底法的三大常态

1. 事不过三

在大跌行情中,底背驰低点后连续出现两次顺次的背驰时,基本可以确定下跌行情已快结束。但此时往往由于空头力量还很强大和顽强还有可能会发生向下假突破,指标也随其突破,虽然有可能打穿前两次背驰的底部,也即相对前两次没有形成背驰,但其和最初的背驰原点仍是形成了背驰,而且是第三次背驰,操作上反而可大胆反手操作抄底。三背驰后的反转行情幅度往往较大且安全性高,其中暴涨后期需要连续的大量支持。

MACD底背驰的第二个底到颈线位区间的成交量要大于第一底到颈线位区间的成交量。个股在下跌过程中在它的的60分钟图、日线级别图、周线级别图中都可能形成了明显的三背驰,都会支持其反弹行情的展开。只是你喜欢、善于操作什么级别的反弹行情而已。每个人可以根据自己的实际情况自由选择。

2. 对称原理

在股市中,对称原理的存在面很广,MACD背驰也不例外。一般而言,出现底背驰尤其是多次底背驰之后的行情见顶多以股价顶背驰结束。因为底背驰代表能量的过分集中,在反弹行情展开后压抑的能量容易产生报复行情,而强大的惯性作用也就往往容易造成顶背驰。

3. 形态分析

MACD属于趋势性指标,而传统形态分析中绝大部分也都是根据趋势理论逐步总结出来的,故此从原理上看两者有较大的共通性,这也决定了MACD底背驰也可用一般的形态理论进行分析,如头肩底、双底、三底、圆弧底、平台扎底等,此类形态分析中常用的量度幅度、阻力或支持位等评判理论也可适用,顶背驰则反之运用。

背驰振幅与反弹潜力

背驰理论之所以受到关注，就在于其能提前性预知反转的可能性。从本质意义上而言，背驰表明了股价的超常运动，而回归正常水平的自然运动原理正是反转力量产生的内在原因，一旦反转力量积聚到足以抗衡原有趋势动力时，反转随即产生。由此可见，背驰中蕴藏的反转能量大小是反转行情幅度大小的最关键因素！

在股市中，运动能量最直接的表现就是幅度和成交量的合力！由于未来反弹中的成交量很难提前预测，因此底背驰反弹潜力更主要还是取决于背驰过程中振幅的大小！一般而言，在股价大跌中产生背驰原点后，因股价有所盘稳或反弹而使指标大幅反弹，但之后股价继续大幅下跌并创新低时，使指标再次打回原点水平，从而形成反弹幅度大的背驰形态。因为，指标反弹幅度大就好比弹性好的弹簧，在背驰时受到压制，而一旦取消压制，其自然继续爆发出良好的弹性！同时，由于弹簧最初弹动时并不需要外力的辅助就能自然完成，所以此类底背驰后的反弹行情初段往往是缩量展开的！反而到了相对高位再放量时，已表明有抛压出现，弹簧运动受到相反力量的压制，顶部即将出现。

穿底背驰

穿底背驰出现的机会相对较少，但其出现后的反弹行情往往可观，因而值得关注。此种背驰现象产生的特征有：

(1) 前期上升趋势中已产生多次顶背驰，一旦正式见顶将导致股价连续大幅跳水。

(2) 在跳水后的盘跌过程中形成底背驰，但背驰过程振幅极小，形成穿底现象。

(3)扎底末段一旦出现放量则是正式反弹信号,反弹持续性强、幅度大。

(4)高位反弹一旦成交大幅缩小则反弹顶部逐步出现。

图4－17是用MACD指标中出现的底背驰现象的公式选出并标识出600195中牧股份2008年12月第一周之前产生的底背驰形态。

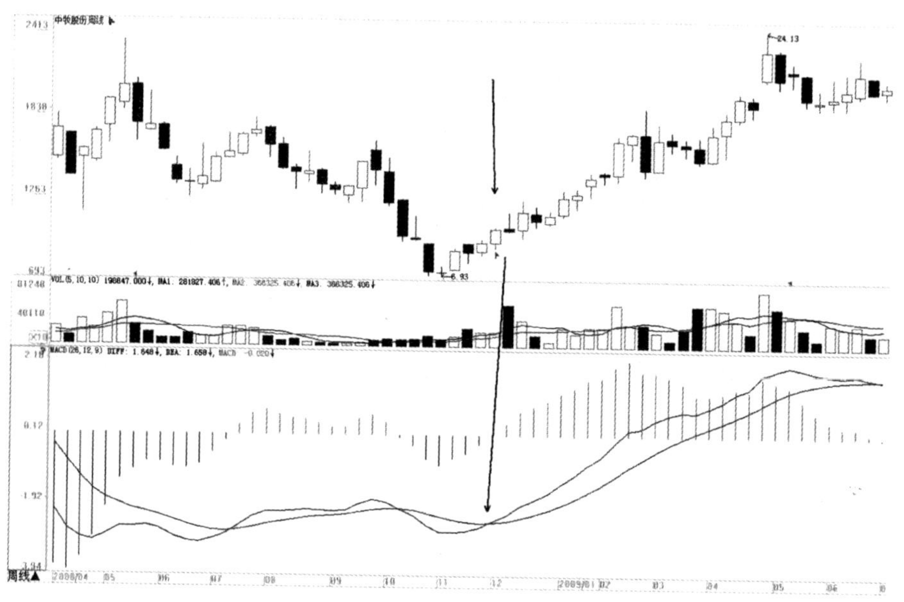

图4－17　600195中牧股份实例

穿底背驰放量反弹操作策略最关键之处在于它的首次大放量反弹信号的出现！其之后的反弹成交其实正是积蓄的多头能量表征。在反弹过程的后期,成交应该是逐步缩减。一旦在高位成交明显缩小,柱状体在缩短的第一时间就表明弹簧反弹动能基本释放完毕,顶部即将出现了。

图4－18是展示了600737中粮屯河这只曾经的老庄股经过断崖式跳水以后到形成底背驰现象(2006年3月24日)确认时之前的走势特点。请大家认真体会和总结。图4－19是600737中粮屯河"浴火重生"之后的凶猛走势。

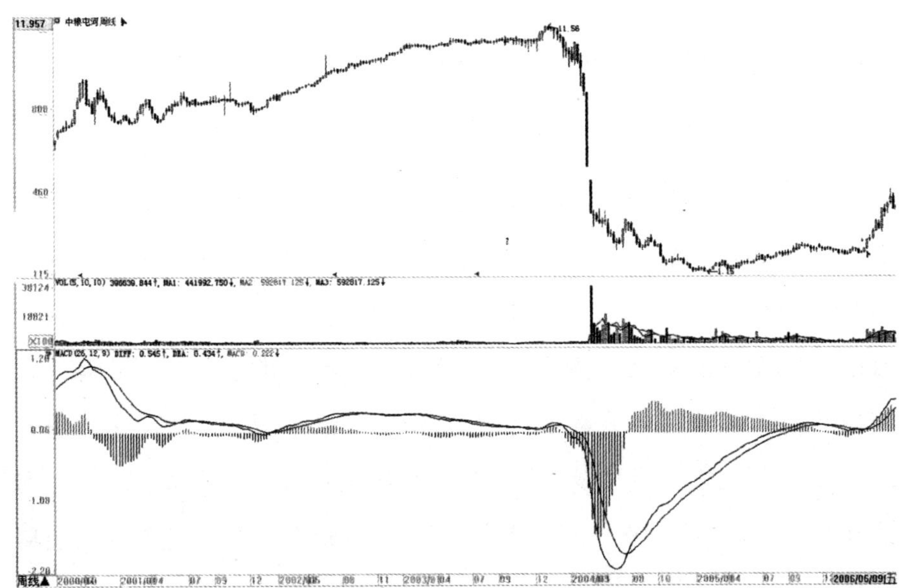

图 4－18　600737 中粮屯河底部背驰现象

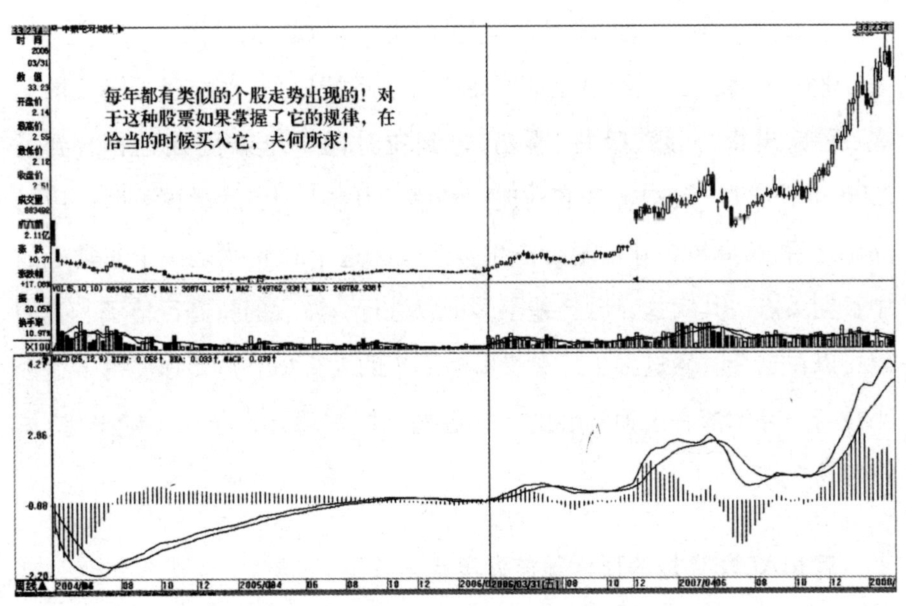

图 4－19　600737 中粮屯河凶猛走势

暴跌大庄股的大周期 DIFF 与 DEA 金叉的大机会买点

这里再告诉你一个非常有用的大秘籍:当昔日的大牛股由于各种原因产生断崖式跳水行情以后,再走一波行情的一个比较好的爆发点,是要等到其经过暴跌以后,在周线的 MACD 指标里看见其 DIFF 和 DEA 这两条线都已经爬到 0 轴以上然后再在 0 轴附近产生金叉的时候。一般这个时候买入,时间成本、资金使用成本、资金使用效率都是非常让人满意的。例如,600090 啤酒花的走势,见图 4 - 20。600090 啤酒花经过之前断崖式跳水行情以后,需要经过漫长的见底、反弹、出货、回落、吸货、震荡、再到拉升的一个新周期运作。到了 2005 年 11 月 18 日这周,在它前期已经爬到 0 轴以上,然后再下跌一下,然后再在 0 轴附近产生金叉的时候。其实这时已经差不多可以进行一波大的拉升行情了。我们就可以在这个时候进去。

再如 000540 中天城投(以前叫世纪中天)的走势,见图 4 - 21。

000540 世纪中天经过之前断崖式跳水行情以后,也经过了漫长的见底、反弹、出货、回落、吸货、震荡、再到拉升的一个新周期运作。到了 2006 年 5 月 19 日这周,在它前期已经爬到 0 轴以上,然后再下跌一段时间了之后,这周再在 0 轴附近产生金叉了。这个时候就是一个非常好的中长期买点。其实这时已经差不多可以进行一波大的拉升行情了。我们就可以在这个时候进去了。享受即将到来的大行情。只要你懂得了这个小技巧。每年都有这种机会的。关键是你要耐得住性子。不能早进,早进容易变烈士!

用 MACD 指标的顶背驰捕捉卖点

当指数或股价的高点比前一次的高点要高,但 DIFF 或 MACD 处在

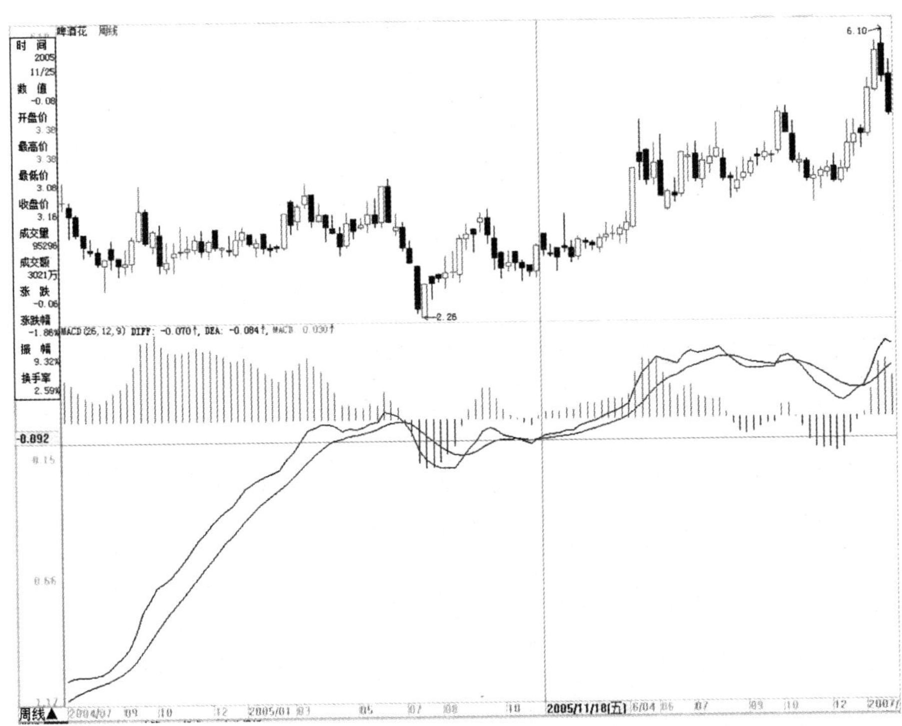

图 4－20　600090 啤酒花的走势

高位的交叉点不断降低，此时为顶背驰状态，预示着股价可能下跌，要做好卖出的准备。

为方便大家了解如何去初选出 MACD 指标中出现的顶背驰现象的股票，在这里把选股公式公布如图 4－22 所示。

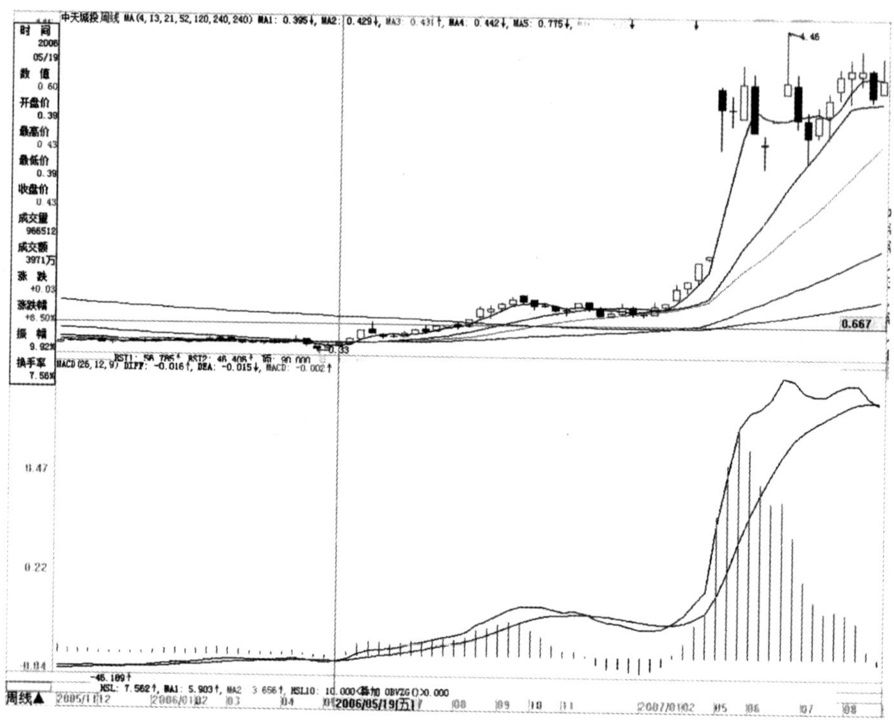

图 4－21　000540 中天城投的走势

公式名称 MACD顶BL　　□ 公式加密

公式描述 macd顶背离

行:1 列:1

No	参数名	缺省	最小	最大	步长
1					
2					
3					
4					

```
c1:=barslast(ref(cross("macd.dea","macd.diff"),1));
ref(c,c1+1)<c and ref("macd.diff",c1+1)>"macd.diff" and cross("macd.dea","macd.diff");
```

图 4－22　MACD 顶背驰选股公式

第四节　MACD 选牛股高级战法

在具体运用时，MACD 可配合 RSI 和 K 线形态一起使用，以弥补各自的缺点。由于 MACD 指标总体上是偏向于中长线指标性质的，在没有熟练掌握窍门之前并不适合用于短线操作。另外，当市场呈牛皮盘整格局，股价变化不大时，MACD 买卖信号常常会失真，指导作用不大。但是如果熟练掌握以下窍门，并且严格小心谨慎执行的话，效果还是相当不错。

结合数值看死叉

就个股而言，MACD 纵轴上标明的 DIFF 与 MACD 线的数值非常重要，一般来说，在 MACD 指标处于高位时出现的死叉往往是有效的，这一参数设定的高位是 +1.5 以上，部分超强势股可以达到 3 ~ 6 的区间，只要在这些区间出现死叉，价格往往可以中线看跌，其间一般会有反弹行情出现，但在没有新的有力度的交易信号出现以前，都可以一直看跌。

结合数值看金叉

对个股而言，MACD 指标 DIFF 与 MACD 线的黄金交叉出现的有效区间应当在纵轴上 -0.45 以下的位置，否则意义不大，但部分超强势股的走势可能出现例外，这就需要借助其他一些指标来综合判断。

结合柱状线研判

一般而言，当 DIFF 线和 MACD 线持续向上攀升，远离红色柱状线，同时红色柱状线出现持续收缩甚至出现绿色柱状线时，应当警惕指标高位死叉和价格走势的转向。

另外,MACD 指标的红柱先于价格下跌和死叉前缩短,黄金交叉一般滞后于价格上涨发出。

重视背驰

这一指标非常强调背驰关系。当价格持续上涨创出新高时 MACD 指标未能突破前一阶段高点,意味着价格随时有回落的可能,向上运行的力量不强。同理也可总结出在价格持续下跌时的情况。

结合均线系统研判

对部分超跌强势股的判断应当借助于均线系统(55 天、120 天、250 天)综合判断。

结合 RSI 指标研判

RSI 指标的死叉和金叉都是提前于 MACD 指标发出的。所以,可以和 MACD 的柱状图结合在一起共同判定买卖的机会。

超短线操作建议:MACD 使用周期必须缩小到分时 K 线的系统中来

MACD 本身就是以追逐趋势为主,属于中长期指标,按照日线 MACD 操作需要具备非常优秀的心理素质。大部分投资者根本不可能连续很多个交易日都能承受巨大的资金权益波动,因而按照 MACD 日线周期操作明显抬高了投资者的操作成本,使投资者原本沉重的心理负担更加超负荷运行。由于 MACD 指标的金叉和死叉信号是滞后于价格变动的,波动非常缓慢,经常在市场行情已经发生了翻天覆地的变化之后才发出已经迟到的信号,此时介入将造成投资者的利润大幅度缩水。实际上MACD完全可以缩小到分时K线中使用。至于使用5、15、30、60分钟哪一种分时MACD指标体系,我们可以参照指标周期共振综合使用,或者投资者可以挑选自己擅长的分时周期使用。

我在实战过程中一直用月MACD指标选长线股,用周MACD指标做中线依据,用日线MACD指标判断短线警示,用60分钟MACD指标决定高抛低吸。运用MACD指标应当综合其他技术指标和多周期指标体系共同分析。这样才能充分、有效、准确地得到非常好的实战效果。希望大家以后都养成这样良好的习惯和理念。那么今后你将充分享受到证券市场给你的幸福指数是惊人的高。

实战中注意MACD"山峰"和"谷底"的奥妙变化

1. 在多头趋势中,DIFF向下交叉DEA,形成了一个"山峰",每次遇到这种情况我们一定要注意:这个"山峰"的位置和前几次"山峰"的位置相比,是高了还是低了,与此相对应的K线走势是逐步抬高还是在逐步走低。如果K线走势逐步抬高,几个"山峰"也在同时稳步上行,此时投资者可暂时安心持有做多,等到K线价格有效跌破了普通移动平均线的重要支撑,再全部卖出。

双峰呼应共振卖点:每一个顶必然存在见顶的K线组合,当第二峰出现时,必然会在这个峰顶上出现与左峰相呼应的见顶K线组合,同时MACD产生顶背驰、第二峰的成交量必定小于第一峰的成交量。

2. 在空头趋势中,DIFF向上交叉DEA,形成了一个"谷底",同样每次遇到这种情况,我们一定要注意:这个"谷底"的位置和前几次"谷底"的位置相比,是高了还是低了,与此相对应的K线走势是逐步抬高还是在逐步走低。

如果K线走势逐步降低,几个"谷底"也在同步缓缓下滑,出现了K

线走势和 MACD 谷底背驰，此时投资者必须坚决持币观望，等待 K 线价格有效向上突破了普通移动平均线的重要压力，再选择时机买入。

MACD 绿柱峰底背驰买入法

两个绿柱峰发生底背驰，这是较可信的短线买入信号。两个绿柱峰发生底背驰时，买入时机可采用“双二”买入法，即在第二个绿柱峰出现第二根收缩绿柱线时买入，这样可买到较低的价位。

还有就是绿柱峰二次底背驰买入法。

MACD 绿柱峰发生两次底背驰是较可信的买入信号。买入时机是在第三个绿柱峰出现第一根或第二根收缩绿柱线时。

另外还有绿柱峰复合底背驰买入法。

绿柱峰第一次底背驰后，第三个绿柱峰与第二个绿柱峰没有底背驰，却与第一个绿柱峰发生了底背驰，称为“隔峰底背驰”，这是可信的买入信号。买入时机是在第三个绿柱峰出现第一根或第二根收缩绿柱线时。

运用此方法时配合 MACD 指标是否同步出现底背驰现象、OBV 指标有否出现数值抬高的底背驰现象、RSI 指标的数值变化等等来相互验证。那么操作的时效性、实效性、准确性都会大幅提高。

图 4 – 23 为 600095 哈高科从 2011 年 8 月 10 日到 2011 年 10 月 10 日前后绿柱底背驰和 2 次首次缩短现象的图形。前后对比可以充分看清楚后一次 MACD 指标中的绿柱缩短的时候，它所对应的绿柱比之前一次的绿柱本身就短小的多、同时 MACD 指标出现了底背驰、OBV 指标的数值比上次 OBV 指标底部的数值要高很多、RSI 指标已经出现了底背驰。MA 平均线的下降角度变的比较平缓一些了。这些信号都是需要综合起来认真仔细的去研判的。这样才能万无一失、趋利避害，提高准确性，赚到稳定、安全、踏实的钱。

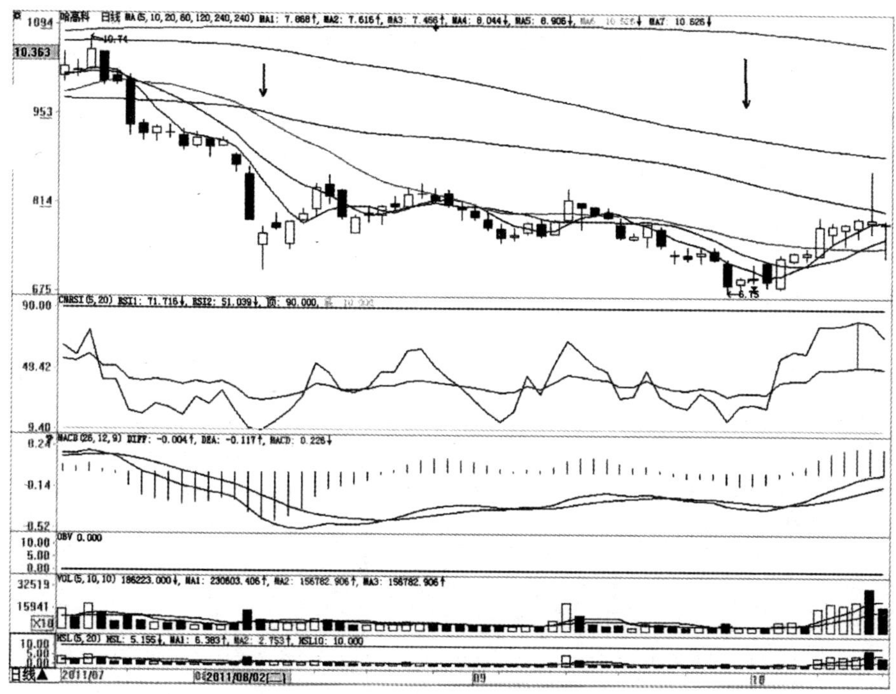

图 4－23　600095 哈高科实例

MACD 两曲线“死叉后再快速强势金叉”买入法

此方法要满足的条件是：

MACD 指标的两条曲线死叉后在 3～5 个交易日内再重新金叉。这种情况的出现，表明主力洗盘凶狠，故意制造 MACD 死叉的假象，这样会让意志不坚定者出局，有利于后市主力的拉抬。买入时机即是在 MACD 指标的两条曲线重新金叉且当天出现放量阳线时。

为方便大家了解如何去选出 MACD 指标中出现的再次强势金叉现象的股票，在这里把选股公式公布如下，见图 4－24。

公式名称 MACD强金　　厂 公式加密

公式描述

行:1 列:1

No	参数名	缺省	最小	最大	步长
1	SHORT	26	1	100	1
2	LONG	12	1	100	1
3	M	9	1	100	1
4					

```
DIFF := EMA(CLOSE,Short) - EMA(CLOSE,LONG);
DEA  := EMA(DIFF,M);
any(CROSS(Diff,Dea),5) and cross(dea,diff);
```

图 4－24　MACD 强金选股公式

图 4－25　为 600051 宁波联合

图 4－25 为 600051 宁波联合在 2011 年 3 月 16 日到 3 月 25 日以及 2011 年 6 月 16 日到 6 月 23 日发生了两次 MACD 指标强势金叉现象的图形。

MACD 指标的多重时间周期的多头买入技术

选月线 MACD 指标体系多头、周线 MACD 指标体系多头、日线 MACD 指标体系多头、60 分钟 MACD 指标体系放量金叉的时候买入，进行中短线炒作的成功率极高，大牛股、快牛股可尽在你视野和自选股中。在后面会详细告诉你怎样利用具有非常高成功率的实战组合条件进行选股，并且利用软件的预警功能让电脑为你不停工作，第一时间让满足条件的股票弹出来，让你决定是不是要买卖，实现你轻松买对卖对大牛股，让你的财富获得迅速的增值。

在这里有必要先把几个相关的 MACD 指标体系多头的表现公式分别发布一下，以便大家更加方便体会接下来的阐述说明和做今后的选股和设置预警条件时用：

1. MACD 在 0 轴上强势多头公式：

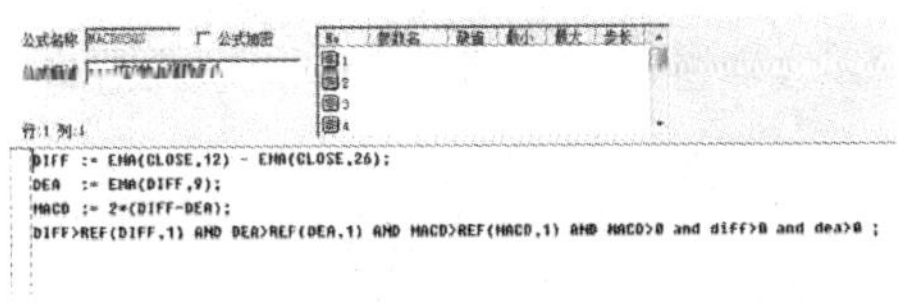

图 4－26　MACD 在 0 轴上强势多头公式

在这个公式中表达的是 MACD 指标的 DIFF 线、DEA、MACD 这 3 个数值都是在 0 轴以上一天比一天多头上升的现象。

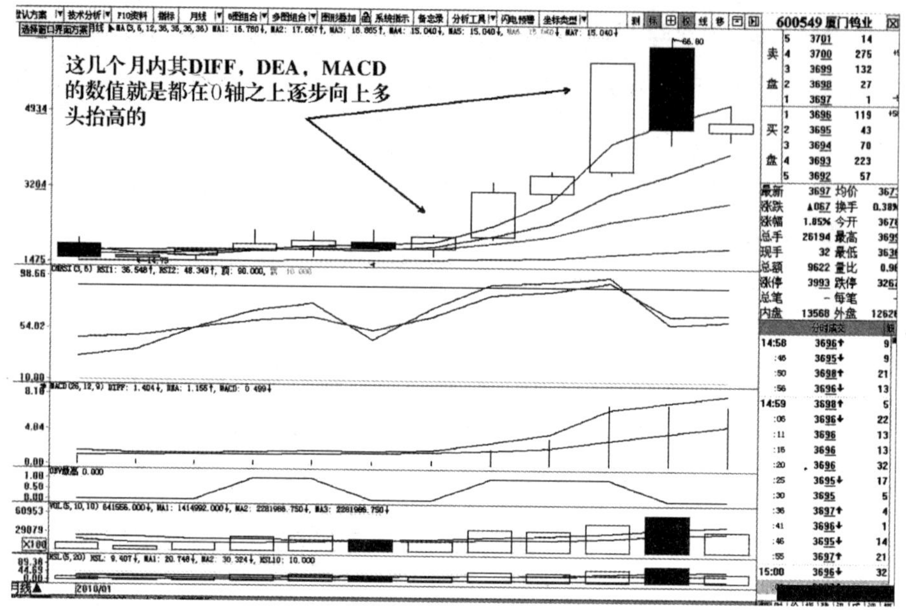

图 4－27　600549 厦门钨业实例

图 4－27 是 600549 厦门钨业在 2010 年 11 月前发生这种现象的月线图。

就是为了表达 MACD 指标的 DIFF 线、DEA、MACD 这 3 个数值都是在 0 轴以上一天比一天多头上升的现象。

2. MACD 强势多头公式：

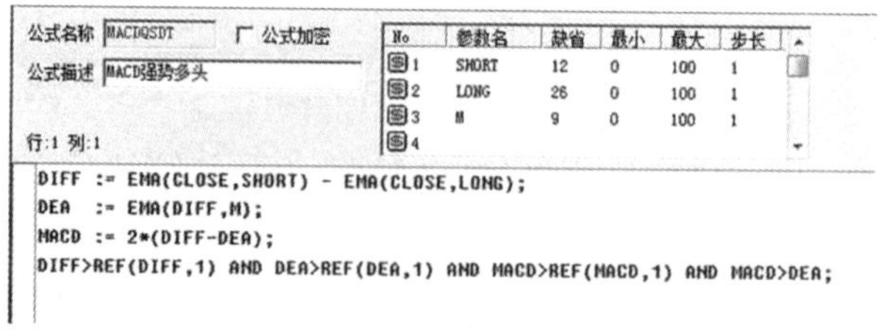

公式名称 MACDQSDT　公式加密

公式描述 MACD强势多头

行:1 列:1

No	参数名	缺省	最小	最大	步长
1	SHORT	12	0	100	1
2	LONG	26	0	100	1
3	M	9	0	100	1
4					

```
DIFF := EMA(CLOSE,SHORT) - EMA(CLOSE,LONG);
DEA  := EMA(DIFF,M);
MACD := 2*(DIFF-DEA);
DIFF>REF(DIFF,1) AND DEA>REF(DEA,1) AND MACD>REF(MACD,1) AND MACD>DEA;
```

图 4－28　MACD 强势多头公式

在这个公式中表达的是 MACD 指标的 DIFF 线、DEA、MACD 这 3 个数值都是在一天比一天多头上升的现象。同时还发生了 MACD 的数值比 DEA 的数值高的现象。

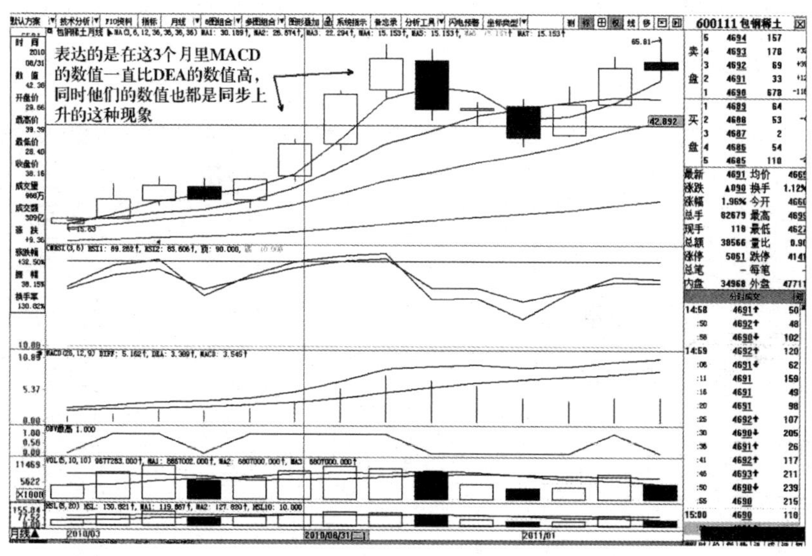

图 4－29　600111 包钢稀土实例

图 4－29 是为了表达 600111 包钢稀土在 2009 年 8 月到 2009 年 11 月发生的 MACD 指标的 DIFF 线、DEA、MACD 这 3 个数值都是在一天比一天多头上升的现象。同时还发生了 MACD 的数值比 DEA 的数值高的现象。

3. MACD 多头公式：

公式名称 MACD多头　　公式加密

公式描述

行:1 列:1

No	参数名	缺省	最小	最大	步长
1	SHORT	12	1	100	1
2	LONG	26	1	100	1
3	M	9	1	100	1
4					

```
DIFF := EMA(CLOSE,SHORT) - EMA(CLOSE,LONG);
DEA  := EMA(DIFF,M);
MACD := 2*(DIFF-DEA);
DIFF>REF(DIFF,1) AND DEA>REF(DEA,1);
```

图 4－30　MACD 多头公式

在这个公式中表达的是 MACD 指标中的 DIFF 线、DEA 线这两个的数值都是一天比一天多头上升的现象。但是没有要求在 0 轴上还是 0 轴下。可以在 0 轴上出现也可以在 0 轴下出现，同时对 MACD 这个柱状体的走势形态没有要求。只是表达的是 DIFF 和 DEA 这两根线是不断向上运行就可以了。

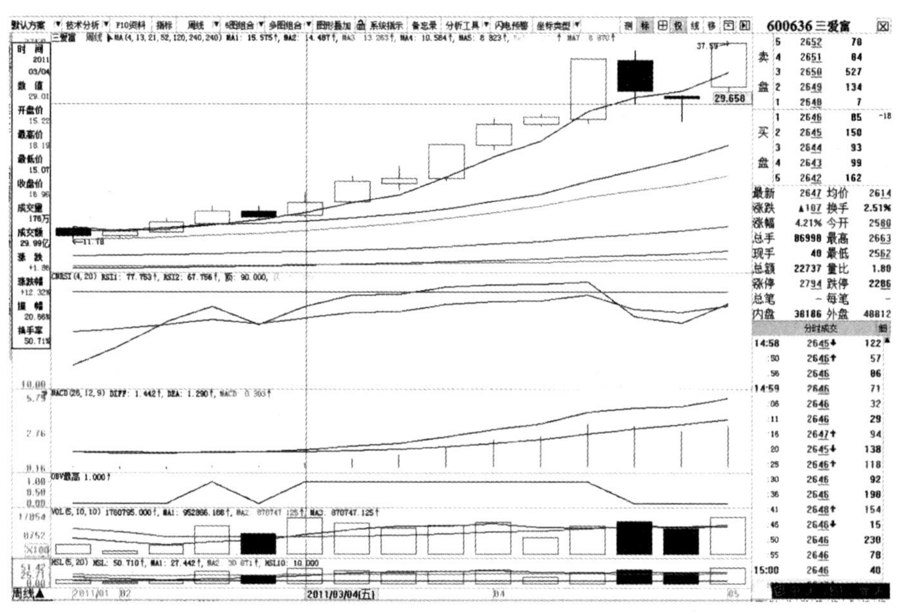

图 4－31　600636 三爱富 MACD 多头走势图

图 4－31 是 600636 三爱富在 2011 年 3 月 4 日这一周到 2011 年 4 月份之间的 MACD 多头的走势图。

4. MACD 指标的 DIFF 和 DEA 在 0 轴上产生金叉的公式：

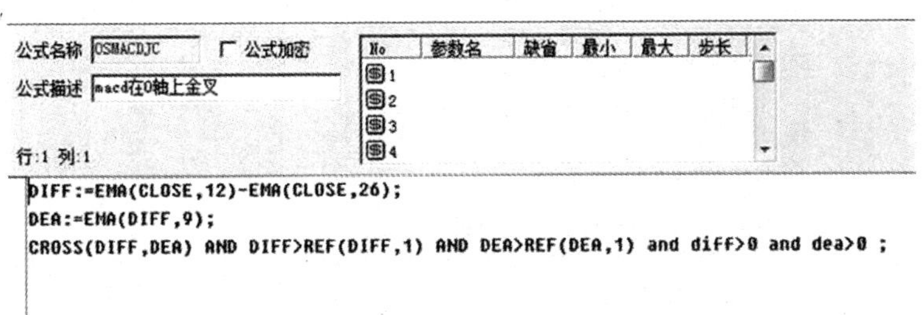

图 4－31　MACD 在 0 轴上金叉公式

这个公式表达的是 DIFF 和 DEA 都是在在 0 轴上多头向上的情况下产生金叉的现象。

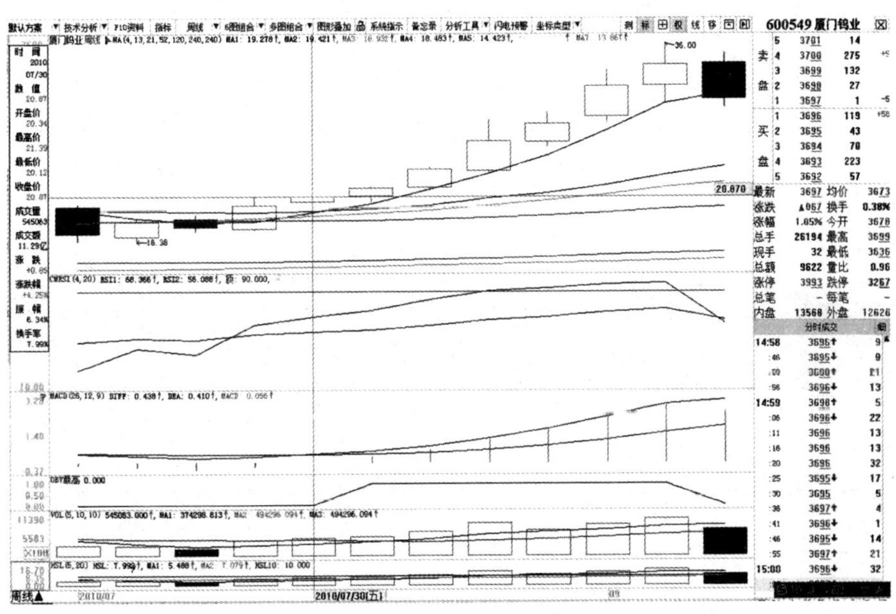

图 4－31b　600549 厦门钨业金叉时周线图

图 4－31b 为 600549 厦门钨业在 2010 年 7 月 30 日这一周金叉时的周线图片。它当时的状态就是公式所描述的那样的。

5. 红柱变长的公式：

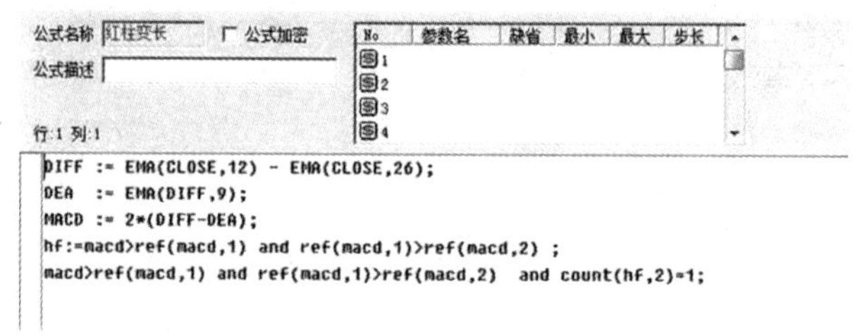


```
DIFF := EMA(CLOSE,12) - EMA(CLOSE,26);
DEA  := EMA(DIFF,9);
MACD := 2*(DIFF-DEA);
hf:=macd>ref(macd,1) and ref(macd,1)>ref(macd,2) ;
macd>ref(macd,1) and ref(macd,1)>ref(macd,2)  and count(hf,2)=1;
```

图 4－33　红柱变长公式

这个公式表达的是 MACD 柱状体在不断地往上发展的意思，可以表达是绿柱状体在不断地往上发展的意思，也可以表达是红柱状体在不断地往上发展的意思。

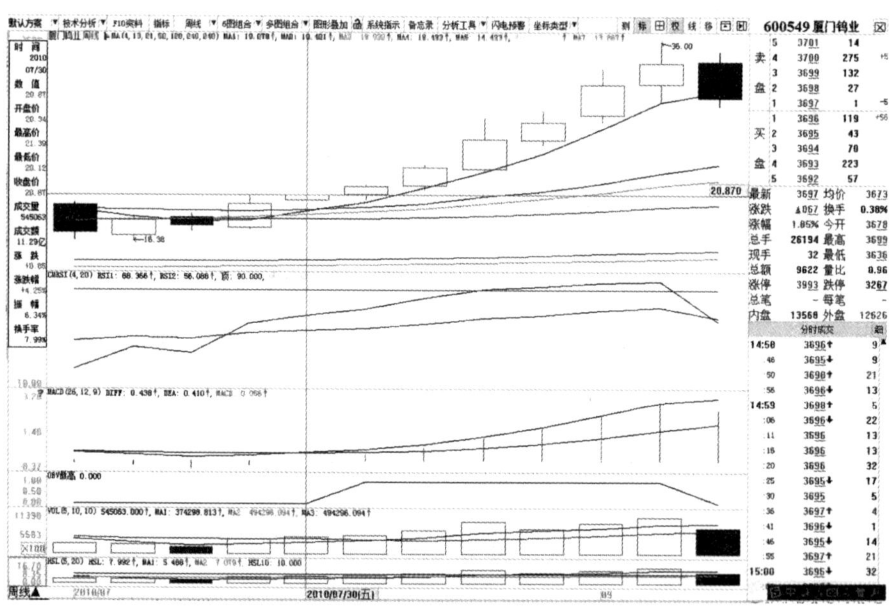

图 4－34　600549 厦门钨业 2010 年 7 月 30 日周线图片

图 4－34 为 600549 厦门钨业在 2010 年 7 月 30 日这一周的周线图片。它当时表现出来的那些柱状体的运行状态就是公式中所描述的那样。

6. MACD 多头金叉买入的公式：

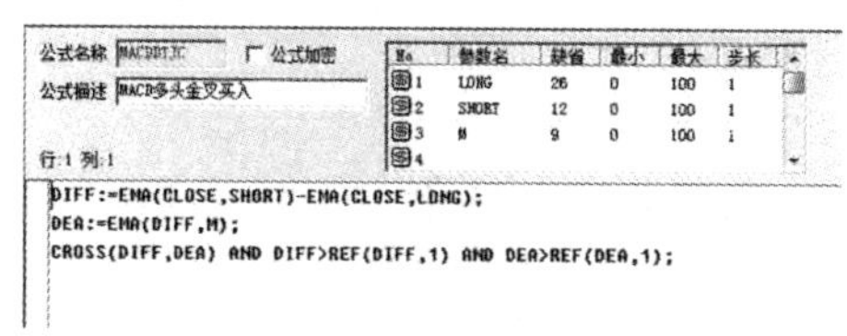

图 4－35　组合公式

这个公式表达的是 MACD 指标中的 DIFF 和 DEA 都是在多头向上的情况下产生金叉的现象。可以是在 0 轴上，也可以是在 0 轴下产生金叉的。

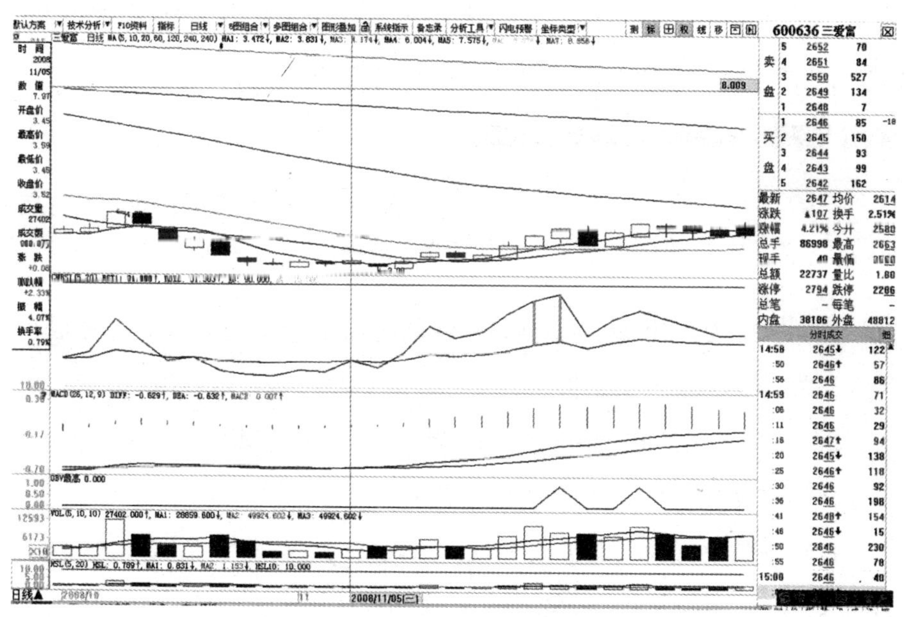

图 4－36　600636 三爱富 MACD 多头金叉走势

图4－36为600636三爱富在2008年11月5日发生的MACD多头金叉的走势图。它当时产生的金叉表现出来的运行状态就是公式所描述的那样的。请牢记MACD出现金叉时必须是DIFF线和DEA线都要向上，且是放量的才算真正的金叉。

DIFF金叉DEA现象的买入技术

当日、周、月线MACD的DIFF金叉DEA（乾隆软件为DIFF金叉MACD）之时买入。

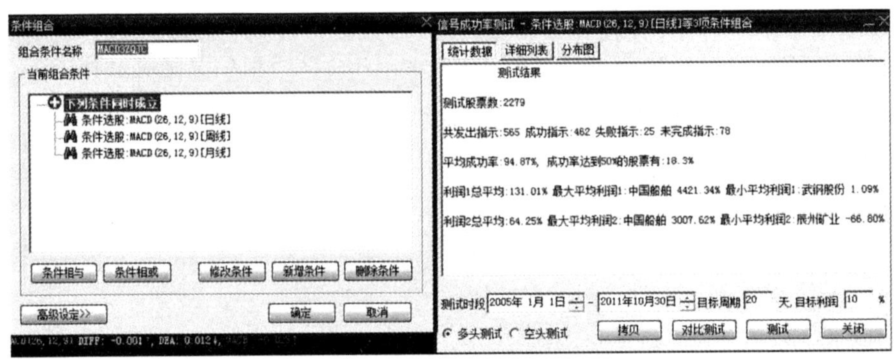

图4－37　MACD实例

图4－37为MACD的日、周、月线同时出现金叉的组合条件和成功率测试报告。

图4－38为000056深国商2010年12月开始在MACD指标中的日、周、月线走势图中同时出现金叉的示意图。

这种现象出现的机会很少，但是准确性还是不错的，值得大家重视，看见这种现象以后可以去实际操作一下。

产生底背驰后可试探性地买进强势股，等到MACD在0轴上方形成金叉时再加仓买进。这种方法在前面已经说过这里重点提示一下只是告

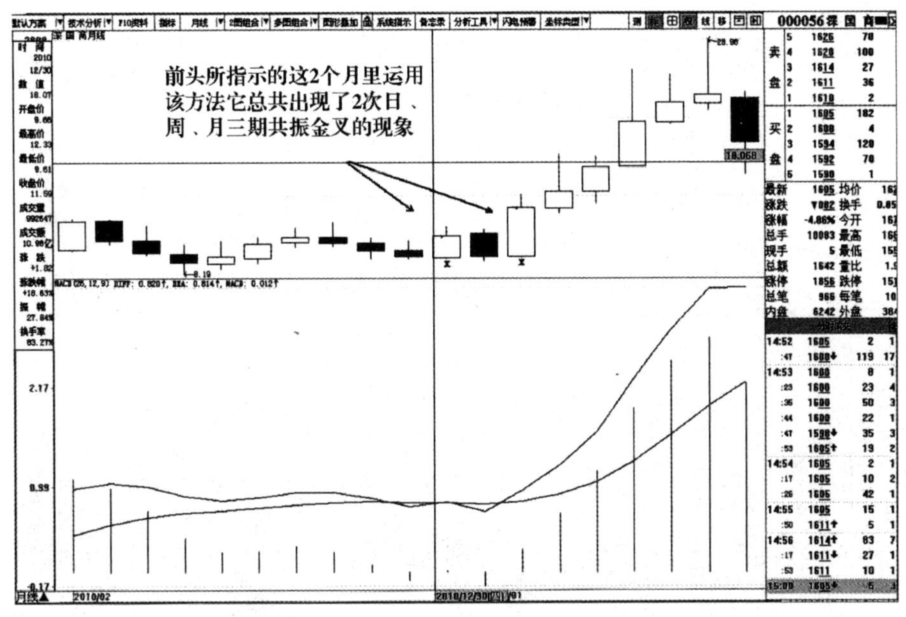

图 4－38 000056 深国商金叉示意图

诉大家必须引起大家重视这样的交易机会。

当 MACD 的日线和周线级别的 DIFF 和 DEA 两条线都是多头向上、并且这两条线都已经在 0 轴上方运行的时候，出现 MACD 柱状体首次向上运行的时候是一个非常好的买点！买卖交易点非常多，是一个在大牛股中反复低买高抛的好方法。一般是到其小一个周期的 MACD 指标中等到其红柱首次缩短或者 RSI 指标在相当高的位置时，短线抛一下然后等待它下一次再出现。MACD 柱状体再次发生首次向上运行的时候再次买入。如此这般循环往复。唯一值得注意的是尽量不要在 DIFF 线数值离 DEA 线数值较远、两条线离开 0 轴又较远的地方而出现信号的地方买入即可。万一偶尔做错一次止损就是了。

图 4－39 为按照这种方法出现在 600340 华夏幸福 2006 年 8 月到 2011 年 9 月的周线交易图上的交易点分布图。

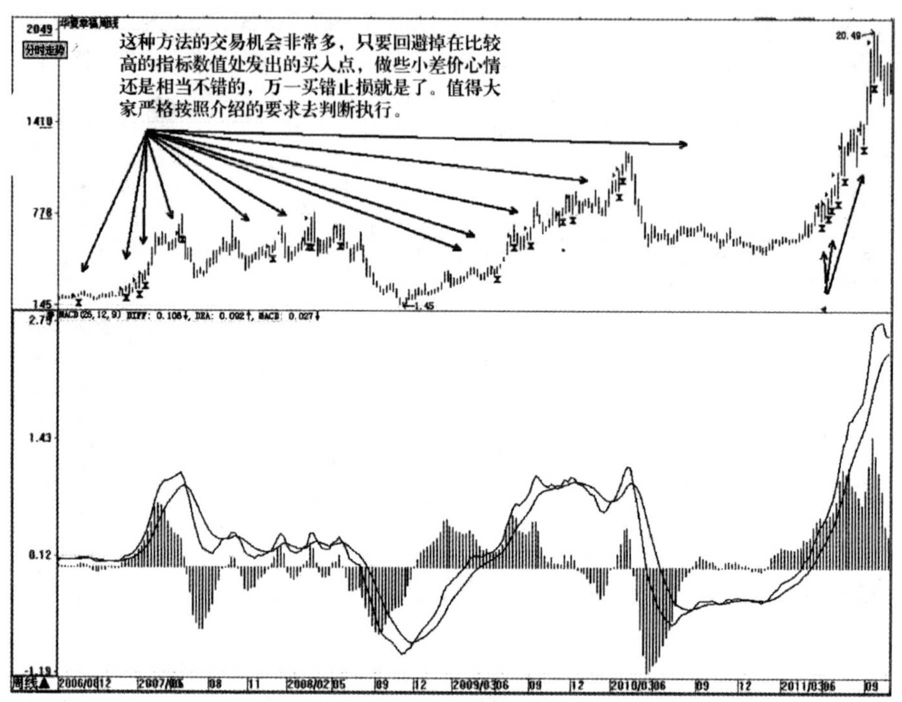

图 4－39　600340 华夏幸福交易点分布图

大牛股重点看月线 MACD 是否刚形成放量金叉。一般月线 MACD 指标刚刚发生放量金叉的话，上升行情要维持一段时间和空间。可以快买入，然后起码等到它周线级别中的红柱首次缩短再考虑抛出暂时休息一下。一般都是等到它的月线级别中的红柱首次缩短再考虑彻底抛出。有的股票会在月线级别中的红柱首次缩短后经过一段时间的调整再次发生红柱向上的现象，那后面的行情更快、更大。需要立刻顺应形势及时买入。

实际操作中依据大方向可以在小一级别的周线图中，甚至可以在更小一级别的日线图中，按照之前反复说过的方法，反复操作高抛低吸。把大牛股的各个大的买卖机会充分把握住，做足行情。

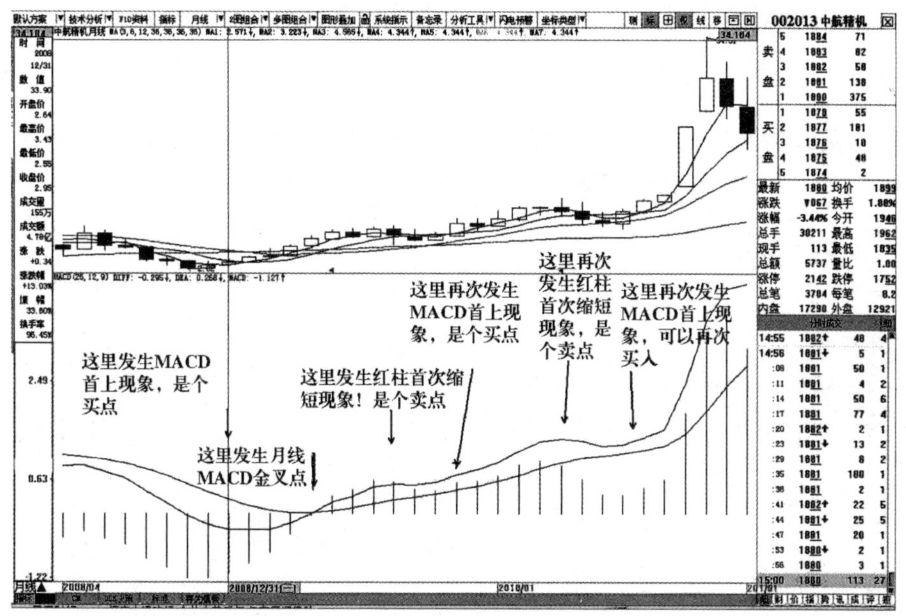

图 4－40　002013 中航精机交易机会图

利用 MACD 指标找卖点

如 MACD 指标的 DIFF 线数值离 DEA 线数值较远，两条线离开 0 轴又较远，要当心回调。这种情况发生的相当多、但是无法量化只能靠观察它当时的红柱子是不是有缩短的迹象、RSI 指标是不是在高位有走软现象出现，最好是到小一级别时间周期的 MACD 指标和 RSI 指标系统中去找卖点。这样可以最大化保住利润。利用大牛股经常会出现的二次做头机会，在其中利用红柱首次缩短和首次上升方法、RSI 高位相差 30 的方法、RSI 指标首次从 90 以上回落至 90 以下、K 线的研判方法、小一级别的时间周期的 MACD 指标和 RSI 指标系统中去找卖点的方法，以及利用分时图高抛技巧都可以经常反复地在它身上赚取更多的利润。

.当 MACD 的两根线都走平或弯下时,需加强警戒,到小一级别的 MACD 指标中去找卖点。

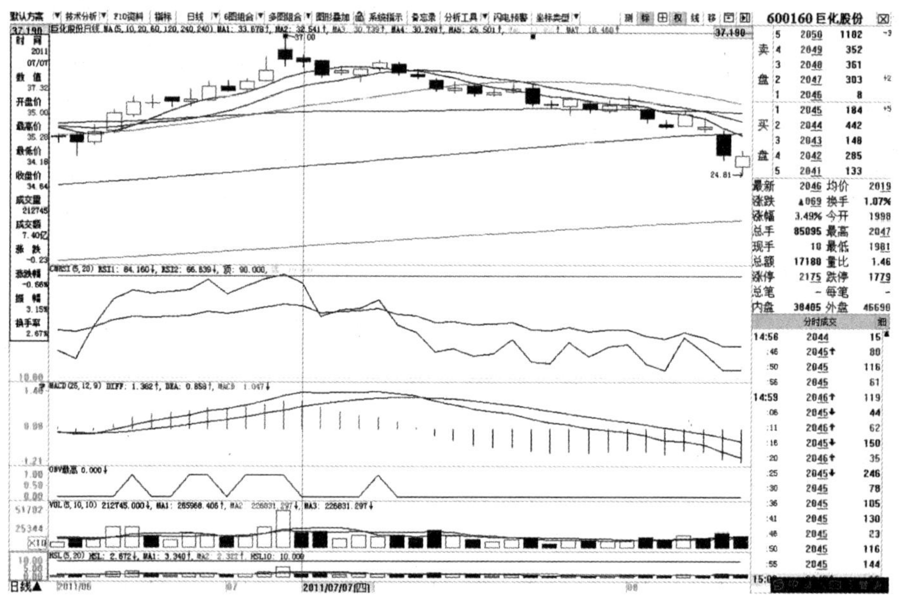

图 4－41　600160 巨化股份实例

图 4－41 为 600160 巨化股份在 2011 年 7 月 7 日前后就出现了标准的这种情况。一旦这种现象发生立刻卖出不轻易介入炒作。说不定到时候你掌握了本书中的这些轻松做大牛股的方法,设置了组合条件在电脑的预警里面,它在不停的发出大牛股可以参与的信号。到时肯定是需要抓大放小操作的。

MACD 指标图中若发生第一次 DIFF 从 0 轴之上下穿 0 轴、每次在 0 轴下形成绿柱收缩以后又马上放大向下、每次在 0 轴下形成死叉都应该短线先抛。

图 4－42 是 6124 点到 2011 年的 8 月的上证指数走势图卖点图。在这张图中出现了无数次的绿柱向下扩展的卖点、出现了无数次的红柱首

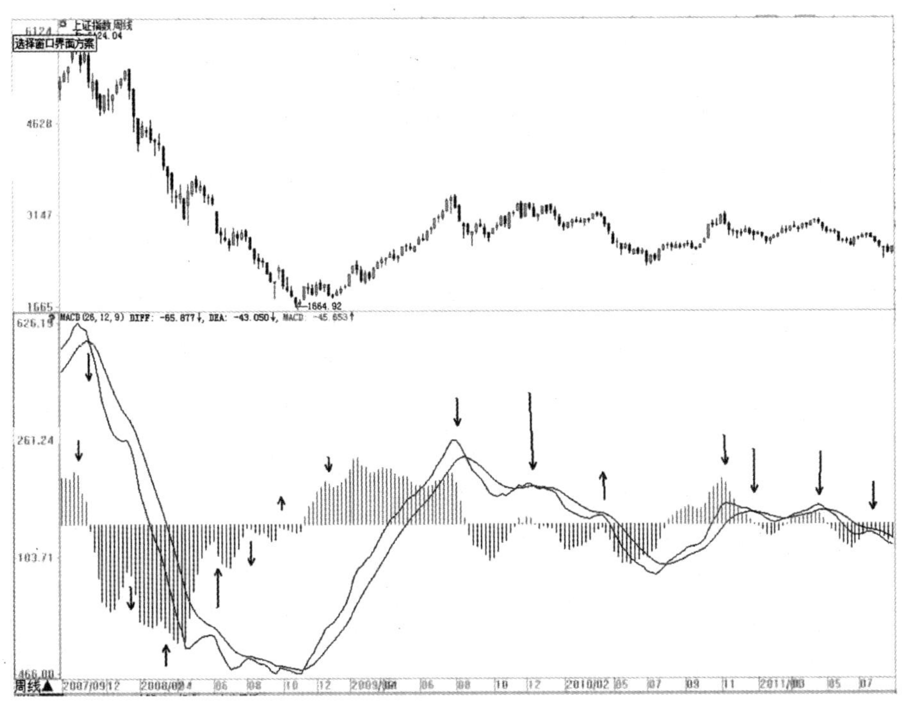

图 4－42 6124 点实例

次缩短、无数次的在 0 轴下形成死叉的、无数次的 0 轴之上的死叉的、DIFF 从 0 轴之上下穿 0 轴的卖点信号。有几个是错的？你执行过几次卖出操作？在证券市场搏击需要储备专业知识和专业技能、更重要的是做到知行合一！坚决的执行纪律！看对！说对！不如做对！很多时候必须是相信眼睛看到的现实而不要幼稚的去期待明天的奇迹！我一直在与不同层次的股友交流培训的时候说过：你不要轻易的相信我教你的方法。但是希望你认真的对照着软件仔细的体会。相信你自己眼睛看到的结果。然后好好地想为了自己的幸福和家庭的美满你是不是应该立刻行动起来。让我告诉你的变成你自己的！并让知识变成技能！变成习惯！变成纪律！变成本能！

第五节　巧妙运用 MACD 指标老鸭头形态获取暴利

K 线图中的平均线系统里经常会出现老鸭头形态,一旦出现能够让我们获得短期的比较稳定的暴利机会,那么在 MACD 指标系统里有没有呢?如果有的话是不是也能够让我们获得短期的比较稳定的暴利机会呢?回答是肯定的。有!而且很多!不但日线指标当中经常出现,还在周线指标当中经常出现,也在月线指标当中经常出现,例如:

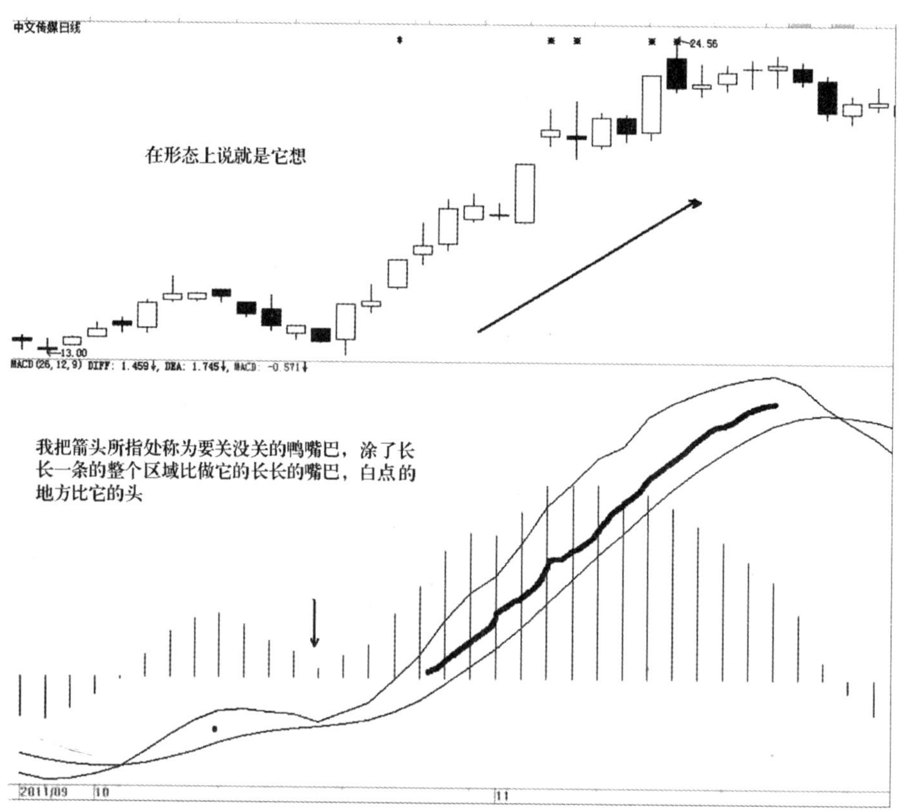

图 4－43　MACD 指标中老鸭头形态图

图 4－43 比较形象地介绍了 MACD 指标中的老鸭头的形态。关键点是箭头所指的地方，它上升了一下以后回落整理，结果在即将死叉之前突然被放量拉起来，红柱子随即顶着它往上张开，一直到红柱向上的力量衰竭了，它的嘴巴也闭紧了。上升的势头也就结束了。大家经常可以发现这样的走势的。其实在它即将死叉之前突然被放量拉起来红柱子随即顶着它往上走的整个过程，赚钱是非常快和猛烈的。最猛烈的是发生在月线里面。请看图 4－44 和图 4－45。

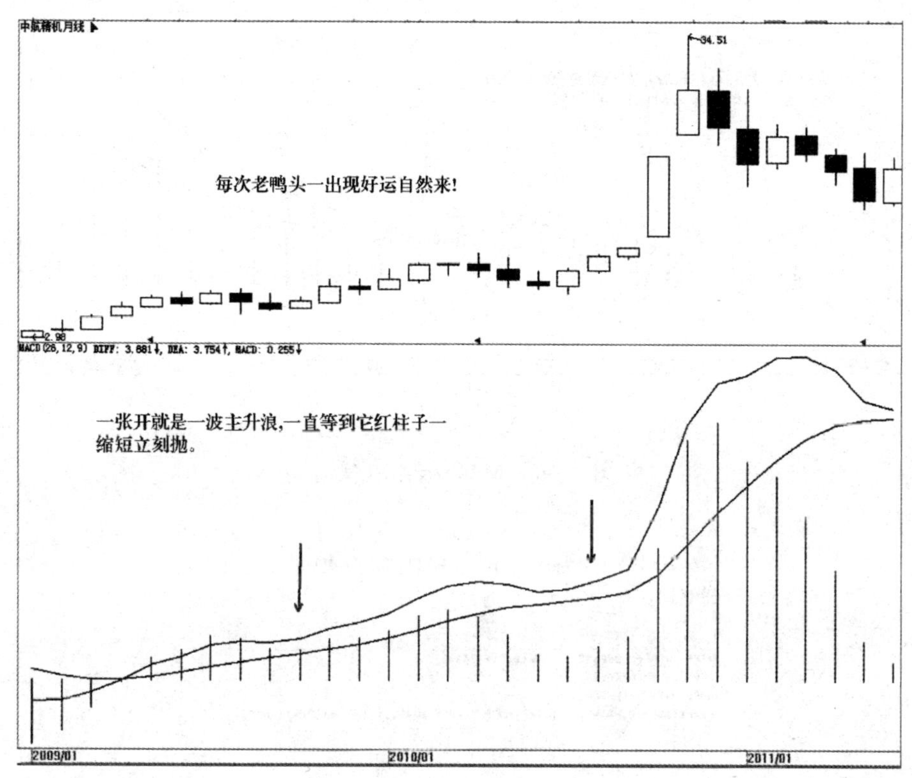

图 4－44 MACD 老鸭头实例

MACD 指标中的老鸭头公式和用法见图 4－46：

可以简单地按照它的张开数值的这根 K 线去买入，然后持有到红柱

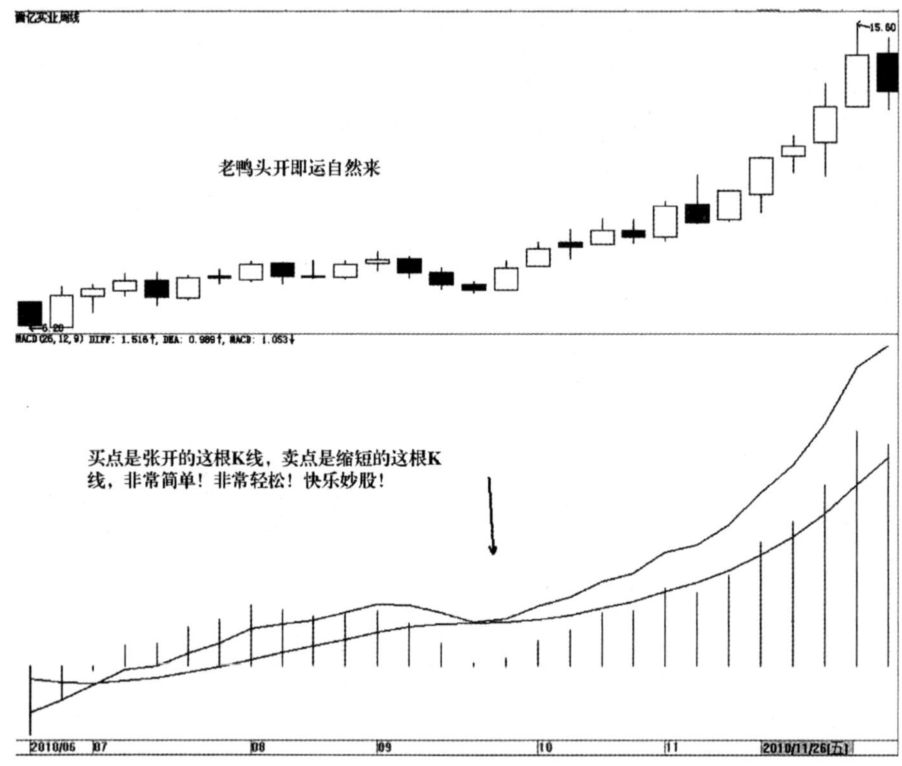

图 4－45　MACD 老鸭头实例

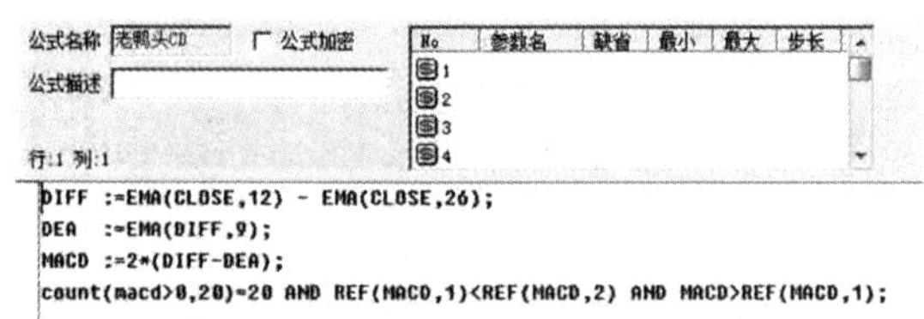


```
DIFF :=EMA(CLOSE,12) - EMA(CLOSE,26);
DEA  :=EMA(DIFF,9);
MACD :=2*(DIFF-DEA);
count(macd>0,20)=20 AND REF(MACD,1)<REF(MACD,2) AND MACD>REF(MACD,1);
```

图 4－46　老鸭头公式和用法

缩短的时候卖出。也可以按照下面的方法反复操作，高抛低吸，滚动复利。

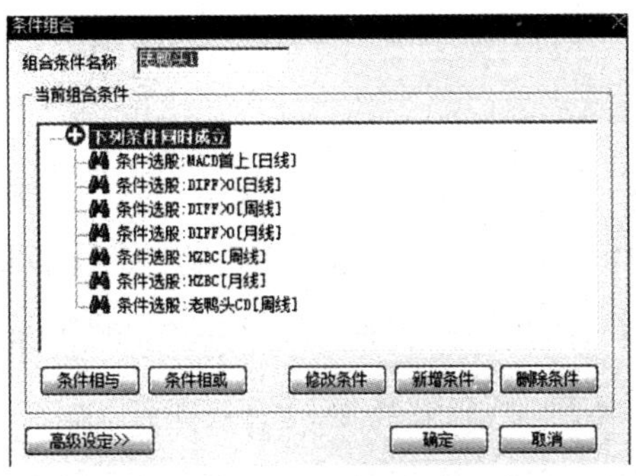

图 4－47　该方法必须同时具备的条件

利用周线级别的 MACD 老鸭头 1 组合选股

该方法由大智慧软件客观、真实的测试,而得出的科学的、直观的统计数据,见图 4－48。

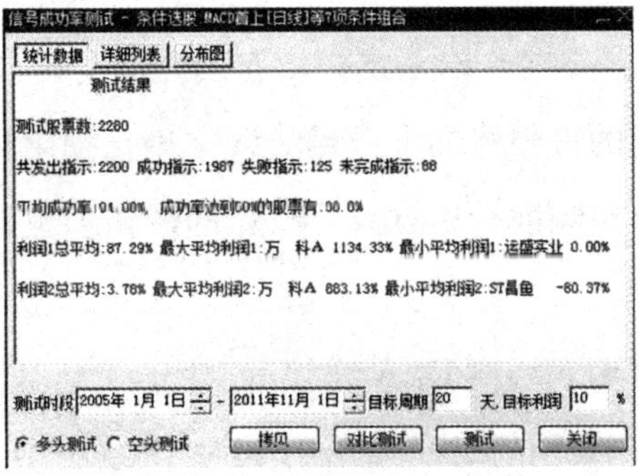

图 4－48　软件测试

买入技术特征要点:

出现这种买入条件的股票多数是处于牛市第三浪或者第五浪中。对月线和周线指标体系中的 MACD 红柱要求是在上升的,并且强调了

DIFF指标和DEA指标都已经在0轴上了的。日线指标体系中的MACD红柱要求是经过一段整理以后首次向上运行的。但并不是每一次周线级别的MACD指标出现老鸭头的时候都可以买。需要先关心一下他们的日线的DIFF和DEA的数值是不是已经太高(尽量不要在超过1以上再买,除非在周线MACD数值比较低、同时它在周线出信号的点之前没有发生过红柱峰顶背驰现象,只要指标稍微一提升,马上就能够轻松冲过之前的数值顶和股价顶,那么这是可以坚决买入的)如果是比较高的话,或者刚刚发生了顶背驰的话,暂时就不要买了。其实这个方法本身是相当不错的。稍微仔细地对各周期的指标位置判断一下没什么大问题的话,是足够可以放心大胆地买入。

风险控制:

买入后出现MACD红柱缩短,同时RSI数值下跌立刻起码减一半仓。

出现RSI死叉或者见顶K线信号先清仓出局观望。

若发生跌破买入价5%以上也必须立刻先清仓出局观望。

跌破即时修正的最强势的上升趋势线立刻止损出局。

在纪律面前不要瞻前顾后、患得患失、即使错误也要执行!

止赢策略:

如MACD的DIFF线离DEA线较远,两条线离开0轴又较远,要当心回调,需要到小一级别的时间周期的MACD系统中去找抛点;或者在60分钟图中去观察,如果出现经典的RSI和MACD指标的危险信号时卖出。

只要它在上升过程中不发生日线MACD指标中的DIFF走平和红柱首次缩短现象,就不轻易抛股票。一旦出现日线MACD指标中的DIFF走平和红柱首次缩短现象先抛出观望。

只要MACD指标中的DIFF的数值和DEA的数值一直是多头向上的,

就不要轻言上升趋势结束,就经常会有非常好的盘中机会让你有相当多充分有利的机会再次买入。这点对喜欢做强势股的人来说是非常重要的。

见高点回落下跌 5% 就立刻止赢。

同时心态要好！即使偶尔卖早了也不要和自己怄气！

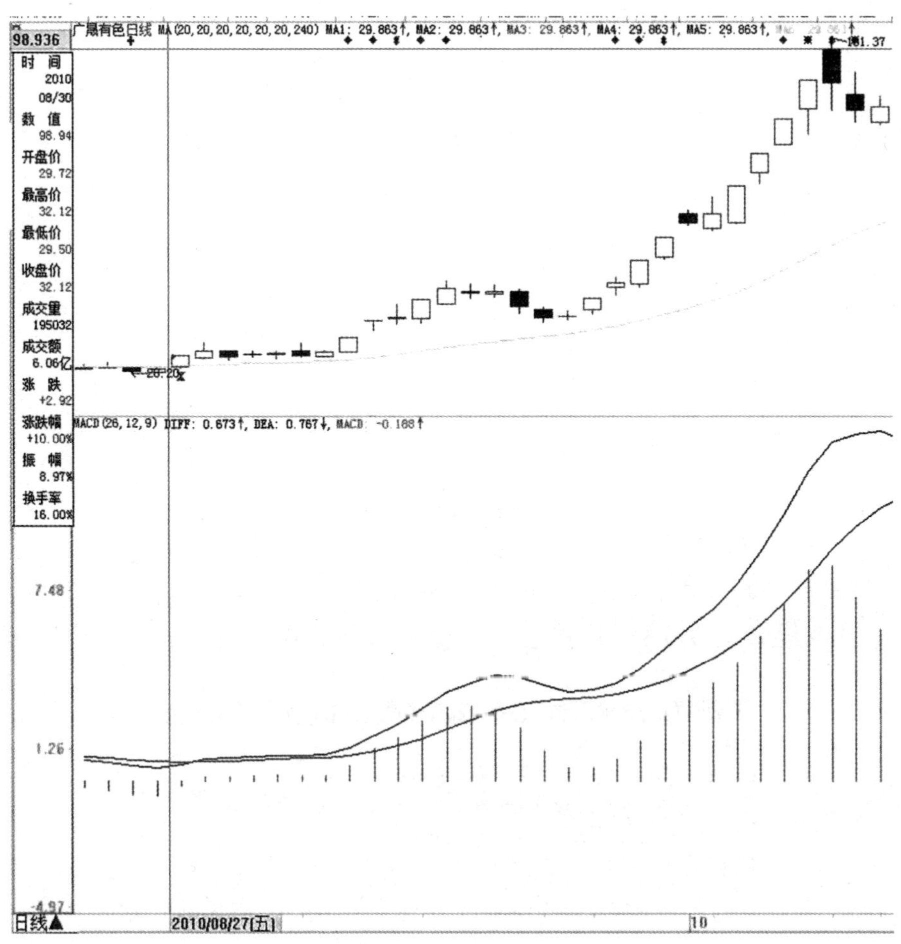

图 4 －49　600259 广晟有色日线示意图

图 4 －49 是 600259 广晟有色出满足条件日线的示意图

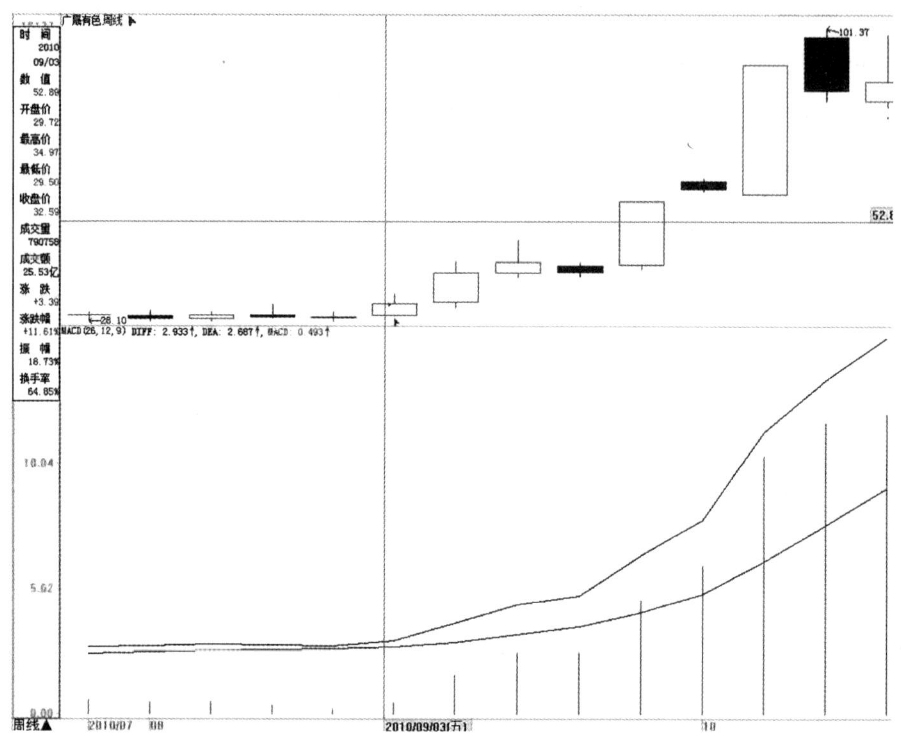

图 4－50　600259 广晟有色周线示意图

图 4－50 是 600259 广晟有色出满足条件的周线的示意图。

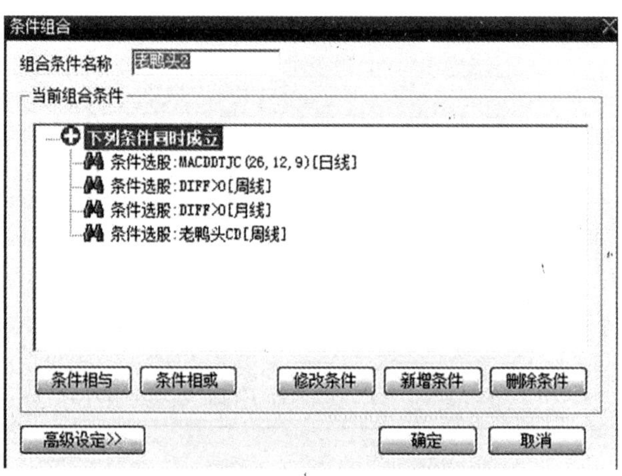

图 4－51　该方法必须同时具备的条件

利用周线级别的 MACD 老鸭头 2 组合选股

该方法是经过大智慧软件客观、真实的测试，而得出的科学的、直观的统计数据，见图 4－52。

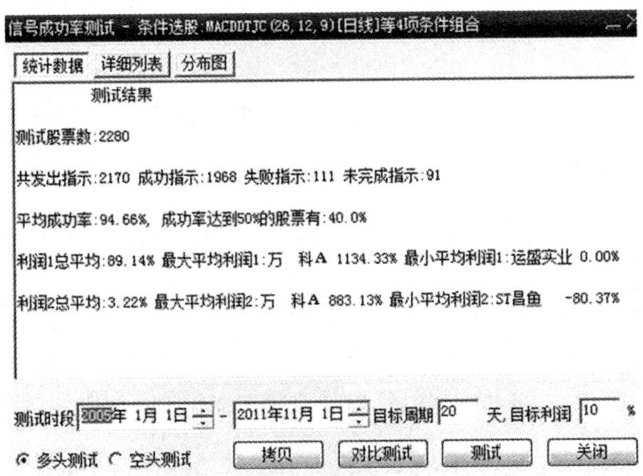

图 4－52

买入技术特征要点：

出现这种买入条件的股票多数是处于牛市第三浪或者第五浪中。对月线和周线指标体系中的 MACD 红柱要求是在上升的，并且强调了 DIFF 指标和 DEA 指标都已经在 0 轴上了的。日线指标体系中的 MACD 红柱要求是经过一段整理以后首次向上运行的。但并不是每一次周线级别的 MACD 指标出现老鸭头的时候都可以买。需要先关心一下它们的日线的 DIFF 和 DEA 的数值是不是已经太高（尽量不要在超过 1 以上再买，除非在周线 MACD 数值比较低，同时它在周线出信号的点之前没有发生过红柱峰顶背驰现象，只要指标稍微一提升，马上就能够轻松冲过之前的数值顶和股价顶，那么这是可以坚决买入的）如果是比较高的话，或者刚刚发生了顶背驰的话,暂时就不要买了。其实这个方法本身是相当不错的。稍微仔细地对各周期的指标位置判断一下没什么大问题的话,是足够可以放心大胆买入。

风险控制:

买入后出现 MACD 红柱缩短同时 RSI 数值下跌起码减一半仓。

出现 RSI 死叉或者见顶 K 线信号先清仓出局观望。

若发生跌破买入价 5% 以上也必须立刻先清仓出局再观望。

跌破即时修正的最强势的上升趋势线立刻止损出局。

在策略面前不要瞻前顾后、患得患失、即使错误也要执行。

止赢策略:

如 MACD 的 DIFF 线离 DEA 线较远,两条线离开 0 轴又较远,要当心回调,需要到小一级别时间周期的 MACD 系统中去找卖点。或者在 60 分钟图中去观察,如果出现经典的 RSI 和 MACD 指标的危险信号时卖出。

只要它在上升过程中不发生日线 MACD 指标中的 DIFF 走平和红柱首次缩短现象,就不轻易抛股票,一旦出现日线 MACD 指标中的 DIFF 走平和红柱首次缩短现象先抛出观望。

只要 MACD 指标中的 DIFF 的数值和 DEA 的数值一直是多头向上的就不要轻言上升趋势结束。就经常会有非常好的盘中机会让你有相当多的充分有利的机会再次买入。这点对喜欢做强势股的人来说,非常非常重要。

见高点回落下跌 5% 就立刻止赢。

图 4 – 53 为 600466 迪康药业 2011 年 1 月 11 日到 4 月 14 日的买点示意图。

后面章节中还有好几种利用 MACD 指标做的选股组合,在实战中的成功率和高效率是非常非常高的,欢迎大家参阅切磋,共同提高。如果能

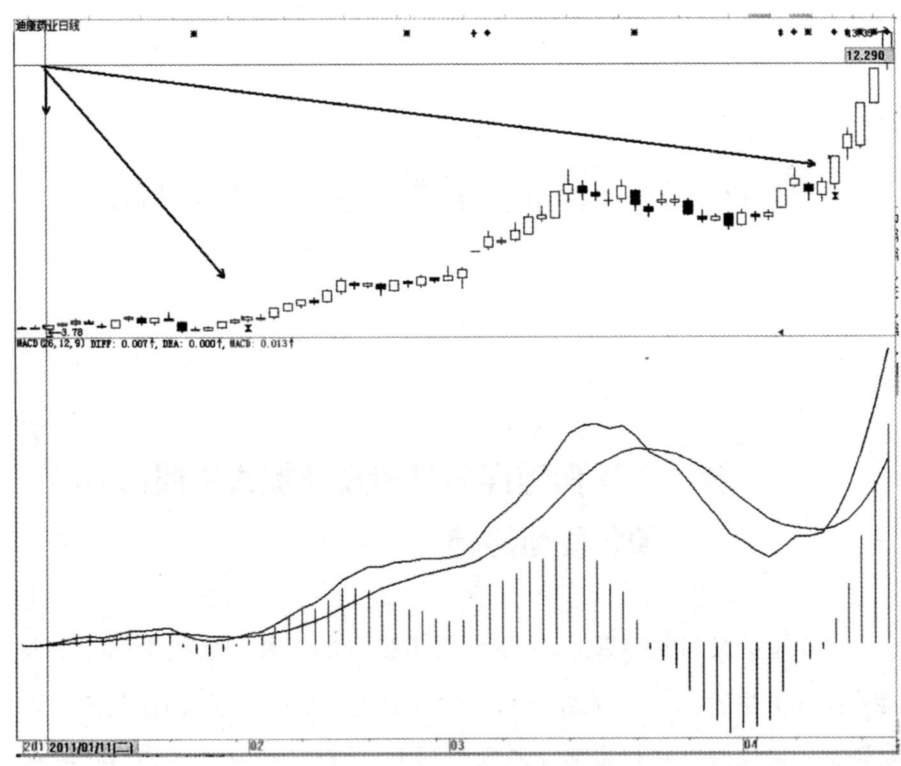

图 4－53　600466 迪康药业买点示意图

够让大家开卷有益,能够让大家获得实际的效果和提高。就是我最大的幸福和欣慰。

总之,MACD 指标是我们在证券市场当中趋利避害的好帮手,投资者应该充分理解它、熟悉它、掌握它。在行情走势中多加运用,具体使用情况随品种不同和市场行情不同而有变化,要活学活用、灵活运用。

第五章　非同凡响的 CCI 妙用

第一节　CCI 指标详细介绍及捕捉大牛股的独特使用秘籍

CCI 指标又叫顺势指标，是指导股市投资的一种中短线指标。本人喜欢操作大牛股，不喜欢在常态或者整理行情的股票中浪费时间、精力以及资金。所以对这些有非常强烈的研判大行情作用的指标情有独钟，喜欢钻研并找到一些独特的使用方法。下面请大家先认真学习一下有关它的原理和一般使用方法，然后对它有个基本的了解和理解，再可以深刻体会我对它的使用秘籍：

CCI 指标的设计原理

CCI 指标是一种超买超卖指标，顾名思义，"超买"表示已经超出买方的能力，买进股票的人数超过了一定比例，那么，这时候应该反向操作，卖出股票。"超卖"则代表卖方卖股票卖过了头，卖股票的人数超过一定比例时，反而应该买进股票。但是，如果行情是超乎寻常的强势，则超买超卖指标会突然间失去方向，行情不停地持续前进，买卖方似乎失去了控制，对于这种行为，CCI 指标提供了不同度的看法。这样就有利于投资者更好地研判行情，特别是研判那些短期内暴涨暴跌的非常态行情。

CCI 指标的计算公式

和其他技术分析指标一样，由于选用的计算周期不同，顺势指标 CCI 也包括日 CCI 指标、周 CCI 指标、年 CCI 指标以及分钟 CCI 指标等很多种类型。股市研判经常用到的是日 CCI 指标和周 CCI 指标。虽然它们计算时取值有所不同，但计算的基本方法相同。

计算方法为，中价与中价的 N 日内移动平均的差除以 N 日内中价的平均绝对偏差。

其中，中价为最高价、最低价和收盘价之和除以 3；平均绝对偏差为统计函数

CCI 指标的运行范围

CCI 指标专门测量股价是否已超出常态分布范围，属于超买超卖类指标中较特殊的一种，在正无限大和负无限小之间波动，但是，又不需要以 0 中轴线，这一点也和波动于正无限大和负无限小的其他指标不同。CCI 主要测量脱离正常价格范围的变异性，适用于期货商品及股价分析。

在常用的技术分析指标当中，CCI（顺势指标）是最为奇特的一种。CCI 指标没有运行区域的限制，但是，它有一个相对的技术参照区域：+100 和 -100。CCI 指标在 +100 以上为超买区，-100 以下为超卖区，+100 到 -100 之间为震荡区，但是在 +100 到 -100 之间的震荡区，该指标基本上没有意义，不能够对大盘及个股的操作提供多少明确的建议，因此它在正常情况下是无效的。这也反映了 CCI 指标的特点，它就是专门针对极端情况设计的，也就是说，在一般常态行情下，CCI 指标不会发生作用，当 CCI 扫描到异常股价波动时，力求速战速决，胜负瞬间立见分晓，

一旦方向反转必须立刻了结。

CCI 指标的背驰

CCI 指标的背驰是指 CCI 指标曲线的走势和股价 K 线图的走势方向正好相反。CCI 指标的背驰分为顶背驰和底背驰两种。

1. 当 CCI 曲线处于远离 +100 线的高位,但它在创出近期新高后反而形成一峰比一峰低的走势,而此时 K 线图上的股价却再次创出新高,形成一峰比一峰高的走势,这就是顶背驰。顶背驰现象一般是股价在高位即将反转的信号,表明股价短期内即将下跌,是卖出信号。在实际走势中,CCI 指标出现顶背驰是指股价在进入拉升过程后,先创出一个高点,CCI 指标也相应在 +100 线以上创出新的高点,之后股价出现一定幅度的回落调整,CCI 曲线也随着股价回落走势出现调整。但是,股价再度向上并超越前期高点创出新的高点后,CCI 曲线虽然随着股价上扬也反身向上,但没有冲过前期高点就开始回落,这就形成 CCI 指标的顶背驰。CCI 指标出现顶背驰后,股价见顶回落的可能性较大,是比较强烈的卖出信号。

2. CCI 的底背驰一般出现在远离 -100 线以下的低位区。当 K 线图上的股价一路下跌,形成一波比一波低的走势,而 CCI 曲线在低位却率先止跌企稳,并形成一底比一底高的走势,这就是底背驰。底背驰现象一般预示着股价短期内可能将反弹,是短线买入信号。与 MACD、KDJ 等指标的背驰现象研判一样,在 CCI 指标的背驰中,顶背驰的研判准确性要高于底背驰。当股价处于高位而 CCI 在远离 +100 线以上出现顶背驰时,可以认为股价即将反转向下,投资者可以及时卖出股票;而股价在低位,CCI 也在远离 -100 线以下低位区出现底背驰时,一般要反复出现几次底背驰才能确认,并且投资者只能做战略建仓或做短期投资。

CCI 指标区间的判断

1. 当 CCI 曲线向上突破 +100 线而进入非常态区间时,表明股价开始进入强势状态,投资者应及时买入股票。

2. 当 CCI 曲线向上突破 +100 线而进入非常态区间后,只要 CCI 曲线一直朝上运行,就表明股价强势依旧, 投资者可以一路持股待涨。

3. 当 CCI 曲线在 +100 线以上的非常态区间,在远离 +100 线的地方开始掉头向下时,表明股价的强势状态将难以维持,是比较强的转势信号。如果短期涨幅过高更可确认。此时投资者应及时逢高卖出股票。

4. 当 CCI 曲线在 +100 线以上的非常态区间,在远离 +100 线的地方处于一路下跌时,表明股价的强势状态已经结束,投资者还应以逢高卖出股票为主。

5. 当 CCI 曲线向下突破 -100 线进入另一个非常态区间时,表明股价的弱势状态已经形成,投资者应以持币观望为主。

6. 当 CCI 曲线向下突破 -100 线进入另一个非常态区间后,只要 CCI 曲线一路朝下运行,就表明股价弱势依旧,投资者可以一路观望。

7. 当 CCI 曲线向下突破 -100 线进入另一个非常态区间,如果 CCI 曲线在超卖区运行了相当长的一段时间后开始掉头向上,表明股价的短期底部初步确认,投资者可以少量建仓。CCI 曲线在超卖区运行的时间越长,越可以确认短期的底部。

CCI 指标选股方法

参数设定为 14。

1. 选择 -220 至 -400 的股票,只要指标出现了底背驰以后,在即将冲过 -100的时候就可以买入。

2. 长期下跌后第一次碰 -100 不能买,第二次碰 -100 后即将上穿之时买入。

3. 股价第一次冲过 +100 以上开始回头跌破 +100 时应该卖出,第二次穿过 +100 之时股价一般会创出新高。

4. 此指标周期(日、周、月)越长越准确。

5. 冲过 +100 以后没有再跌破 +100 是非常强势的现象,如果再次在 +100 以上上攻行情会更加大。

第二节　我运用 CCI 指标的绝招

三周期复合判断法

本技法为利用日、周、月三周期复合方法综合判断该股票冲过 +100 的真实性和可靠性。

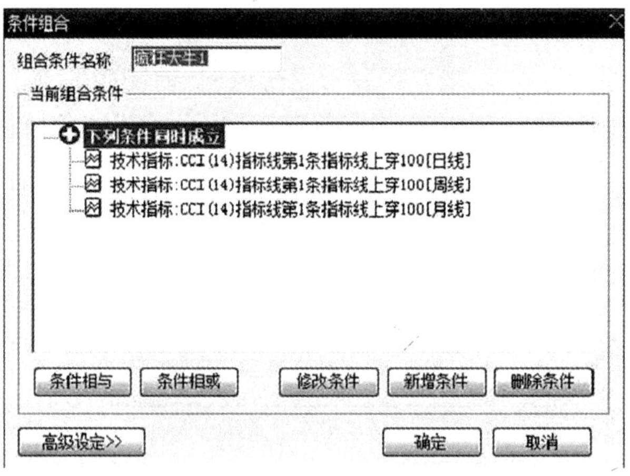

图 5-1　该方法必须同时具备的条件

该方法是由大智慧软件客观、真实的测试,而得出的科学的、直观的统计数据,见图 5－2。

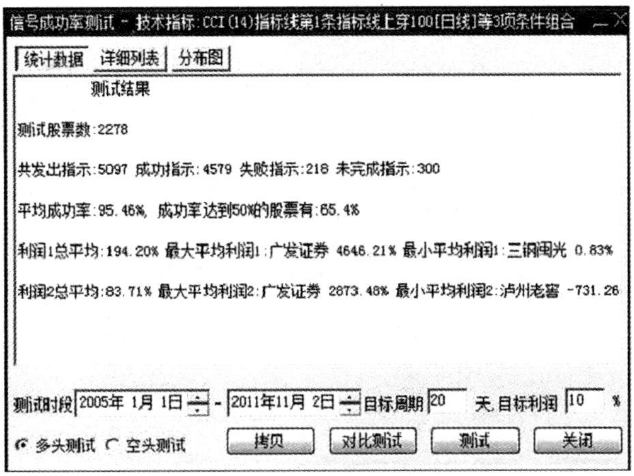

信号成功率测试 - 技术指标:CCI(14)指标线第1条指标线上穿100[日线]等3项条件组合

统计数据　详细列表　分布图

测试结果

测试股票数:2278

共发出指示:5097 成功指示:4579 失败指示:218 未完成指示:300

平均成功率:95.46%, 成功率达到50%的股票有:65.4%

利润1总平均:194.20% 最大平均利润1:广发证券 4646.21% 最小平均利润1:三钢闽光 0.83%

利润2总平均:83.71% 最大平均利润2:广发证券 2873.48% 最小平均利润2:泸州老窖 -731.26

测试时段 2005年 1月 1日 - 2011年11月 2日 目标周期 20 天 目标利润 10 %

多头测试　空头测试　拷贝　对比测试　测试　关闭

图 5－2　软件测试

买入技术特征要点:

出现 CCI 指标数值上穿 +100 这种情况的股票多数会涨一段,但是它的随机性还是比较强的,不能够轻易根据一个指标、一个周期发出的信号去买卖。通过复合周期的共同确认办法,可以有效地解决错误信号的发生。一般都是买了就大涨,而且出现的次数相当多,非常有实战参与意义。

风险控制:

买入后出现 MACD 红柱缩短,同时 CCI 数值下跌回 +100 区间以内,这时起码减一半仓。

出现 RSI 死叉或者见顶 K 线信号先清仓出局观望。

若发生跌破买入价 5% 以上也必须立刻先清仓出局观望。

跌破即时修正的最强势的上升趋势线立刻止损出局。

如 MACD 的 DIFF 线离 DEA 线较远,两条线离开 0 轴又较远,要当心回调,需要到小一级别的时间周期的 MACD 系统中去找卖点。或者在 60 分钟图中去观察,只要 MACD 指标中的 DIFF 的数值和 DEA 的数值一直是多头向上的,就不要轻言上升趋势结束。这点对喜欢做强势股的人来说是非常重要的。

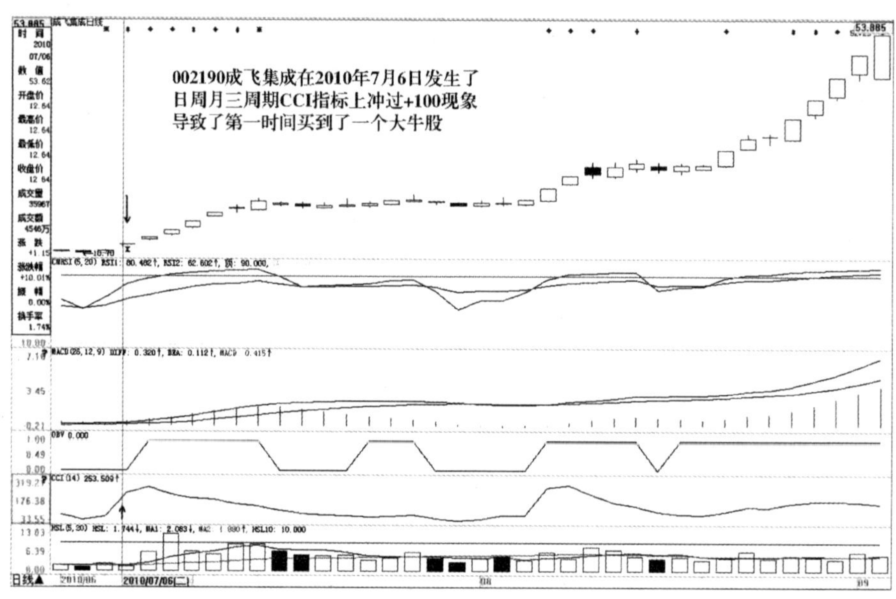

图 5－3　002190 成飞集成冲过＋100 现象图

图 5－3 为002190 成飞集成在2010 年7 月6 日发生了日、周、月三周期 CCI 指标上冲过＋100 现象的图表说明。

配合 MACD 指标和 RSI 指标抓爆发性行情

专门选择那些日、周线 CCI 指标双双上了＋100 的股票,配合 MACD 指标和 RSI 指标和布林线指标以及 OBV 指标做个股非常强势的那一段爆发性行情。

条件组合
组合条件名称
当前组合条件
下列条件同时成立
技术指标:CCI(14)指标线第1条指标线大于100[日线]
技术指标:CCI(14)指标线第1条指标线大于100[周线]
条件选股:OSMACDJC[日线]
条件相与
条件相或
修改条件
新增条件
删除条件
高级设定>>
确定
取消

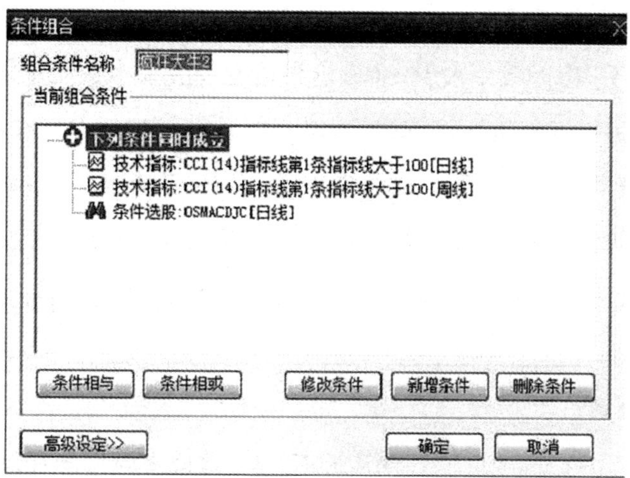

图 5－4　该方法的各个必须同时具备的条件

该方法是由大智慧软件客观、真实的测试，而得出的科学的、直观的统计数据，见图 5－5。

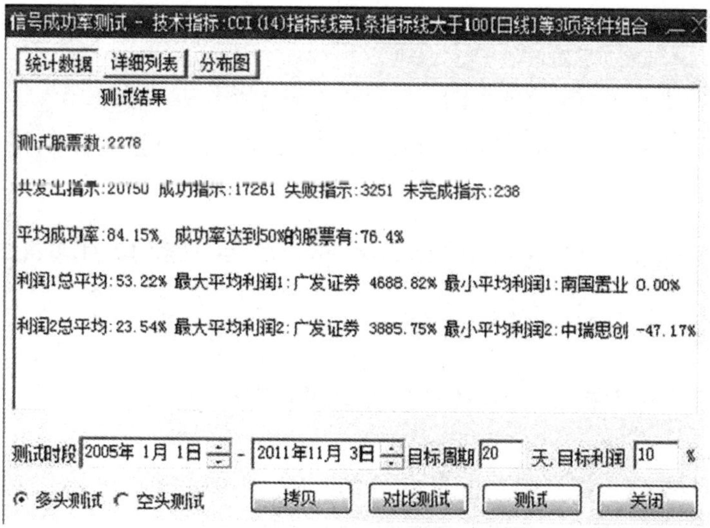

信号成功率测试 - 技术指标:CCI(14)指标线第1条指标线大于100[日线]等3项条件组合
统计数据
详细列表
分布图
测试结果
测试股票数:2278
共发出指示:20750 成功指示:17261 失败指示:3251 未完成指示:238
平均成功率:84.15%, 成功率达到50%的股票有:76.4%
利润1总平均:53.22% 最大平均利润1:广发证券 4688.82% 最小平均利润1:南国置业 0.00%
利润2总平均:23.54% 最大平均利润2:广发证券 3885.75% 最小平均利润2:中瑞思创 -47.17%
测试时段 2005年 1月 1日 - 2011年11月 3日 目标周期 20 天,目标利润 10 %
多头测试
空头测试
拷贝
对比测试
测试
关闭

图 5－5

买入技术特征要点:

出现 CCI 指标数值大于 +100 这种情况的股票多数属于非常强势的股票,但是由于其随机性比较强,所以不能够轻易根据一个指标、一个周期发出的信号去买卖。通过复合周期的共同确认办法,可以有效地剔除错误信号。特别是结合相对具有趋势指导意义的 MACD 金叉指标的确认与配合后,一般都是买了就大涨,而且出现的次数相当多,非常有实战指导意义。

风险控制:

买入后出现 MACD 红柱缩短同时 CCI 数值下跌回 +100 区间以内,起码减一半仓。

出现 RSI 死叉或者见顶 K 线信号先清仓出局观望。

若发生跌破买入价 5% 以上也必须立刻先清仓出局观望。

跌破即时修正的最强势的上升趋势线立刻止损出局。

如 MACD 的 DIFF 线离 DEA 线较远,两条线离开 0 轴又较远,要当心回调,需要到小一级别的时间周期的 MACD 系统中去找卖点。或者在 60 分钟图中去观察,只要 MACD 指标中的 DIFF 的数值和 DEA 的数值一直是多头向上,就不要轻言上升趋势结束。这点对喜欢做强势股的人来说是非常重要的。

图 5-6 为 600086 东方金钰 2010 年 8 月 24 日到 10 月 22 日共发出了 3 次买入信号的分布图。

配合布林带指标与 MACD 指标抓爆发性行情

当日线 CCI 指标的数值上穿 +100 时,用股价突破布林线上轨和配合 MACD 指标的多头金叉,抓住个股非常强势的那一段爆发性行情。

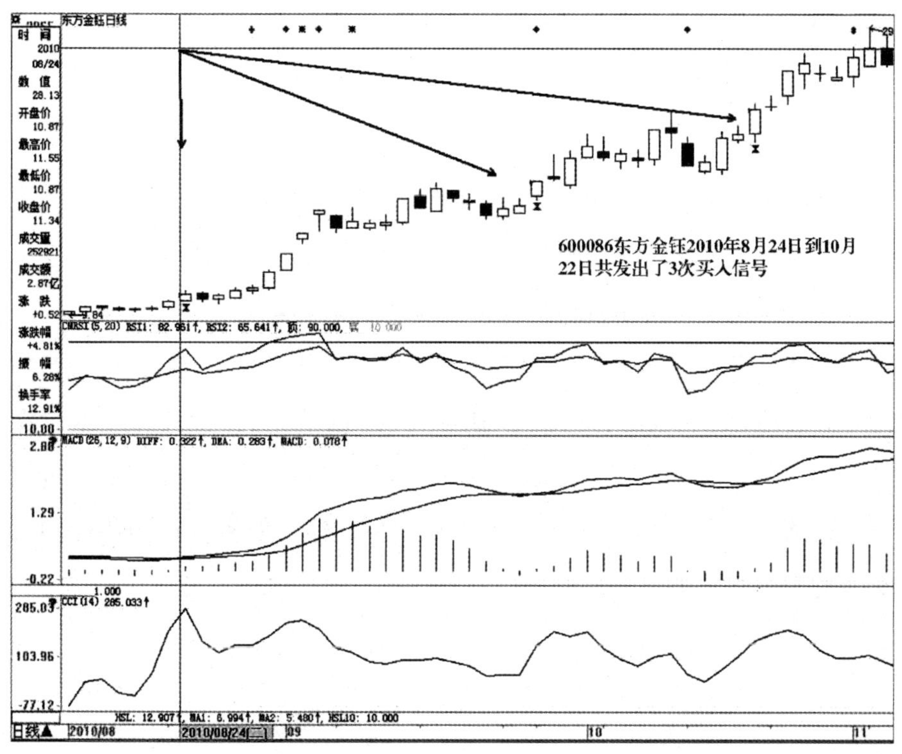

图 5－6 600086 东方金钰买入信号分布图

买入技术特征要点：

出现 CCI 指标数值大于 +100 这种情况的股票多数属于非常强势的股票，但是由于它的随机性比较强，所以不能够轻易根据一个指标、一个周期发出的信号去买卖。通过复合指标体系相互配合的共同确认办法，可以有效剔除错误信号。特别是结合相当极端的股价突破布林线上轨的这个条件以后，就更加具有趋势指导意义。再加上 MACD 金叉指标的确认与配合后一般都是买了就大涨，虽然出现的次数不太多，但是却是非常有实战指导意义的。

风险控制:

买入后出现 MACD 红柱缩短同时 CCI 数值下跌回 +100 区间以内,起码减一半仓。

出现 RSI 死叉或者见顶 K 线信号先清仓出局观望。

若发生跌破买入价 5% 以上也必须立刻先清仓出局观望。

跌破即时修正的最强势的上升趋势线立刻止损出局。

如 MACD 的 DIFF 线离 DEA 线较远,两条线离开 0 轴又较远,要当心回调,需要到小一级别的时间周期的 MACD 系统中去找卖点。或者在 60 分钟图中去观察,只要 MACD 指标中的 DIFF 的数值和 DEA 的数值一直是多头向上,就不要轻言上升趋势结束。这点对喜欢做强势股的人来说是非常重要的。

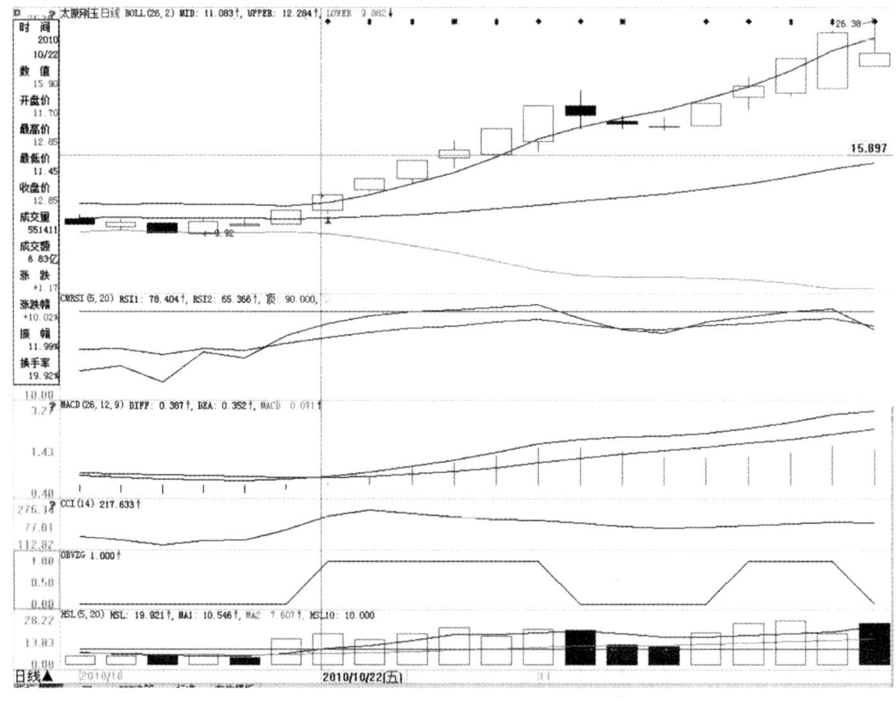

图 5-7 太原刚玉买入信号示意图

第六章　超级大牛一把抓绝招

第一节　真正大牛1

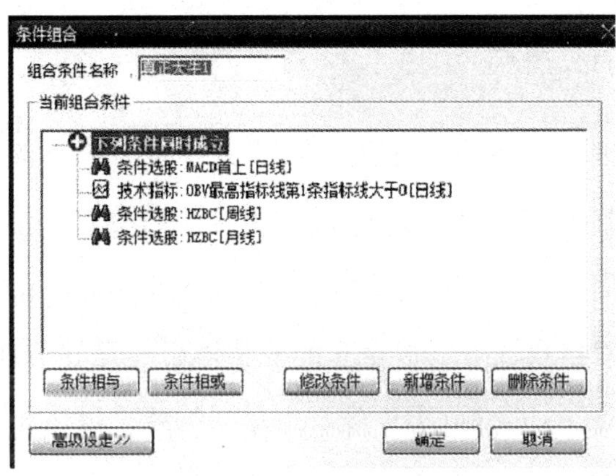

图6－1　该方法必须同时具备的条件

大牛条件组合和成功率测试报告

该方法是由大智慧软件客观、真实的测试，而得出的科学的、直观的统计数据，见图6－2。

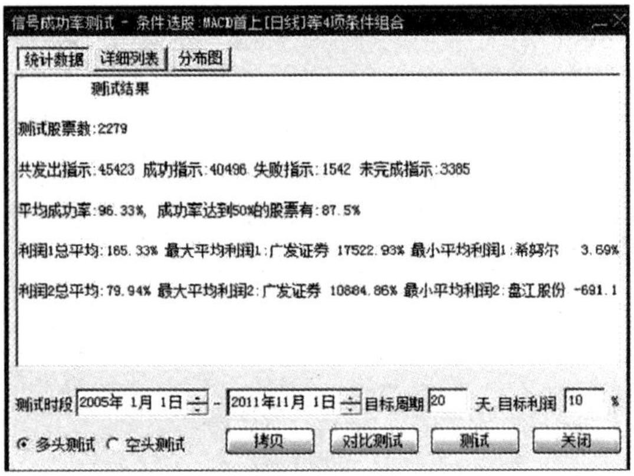

图 6-2 软件测试

买入技术特征要点

首先要保证它是处于牛市第一浪、第三浪或者第五浪中的股票。因为只有在这种浪形当中强势运行时,它的月线 MACD 红柱才会是向上的。其次它的周线 MACD 指标中的 DIFF 和 DEA 这两条指标线可以是在 0 轴上也可以在 0 轴下。但是它的柱状体必须是逐步往上,多数情况下是在红柱状态。日线的 OBV 最高指标线的第一条指标线一定要大于 0。在日线 MACD 指标中一定是经过整理以后,它的柱状体发生第一次向上运行时买入。

风险控制:

买入后出现 MACD 红柱缩短同时 RSI 数值下跌起码减一半仓。

出现 RSI 死叉或者见顶 K 线信号先清仓出局观望。

若发生跌破买入价 5% 以上也必须立刻先清仓出局观望。

跌破即时修正的最强势的上升趋势线立刻止损出局。

在纪律面前不要瞻前顾后、患得患失,即使错误也要执行!

止赢策略：

如 MACD 的 DIFF 线离 DEA 线较远，两条线离开 0 轴又较远，要当心回调，需要到小一级别时间周期的 MACD 系统中去找卖点。或者在 60 分钟图中去观察，如果出现经典的 RSI 和 MACD 指标的危险信号时卖出。

见高点回落下跌 5% 就立刻止赢。

只要它在上升过程中不发生日线 MACD 指标中的 DIFF 走平和红柱首次缩短现象。就不轻易抛股票。一旦出现日线 MACD 指标中的 DIFF 走平和红柱首次缩短现象先抛再说。只要 MACD 指标中的 DIFF 的数值和 DEA 的数值一直是多头向上的就不要轻言上升趋势结束。就经常会有非常好的盘中机会让你再次买入的。这点对喜欢做强势股的人来说是非常重要的。

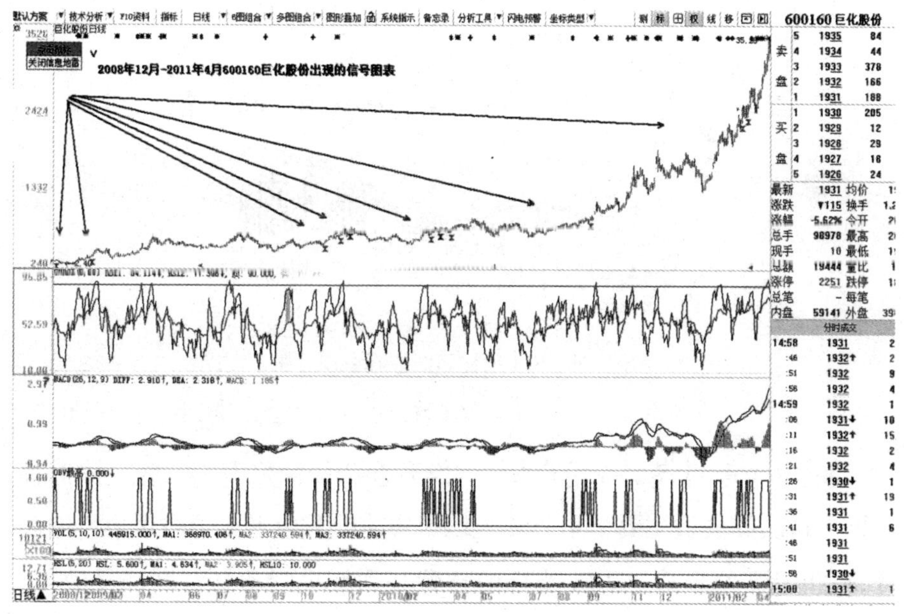

图 6－3　600160 巨化股份

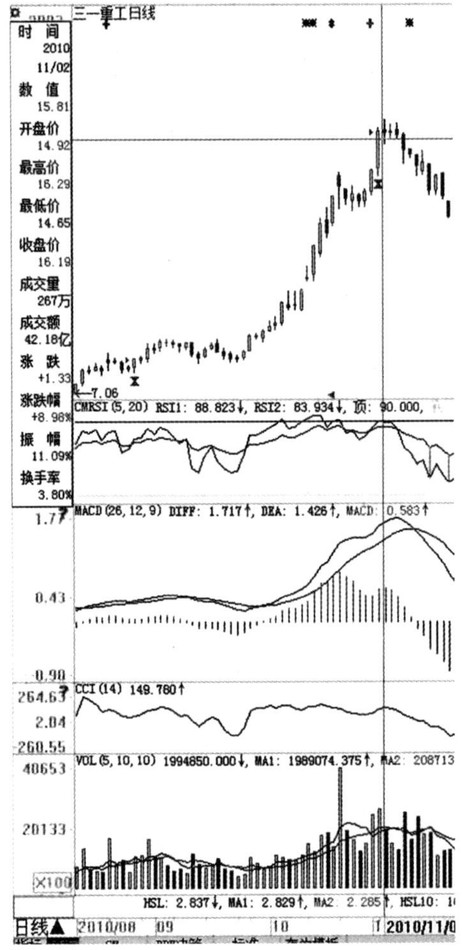

图 6 -4　RSI 指标和红柱峰值顶背驰导致失败

如图 6 -4,世界上再好的指标也没有办法保证你万无一失。除非你不干。这次的失败主要就是非常陡峭的快速上升后形成了做多力量的衰竭,在指标高位形成了 RSI 指标的顶背驰和红柱峰值顶背驰而导致的。出现这种结果只能先抛了。

第二节　真正大牛 2

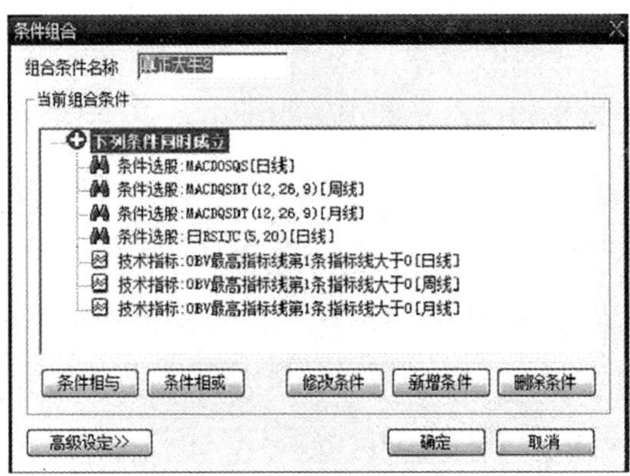

图 6－5　该方法的各个必须同时具备的条件

大牛条件组合和成功率测试报告

该方法是由大智慧软件客观、真实的测试,而得出的科学的、直观的统计数据,见图 6－6。

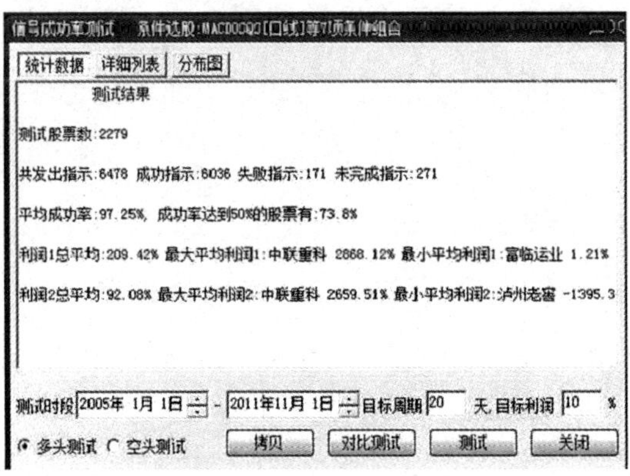

图 6－6

买入技术特征要点

首先要保证它是处于牛市第三浪或者第五浪中的股票。因为只有在这种浪形当中强势运行时，它的月线和周线指标体系中的 MACD 红柱的数值才经常会是发生超过月线和周线指标体系中的 DEA 的数值，往上的多头发散走的。同时它的月线和周线指标体系中的所有指标都是已经在 0 轴上了。而且不管它后面怎么运行都不会跌破 0 轴的。（有时候碰到调整比较极端的股票，最多是会出现几根周线级别里的绿柱）它的柱状体绝大多数情况下是在红柱状态。发出每一次 RSI 金叉的时候，日线的 OBV 最高指标线的第一条指标线一定要大于 0，周线的 OBV 最高指标线的第一条指标线一定要大于 0，月线的 OBV 最高指标线的第一条指标线一定要大于 0，才可以放心买入。

风险控制：

买入后出现 MACD 红柱缩短同时 RSI 数值下跌起码减一半仓。

出现 RSI 死叉或者见顶 K 线信号先清仓出局观望。

若发生跌破买入价 5% 以上也必须立刻先清仓出局观望。

跌破即时修正的最强势的上升趋势线立刻止损出局。

在纪律面前不要瞻前顾后、患得患失，即使错误也要执行！

止赢策略：

如 MACD 的 DIFF 线离 DEA 线较远，两条线离开 0 轴又较远，要当心回调，需要到小一级别的时间周期的 MACD 系统中去找卖点。或者在 60 分钟图中去观察，如果出现经典的 RSI 和 MACD 指标的危险信号时卖出。

见高点回落下跌 5% 就立刻止赢。

只要它在上升过程中不发生日线 MACD 指标中的 DIFF 走平和红柱

首次缩短现象。就不轻易抛股票。一旦出现日线 MACD 指标中的 DIFF 走平和红柱首次缩短现象先抛再说。

只要 MACD 指标中的 DIFF 的数值和 DEA 的数值一直是多头向上的就不要轻言上升趋势结束。就经常会有非常好的盘中机会让你有机会再次买入的。这点对喜欢做强势股的人来说是非常重要的。

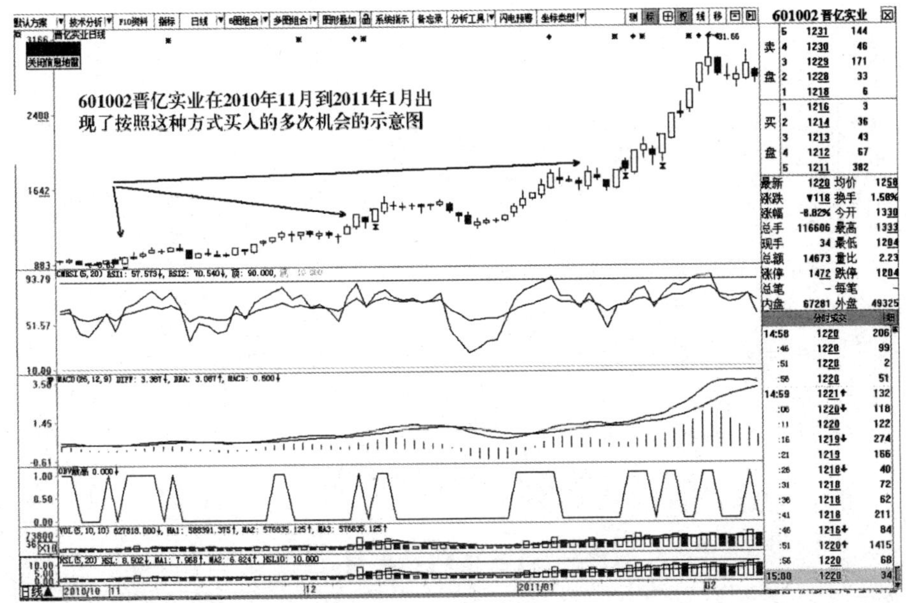

图 6 – 7 601002 晋亿实业实例

图 6 – 7 为 601002 晋亿实业在 2010 年 11 月到 2011 年 1 月出现了按照这种方式买入的多次机会的示意图。

图 6 – 8 为在 2010 年 12 月 20 日在 002006 精功科技上出现的根据这么稳定、这么可靠的买入信号而产生失败的走势图。究其原因就是在日线级别的 MACD 指标数值非常高的情况下容易发生指标的顶背驰、追涨意愿的弱化和获利杀跌的汹涌。物极必反的自然规律在起作用。所以在日常的操作中必须对指标在很高位置的信号一定要谨慎对待，以防不测。

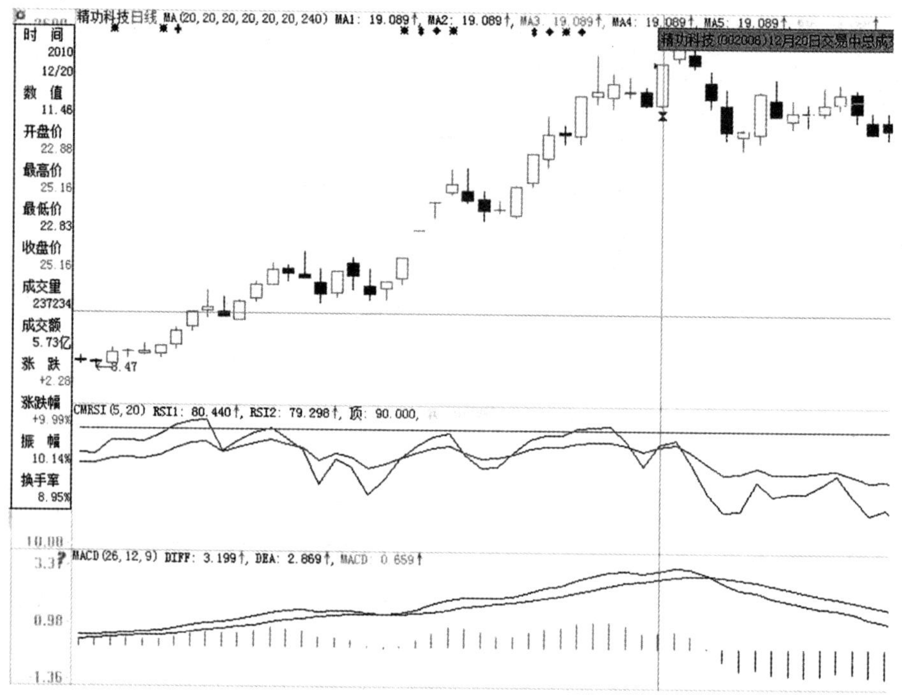

图 6－8　002006 精功科技实例

第三节　真正大牛 3

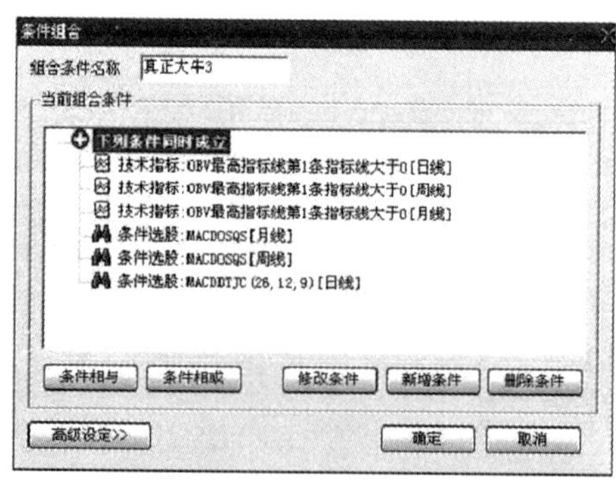

图 6－9　该方法必须同时具备的条件

大牛条件组合和成功率测试报告

该方法是由大智慧软件客观、真实的测试，而得出的科学的、直观的统计数据，见图 6－10。

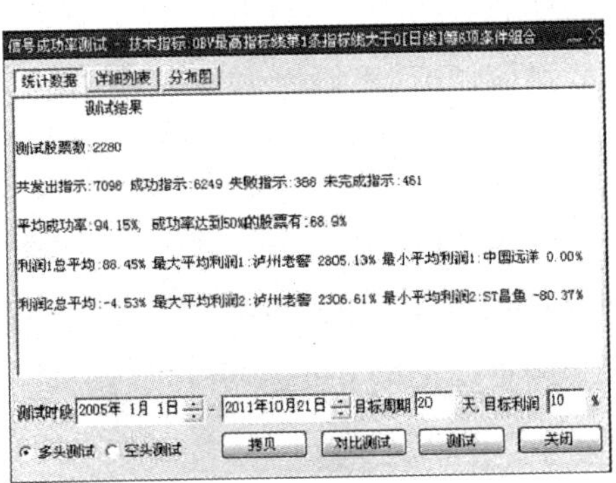

图 6－10　软件测试

买入技术特征要点

出现这种买入条件就是已经保证它是处于牛市第三浪或者第五浪中的股票了。它的月线和周线指标体系中的 MACD 红柱的数值、DIFF 指标和 DEA 指标都已经往上多头发散了的。同时它的月线和周线指标体系中的所有指标都是已经在 0 轴上了。发出每一次日线级别的 MACD 指标多头金叉的时候，日线的 OBV 最高指标线的第一条指标线一定要大于 0，周线的 OBV 最高指标线的第一条指标线一定要大于 0，月线的 OBV 最高指标线的第一条指标线一定要大于 0，是足够可以放心大胆的买入的。有的是买了以后连吃大阳线，有的是还会折腾一会，但是结果是相当明确的。一定是会赚到大钱的！

风险控制：

买入后出现 MACD 红柱缩短同时 RSI 数值下跌起码减一半仓。

出现 RSI 死叉或者见顶 K 线信号先清仓出局观望。

若发生跌破买入价 5% 以上也必须立刻先清仓出局观望。

跌破即时修正的最强势的上升趋势线立刻止损出局。

在纪律面前不要瞻前顾后、患得患失，即使错误也要执行！

止赢策略：

如 MACD 的 DIFF 线离 DEA 线较远，两条线离开 0 轴又较远，要当心回调，需要到小一级别的时间周期的 MACD 系统中去找卖点。或者在 60 分钟图中去观察，如果出现经典的 RSI 和 MACD 指标的危险信号时卖出。

见高点回落下跌 5% 就立刻止赢。

只要它在上升过程中不发生日线 MACD 指标中的 DIFF 走平和红柱首次缩短现象。就不轻易抛股票。一旦出现日线 MACD 指标中的 DIFF 走平和红柱首次缩短现象先抛再说。

只要 MACD 指标中的 DIFF 的数值和 DEA 的数值一直是多头向上的就不要轻言上升趋势结束。就经常会有非常好的盘中机会让你有机会再次买入的。这点对喜欢做强势股的人来说是非常重要的。

图 6－11 为 002013 中航精机 2010 年 8 月 16 日和 8 月 31 日 2 次产生符合条件的买入信号以后的走势图。

图 6－12 为 600111 包钢稀土从 2009 年 9 月 2 日到 2010 年 8 月 27 日的发生买入信号的示意图。

600111 包钢稀土从 2009 年 9 月 2 日到 2010 年 8 月 27 日一共发出四次买入机会，其中有两次非常不错，有两次失败，究其原因都是后一次的红柱峰值和 MACD 与前面的红柱峰值和 MACD 产生了顶背驰，导致行情夭折。所以对待这种已经属于相当好的买入点方法，也要时刻警惕出现顶背驰死叉现象出现。一旦出现立刻止损。

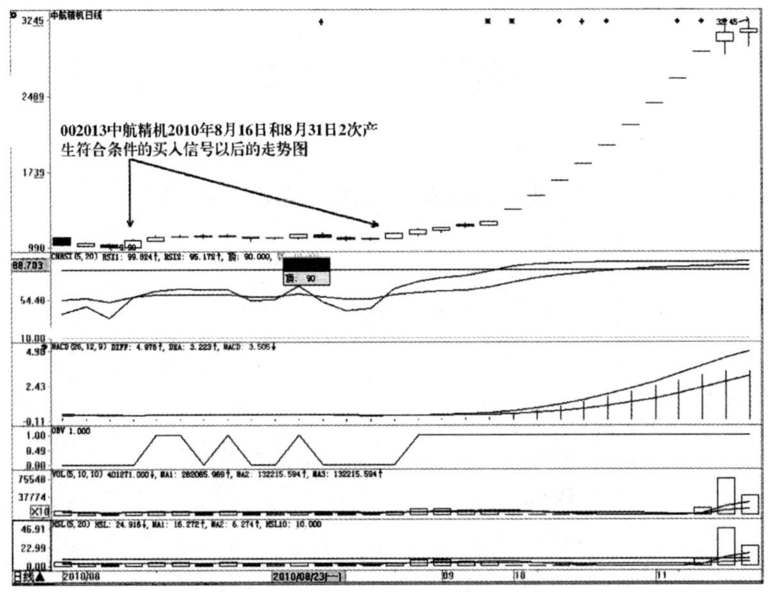

图 6－11　002013 中航精机实例

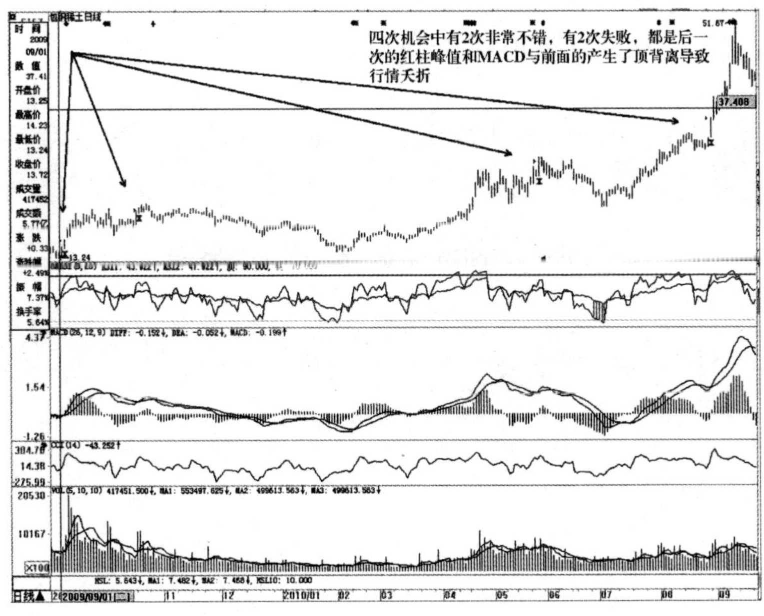

图 6－12　600111 包钢稀土实例

第四节　真正大牛 4

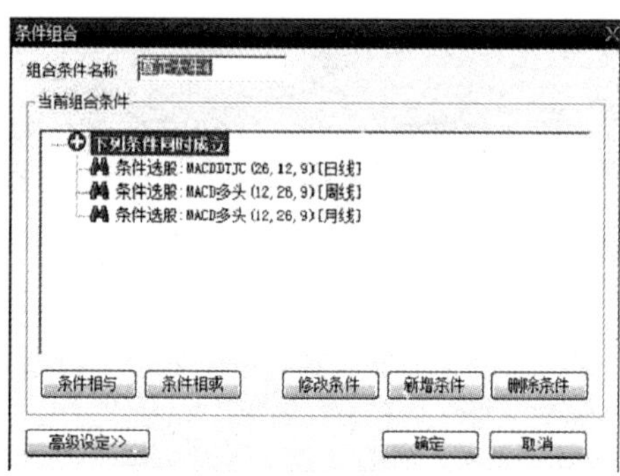

图 6-13　该方法必须同时具备的条件

大牛条件组合和成功率测试报告

该方法是由大智慧软件客观、真实的测试，而得出的科学的、直观的统计数据，见图 6-14。

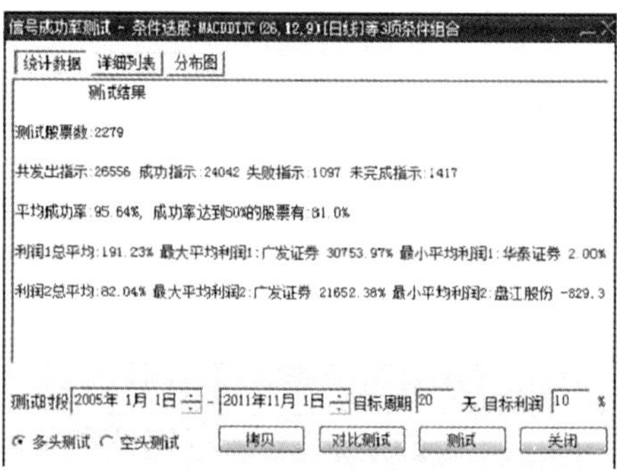

图 6-14　软件测试

买入技术特征要点

出现这种买入条件的股票可能是处于牛市第一浪、第三浪或者第五浪中的股票。它的复杂性增加了。对月线和周线指标体系中的MACD红柱是缩短了还是在上升的，要求不太清晰，只是强调了DIFF指标和DEA指标都已经往上多头发散了的。所以并不是每一次日线级别的MACD指标发出多头金叉的时候都可以买，需要先关心一下他们的DIFF和DEA数值是不是已经太高。如果是比较高的话，或者刚刚发生了顶背驰的话，暂时就不要买了。其实这个方法本身是相当不错的。稍微仔细的对各周期的指标位置判断一下没什么大问题的话，是足够可以放心大胆地买入。

风险控制：

买入后出现MACD红柱缩短同时RSI数值下跌起码减一半仓。

出现RSI死叉或者见顶K线信号先清仓出局观望。

若发生跌破买入价5%以上也必须立刻先清仓出局观望。

跌破即时修正的最强势的上升趋势线立刻止损出局。

在纪律面前不要瞻前顾后、患得患失，即使错误也要执行！

止赢策略：

如MACD的DIFF线离DEA线较远，两条线离开0轴又较远，要当心回调，需要到小一级别的时间周期的MACD系统中去找卖点。或者在60分钟图中去观察，如果出现经典的RSI和MACD指标的危险信号时卖出。

见高点回落下跌5%就立刻止赢。

只要它在上升过程中不发生日线MACD指标中的DIFF走平和红柱首次缩短现象。就不轻易抛股票。一旦出现日线MACD指标中的DIFF

走平和红柱首次缩短现象先抛再说。

只要 MACD 指标中的 DIFF 的数值和 DEA 的数值一直是多头向上的就不要轻言上升趋势结束。就经常会有非常好的盘中机会让你有机会再次买入的。这点对喜欢做强势股的人来说是非常重要的。

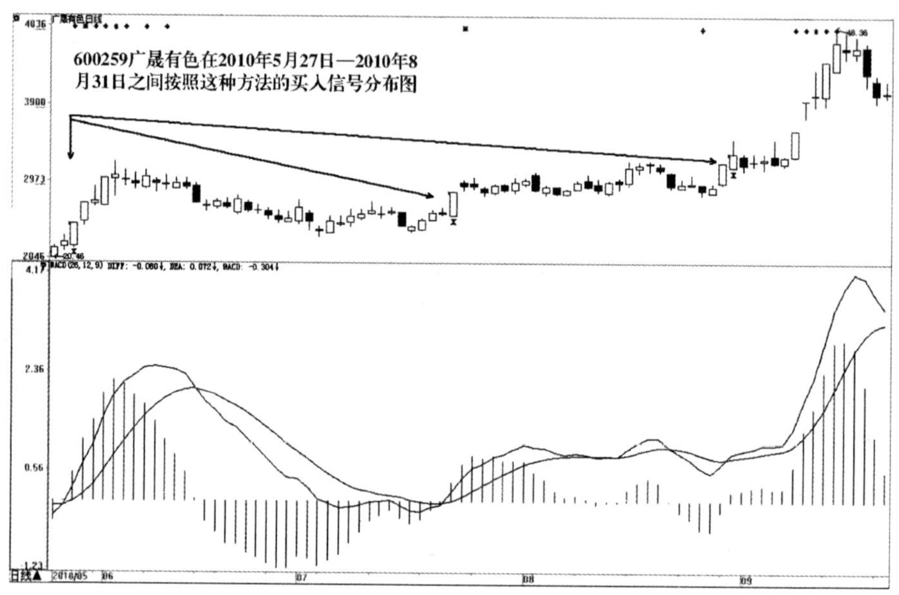

图 6－15　600259 广晟有色实例

图 6－15 为 600259 广晟有色在 2010 年 5 月 27 日—2010 年 8 月 31 日之间按照这种方法的买入信号分布图。

第五节　真正大牛 5

条件组合
组合条件名称　真正大牛5
当前组合条件
下列条件同时成立
条件选股:MACD首上[日线]
条件选股:MACD多头(12,26,9)[周线]
条件选股:MACD多头(12,26,9)[月线]
条件选股:MZBC[周线]
条件选股:MZBC[月线]
条件选股:DIFF>0[周线]
条件选股:DIFF>0[月线]
条件相与
条件相或
修改条件
新增条件
删除条件
高级设定>>
确定
取消

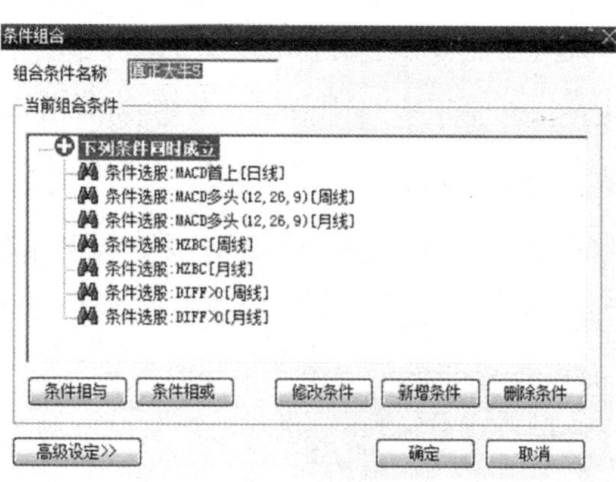

图 6－16　该方法必须同时具备的条件

大牛条件组合和成功率测试报告

该方法是由大智慧软件客观、真实的测试，而得出的科学的、直观的统计数据，见图 6－17。

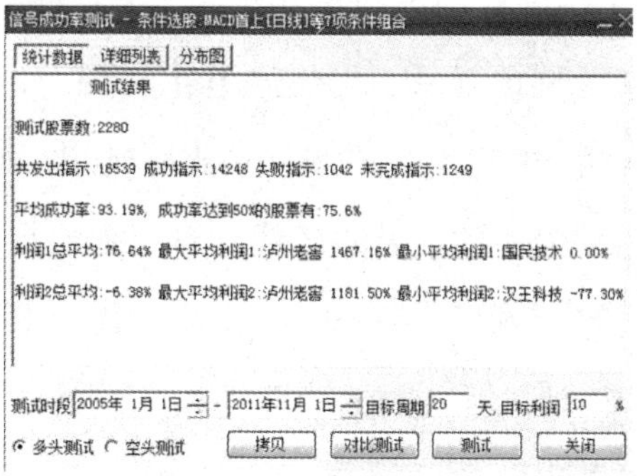

信号成功率测试 - 条件选股:MACD首上[日线]等7项条件组合
统计数据
详细列表
分布图
测试结果
测试股票数:2280
共发出指示:16539 成功指示:14248 失败指示:1042 未完成指示:1249
平均成功率:93.19%, 成功率达到50%的股票有:75.6%
利润1总平均:76.64% 最大平均利润1:泸州老窖 1467.16% 最小平均利润1:国民技术 0.00%
利润2总平均:-6.38% 最大平均利润2:泸州老窖 1181.50% 最小平均利润2:汉王科技 -77.30%
测试时段 2005年 1月 1日 - 2011年11月 1日 目标周期 20 天,目标利润 10 %
多头测试
空头测试
拷贝
对比测试
测试
关闭

图 6－17　软件测试

买入技术特征要点

首先出现这种现象的股票一定是处于牛市第一浪、第三浪或者第五浪中的股票。因为只有在这种浪形当中强势运行时，它的月线 MACD 指标中的 DIFF 和 DEA 这两条指标线才是往上多头发散的。它们多数是已经在 0 轴上了。它的月线 MACD 指标中的红柱一定是要在往上走的。其次它的周线 MACD 指标中的 DIFF 和 DEA 这两条指标线也已经在 0 轴上了。但是它的柱状体必须是逐步往上，在日线 MACD 指标中一定是经过整理以后，它的柱状体发生第一次向上运行时才能买入！但并不是发生这样的条件信号就都可以买的，需要先关心一下他们的日线 MACD 指标中的 DIFF 和 DEA 的数值是不是已经太高了。如果是比较高的话，或者刚刚发生了顶背驰的话，暂时就不要买了。这种信号出现的次数非常多，有时候买入以后会碰到疯涨的现象。但是千万不能饥不择食，要养成多观察前后各周期的指标体系以后再下手的好习惯。小心驶得万年船。

风险控制：

买入后出现 MACD 红柱缩短同时 RSI 数值下跌起码减一半仓。

出现 RSI 死叉或者见顶 K 线信号先清仓出局观望。

若发生跌破买入价 5% 以上也必须立刻先清仓出局观望。

跌破即时修正的最强势的上升趋势线立刻止损出局。

在纪律面前不要瞻前顾后、患得患失，即使错误也要执行！

止赢策略：

如 MACD 的 DIFF 线离 DEA 线较远，两条线离开 0 轴又较远，要当心回调，需要到小一级别的时间周期的 MACD 系统中去找卖点。或者在 60 分钟图中去观察，如果出现经典的 RSI 和 MACD 指标的危险信号时卖出。

见高点回落下跌5%就立刻止赢。

只要它在上升过程中不发生日线MACD指标中的DIFF走平和红柱首次缩短现象，就不轻易抛股票，一旦出现日线MACD指标中的DIFF走平和红柱首次缩短现象先抛再说。

只要MACD指标中的DIFF的数值和DEA的数值一直是多头向上的，就不要轻言上升趋势结束，就经常会有非常好的盘中机会让你可以再次买入。这点对喜欢做强势股的人来说是非常重要的。

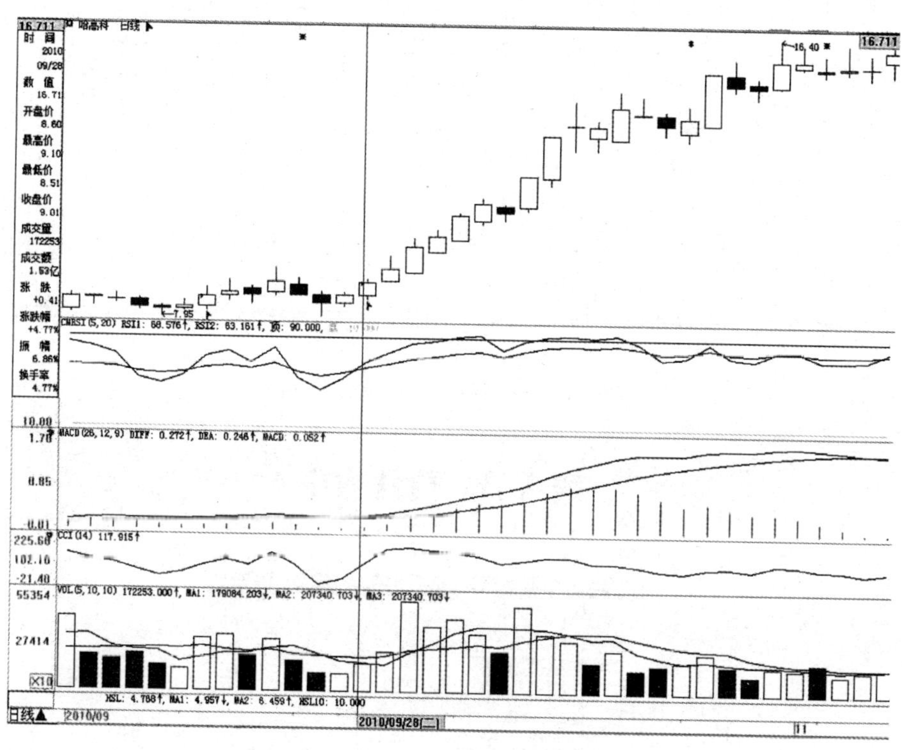

图6-18 2010年9月28日600095哈高科产生买点以后一路高歌

图6-19为600259广晟有色在2010年5月21日到2010年9月27日期间按照这种方法的买入点分布图。

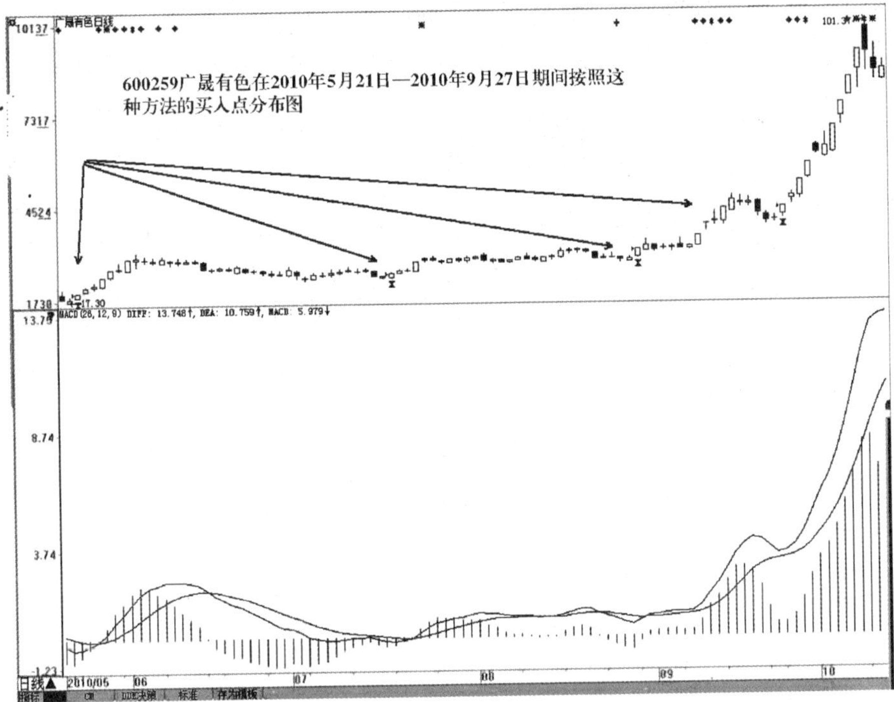

图 6－19　600259 广晟有色买入点分布图

第六节　真正大牛 6

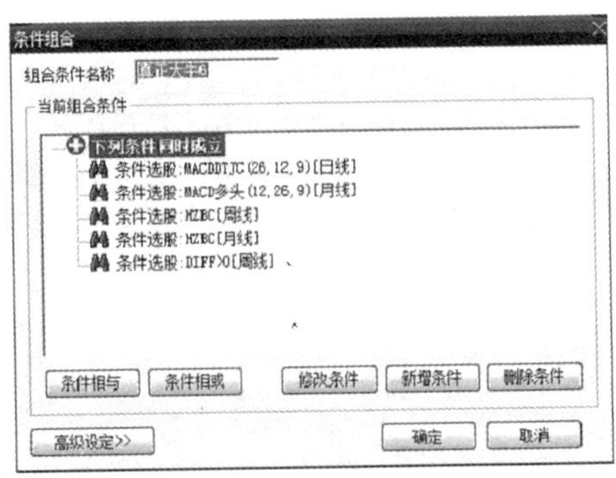

图 6－20　该方法必须同时具备的条件

大牛条件组合和成功率测试报告

该方法是由大智慧软件客观、真实的测试，而得出的科学的、直观的统计数据，见图 6－21。

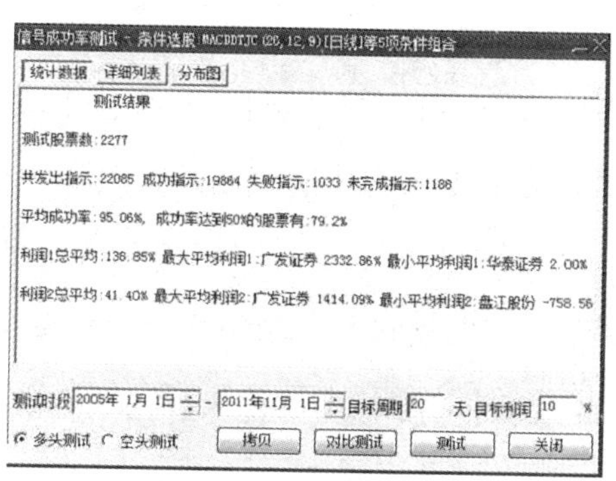

图 6－21

买入技术特征要点

首先出现这种现象的股票一定是处于牛市第一浪、第三浪或者第五浪中的股票。因为只有在这种浪形当中强势运行时，它的月线 MACD 指标中的 DIFF 和 DEA 这两条指标线才是往上多头发散的。它们可以是在 0 轴上，也可以在 0 轴下。它的月线 MACD 指标中的红柱一定是要在往上走的。但是它的周线 MACD 指标中的 DIFF、DEA 这两条指标线则必须是在 0 轴上。同时它的柱状体必须是逐步往上走的。在日线 MACD 指标中一定是经过整理以后，它的 DIFF 和 DEA 这两条指标线向上产生有成交量配合的多头金叉时才能买入！但并不是发生这样的条件信号的时候都可以买的。需要先关心一下他们的日线 MACD 指标中的 DIFF 和 DEA 的数值是不是已经太高了。如果已经比较高了，或者刚刚发生了顶背驰的话,暂时就不要买了。如果日线和周线的 RSI 指标的数值也非常高或者出现了大于 30 以上的这些情况的话,就暂时先观望一下,等待小一周期的指标体系中出现调整到位的信号出现时再选择机会入场。这种信号出现的次数非常多,有时候买入以后会碰到疯涨的现象。

风险控制:

买入后出现 MACD 红柱缩短同时 RSI 数值下跌起码减一半仓。

出现 RSI 死叉或者见顶 K 线信号先清仓出局观望。

若发生跌破买入价 5% 以上也必须立刻先清仓出局观望。

跌破即时修正的最强势的上升趋势线立刻止损出局。

在纪律面前不要瞻前顾后、患得患失,即使错误也要执行!

止赢策略:

如 MACD 的 DIFF 线离 DEA 线较远,两条线离开 0 轴又较远,要当心回调,需要到小一级别的时间周期的 MACD 系统中去找卖点。或者在 60 分钟图中去观察,如果出现经典的 RSI 和 MACD 指标的危险信号时卖出。

见高点回落下跌 5% 就立刻止赢。

只要它在上升过程中不发生日线 MACD 指标中的 DIFF 走平和红柱首次缩短现象。就不轻易抛股票。一旦出现日线 MACD 指标中的 DIFF 走平和红柱首次缩短现象先抛再说。

只要 MACD 指标中的 DIFF 的数值和 DEA 的数值一直是多头向上的就不要轻言上升趋势结束。就经常会有非常好的盘中机会让你可以再次买入。这点对喜欢做强势股的人来说是非常重要的。

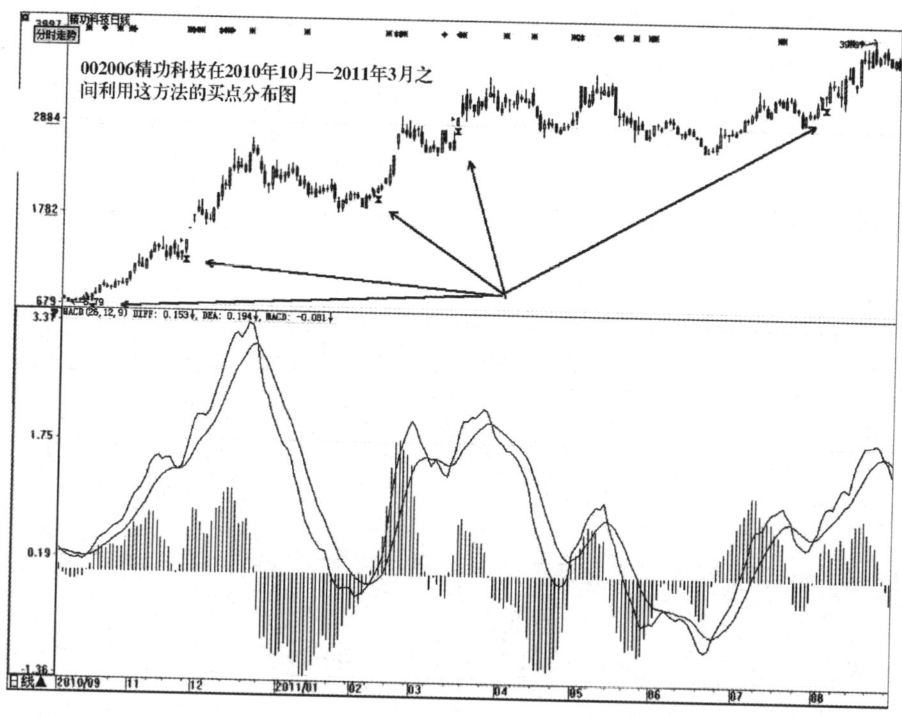

图 6－22　002006 精功科技实例

图 6－22 为 002006 精功科技在 2010 年 10 月—2011 年 3 月之间利用这方法的买点分布图。

图 6－23 为 600160 巨化股份 2010 年 10 月到 2011 年 2 月的买点走势图。

为什么同样的信号出现，有的买了就大涨，有的要大跌？这里需要重点提醒一下：出信号以后先关心一下他们的日线 MACD 指标中的 DIFF 和 DEA 的数值是不是已经太高了。如果是比较高的话，或者刚刚发生了顶背驰的话，暂时就不要买了。如果日线和周线的 RSI 指标的数值也非常高或者出现了大于 30 以上的这些情况的话，就暂时先观望一下，等待小一周期的指标体系中出现调整到位的信号出现时再选择机会入场。另

图 6－23　600160 巨化股份实例

外发生金叉的时候最好有及时的成交量放大配合。买入以后发现红柱峰值没超过前一次的红柱峰值就开始缩短了，那就快抛吧。肯定要调整了，一般情况下调整幅度还不小的。

第七节　真正大牛 7

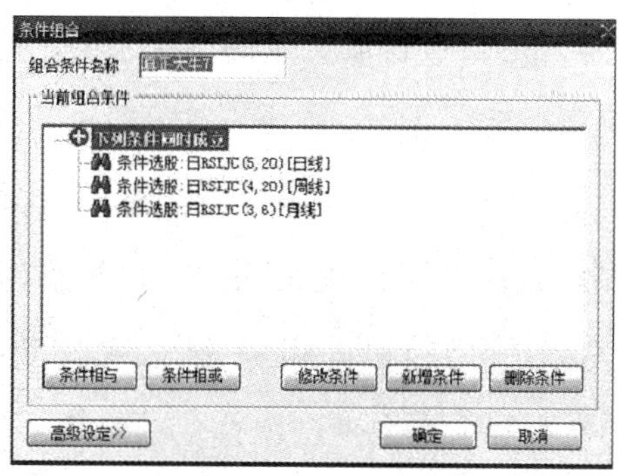

图 6－24　该方法必须同时具备的条件

大牛条件组合和成功率测试报告

该方法是由大智慧软件客观、真实的测试，而得出的科学的、直观的统计数据，见图 6－25。

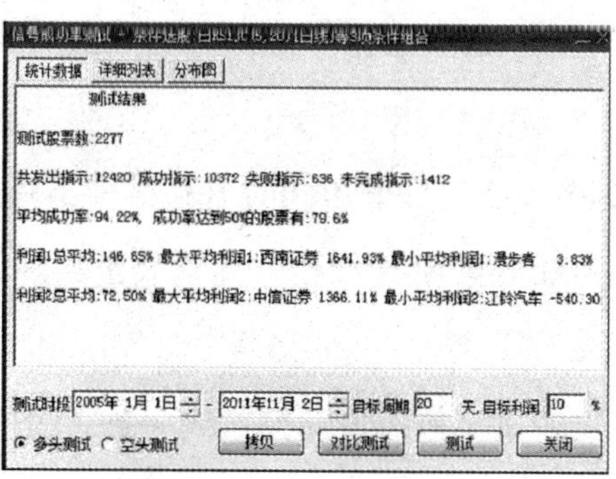

图 6－25　软件测试

买入技术特征要点

出现这种现象的股票,分布在各种浪形结构中,往往出现在一些股价的转折点附近。爆发的强度视成交量的变化来测定的。若得到题材炒作的契合、获得成交量的大力配合,弹升的空间和速度有时候也是相当惊人的。而且出现的频率还是相当高的,但由于这个指标本身取值设计的特殊性,若不将它制作成组合条件放在软件的预警条件框里经常会错失良机。由于它具有领先价格趋势的优势,所以被广大专业分析人士称为“领先指标”。只要不是刚刚发生过顶背驰的现象,一旦它发出的金叉信号还是比较准确的。特别是经过时间周期复合操作之后,准确性更加获得稳定和高效率。实战操作中建议配合 MACD 指标中的红柱和 DIFF 数值的变化效果非常好的。值得尊重和尊敬它的。买入后如果日线和周线的 RSI 指标的数值到了非常高或者出现了大于 30 以上的这些情况的话,就需要密切注意它的突然向下运行,一旦出现突然向下运行情况,需要当机立断抛出观望。等待小一周期的指标体系中调整到位的信号出现时再选择机会入场。它的设计原理决定了的变动频率和速度,希望大家认真学习、体会它的独特性,充分掌握了它的优势以后为自己所用。

风险控制:

买入后出现 MACD 红柱缩短同时 RSI 数值下跌起码减一半仓。

出现 RSI 死叉或者见顶 K 线信号先清仓出局观望。

若发生跌破买入价 5% 以上也必须立刻先清仓出局观望。

跌破即时修正的最强势的上升趋势线立刻止损出局。

在纪律面前不要瞻前顾后、患得患失、即使错误也要执行!

止赢策略:

如 MACD 的 DIFF 线离 DEA 线较远,两条线离开 0 轴又较远,要当心回调，需要到小一级别的时间周期的 MACD 系统中去找卖点。或者在60 分钟图中去观察，如果出现经典的 RSI 和 MACD 指标的危险信号时卖出。

见高点回落下跌 5% 就立刻止赢。

只要它在上升过程中不发生日线 MACD 指标中的 DIFF 走平和红柱首次缩短现象。就不轻易抛股票。一旦出现日线 MACD 指标中的 DIFF 走平和红柱首次缩短现象先抛再说。

只要 MACD 指标中的 DIFF 的数值和 DEA 的数值一直是多头向上的就不要轻言上升趋势结束。就经常会有非常好的盘中机会让你可以再次买入的。这点对喜欢做强势股的人来说是非常重要的。

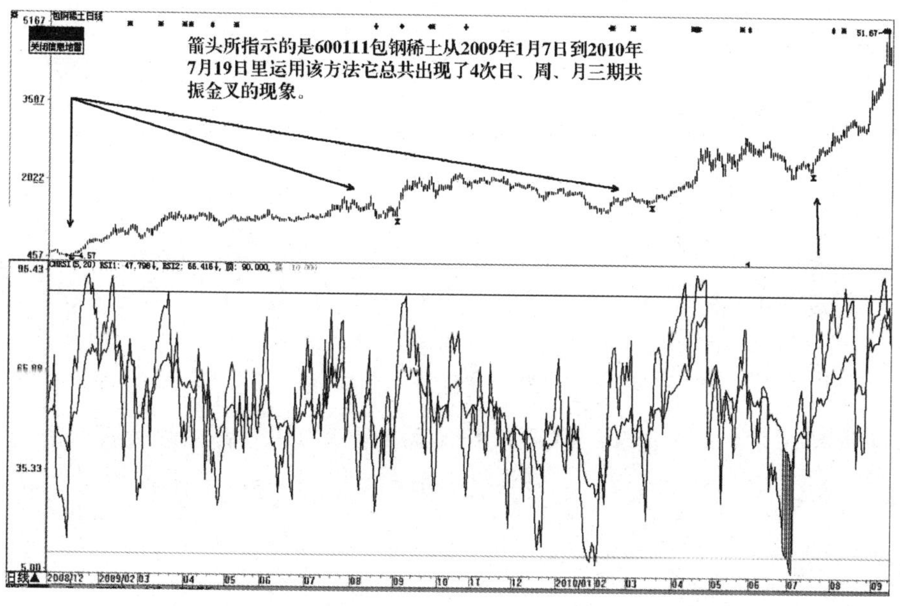

图 6-26　600111 包钢稀土共振金叉现象

图 6-26 为 600111 包钢稀土从 2009 年 1 月 7 日到 2010 年 7 月 19 日里运用该方法它总共出现了 4 次日、周、月三期共振金叉的现象。

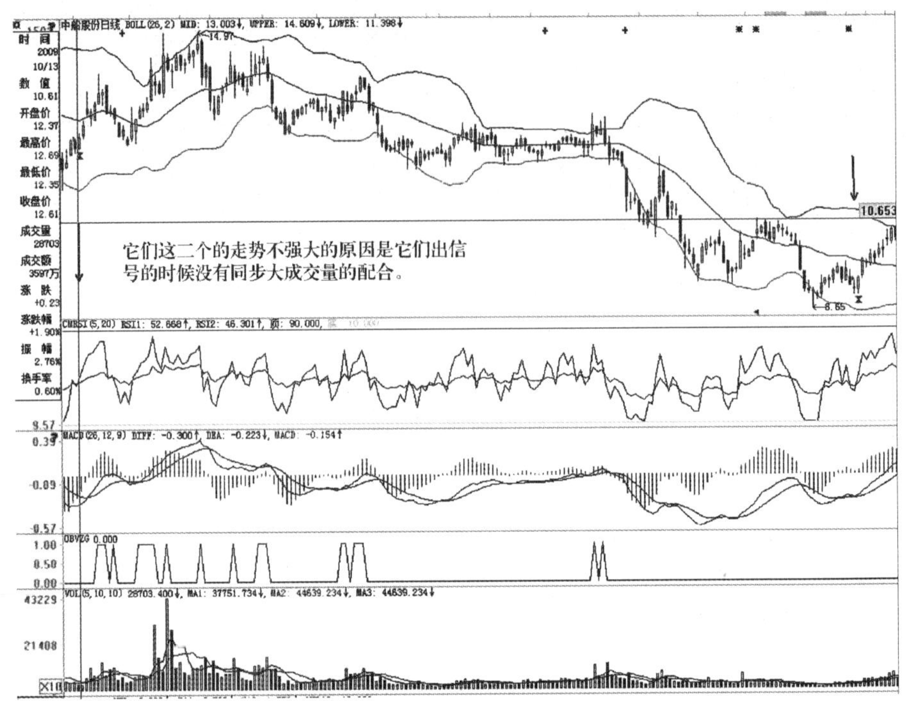

图 6－27　600072 中船股份共振金叉现象

究其原因，它们这两个的走势不强大的原因，是它们出信号的时候没有同步大成交量的配合，以及 OBV 指标没有显示有创新高的强大买气的推动。所以在出信号的时候需要多方面观察一下，尽量优中选优。

第八节 真正大牛8

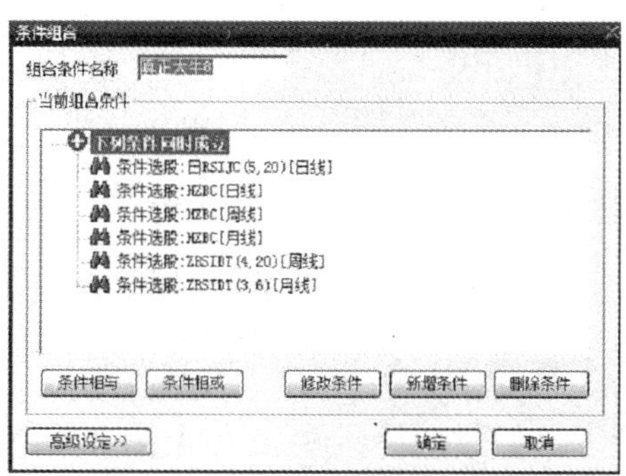

图6-28 该方法必须同时具备的条件

大牛条件组合和成功率测试报告

该方法是由大智慧软件客观、真实的测试,而得出的科学的、直观的统计数据,见图6-29。

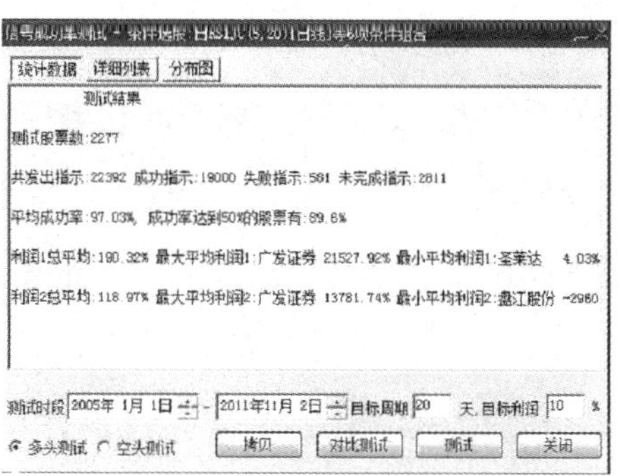

图6-29 软件测试

买入技术特征要点

出现这种现象的时候往往是在一些股价的转折点附近。若正好契合当时题材炒作的话,爆发的力度随着成交量的及时配合,弹升的空间和速度会非常惊人,而且出现的频率也相当高,但由于这个指标本身取值设计的特殊性,若不将它制作成组合条件放在软件的预警条件框里经常会错失良机。由于它具有领先价格趋势的优势,所以被广大专业分析人士称为“领先指标”。只要不是刚刚发生过顶背驰的现象,它发出的金叉信号还是比较准确的。特别是经过时间周期复合操作之后,信号质量更加稳定和高效率。实战操作中建议配合 MACD 指标中的红柱和 DIFF 数值的变化效果非常好的。买入后如果日线和周线的 RSI 指标的数值到了非常高或者出现了大于 30 以上的这些情况的话,就需要密切注意它的突然向下运行,一旦出现突然向下运行情况,需要当机立断抛出观望。等待小一周期的指标体系中出现调整到位的信号出现时再择机入场。

风险控制:

买入后出现 MACD 红柱缩短同时 RSI 数值下跌起码减一半仓。

出现 RSI 死叉或者见顶 K 线信号先清仓出局再说。

若发生跌破买入价 5% 以上也必须立刻先清仓出局再说。

跌破即时修正的最强势的上升趋势线立刻止损出局。

在纪律面前不要瞻前顾后、患得患失、即使错误也要执行!

止赢策略:

如 MACD 的 DIFF 线离 DEA 线较远,两条线离开 0 轴又较远,要当心回调,需要到小一级别的时间周期的 MACD 系统中去找抛点。或者在 60 分钟图中去观察,如果出现经典的 RSI 和 MACD 指标的危险信号时卖出。

见高点回落下跌5%就立刻止赢。

只要它在上升过程中不发生日线MACD指标中的DIFF走平和红柱首次缩短现象,就不轻易抛股票。一旦出现日线MACD指标中的DIFF走平和红柱首次缩短现象先抛再说。只要MACD指标中的DIFF的数值和DEA的数值一直是多头向上的就不要轻言上升趋势结束。就经常会有非常好的盘中机会让你可以再次买入的。这点对喜欢做强势股的人来说是非常重要的。

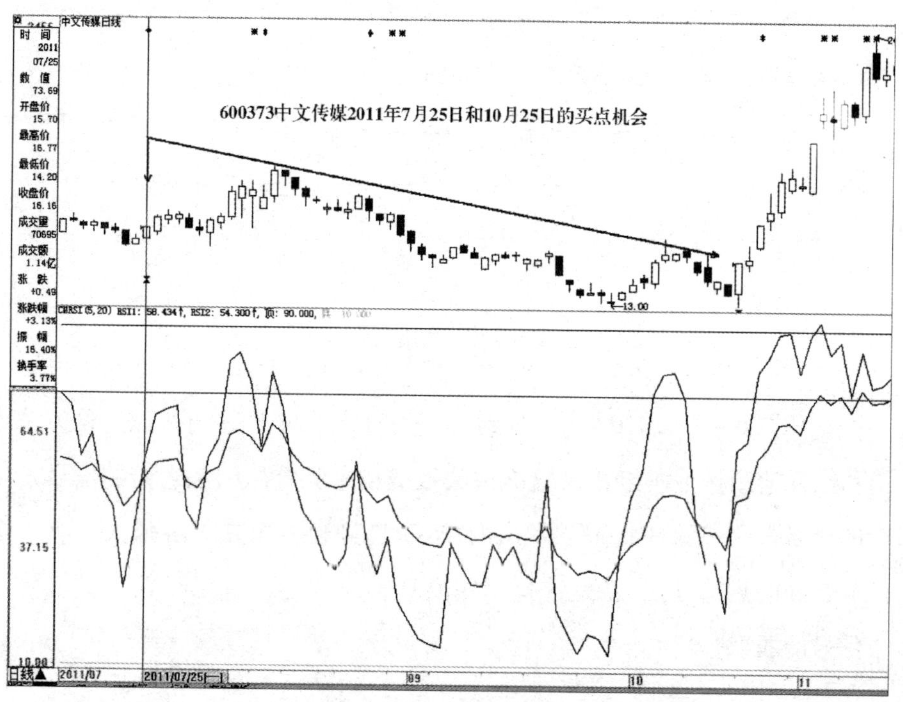

图6－30　600373中文传媒实例

图6－30为600373中文传媒2011年7月25日和10月25日两次的买点机会。

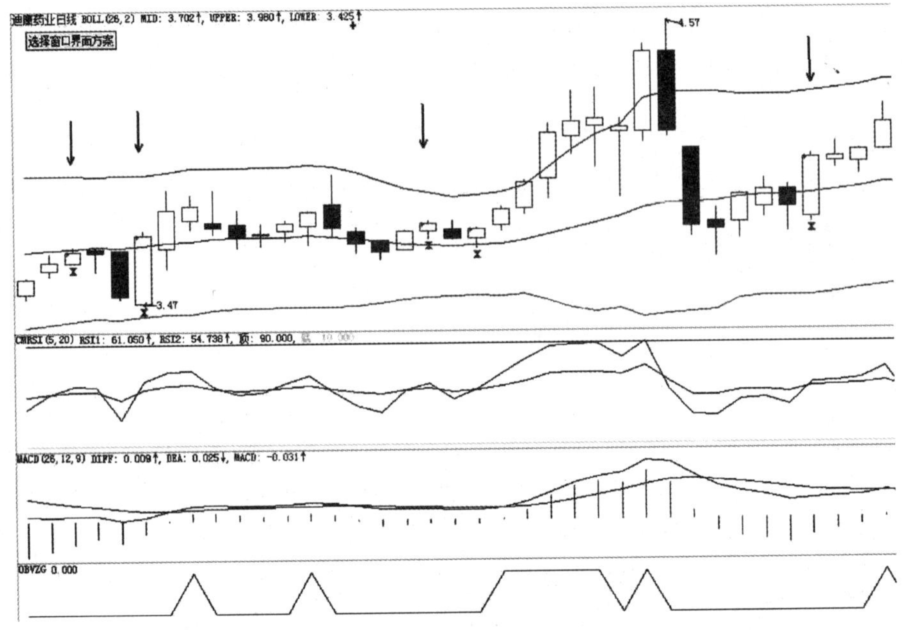

图 6－31　迪康药业实例

如图 6－31,2010 年 10 月到 2010 年 11 月 24 日之内按照这种方法为什么在迪康药业上会出现这么多失败的信号呢？原因是它们的信号发生的时候都是在绿柱状态下发出的,本身趋势和体质先天不强大。有一个非常好的剔选办法,就是选择那些离 0 轴非常近或者已经在 0 轴上才出信号的股票!

第九节　真正大牛 9

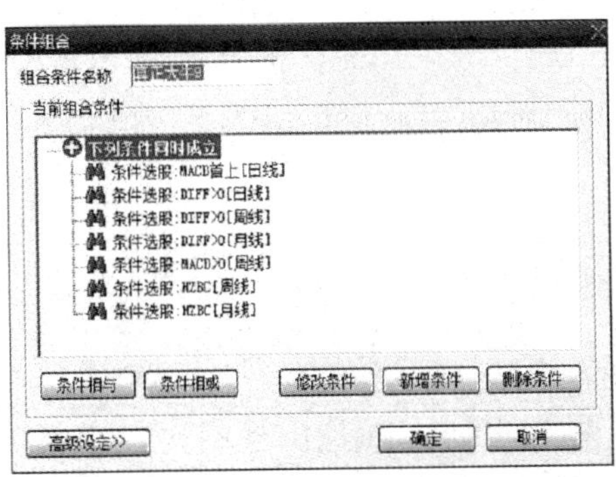

图 6－32　该方法必须同时具备的条件

大牛条件组合和成功率测试报告

该方法是由大智慧软件客观、真实的测试，而得出的科学的、直观的统计数据，见图 6－33。

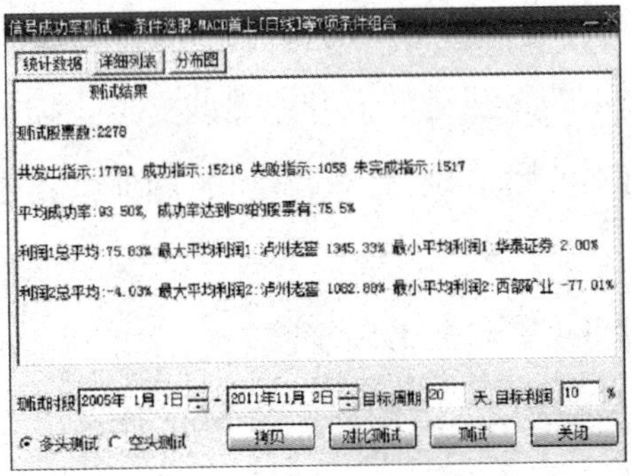

图 6－33　软件测试

买入技术特征要点

首先出现这种情况的股票多数已经是处于牛市第三浪或者第五浪中。在其他浪形结构中极少出现。具体表现为它的月线 MACD 的红柱是往上的。月线 MACD 指标中的 DIFF 和 DEA 这两条指标线一定是在 0 轴上的。其次它的周线 MACD 指标中的 DIFF 和 DEA 这两条指标线也一定是在 0 轴上的。同时它的柱状体必须是逐步往上走的。在日线 MACD 指标中一定是经过整理以后,它的柱状体发生第一次向上运行时买入！一般都是买了就大涨,而且出现的次数相当多的。非常有实战参与意义。只有在买了以后发生周线级别的 MACD 指标系统中发生红柱子缩短现象,出现高位红柱顶背驰、出现高位 RSI 顶背驰。则表明这最后一次的买入失败了。同时也就意味着这个股票的第三浪或者第五浪结束了。那是无论如何都要迅速抛出,很长时间可以不去看它了。

风险控制：

买入后出现 MACD 红柱缩短同时 RSI 数值下跌起码减一半仓。

出现 RSI 死叉或者见顶 K 线信号先清仓出局再说。

若发生跌破买入价 5% 以上也必须立刻先清仓出局再说。

跌破即时修正的最强势的上升趋势线立刻止损出局。

在纪律面前不要瞻前顾后、患得患失,即使错误也要执行!

止赢策略：

如 MACD 的 DIFF 线离 DEA 线较远,两条线离开 0 轴又较远,要当心回调,需要到小一级别的时间周期的 MACD 系统中去找抛点。或者在 60 分钟图中去观察,如果出现经典的 RSI 和 MACD 指标的危险信号时卖出。

见高点回落下跌 5% 就立刻止赢。

只要它在上升过程中不发生日线 MACD 指标中的 DIFF 走平和红柱首次缩短现象。就不轻易抛股票。一旦出现日线 MACD 指标中的 DIFF 走平和红柱首次缩短现象先抛再说。

只要 MACD 指标中的 DIFF 的数值和 DEA 的数值一直是多头向上的就不要轻言上升趋势结束。就经常会有非常好的盘中机会让你可以再次买入的。这点对喜欢做强势股的人来说是非常重要的。

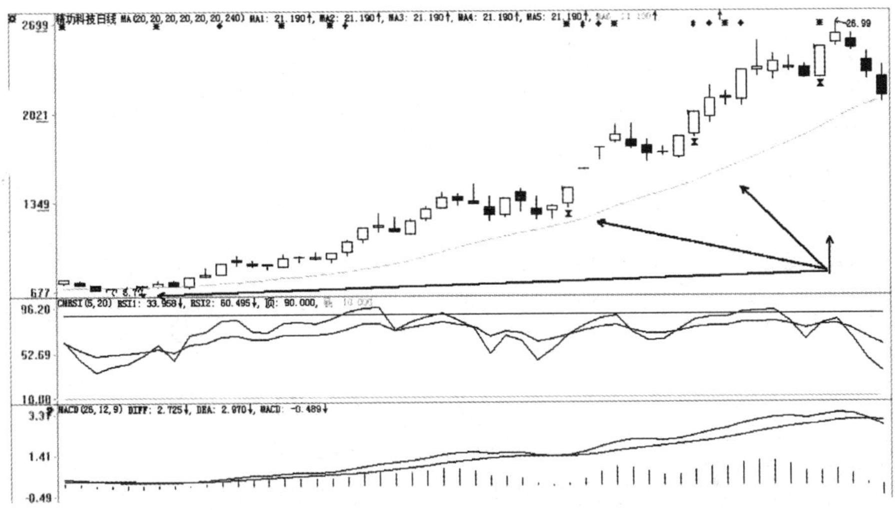

图 6 - 34　002006 精功科技四次买入点走势图

图 6 - 34 为 002006 精功夫科技在 2010 年 10 月 11 日、11 月 19 日、12 月 8 日、12 月 20 日按照这种买入方法发出的四次买入点走势图。

三次都非常不错,为什么第四次失败了呢?原来是发生了 RSI 高位顶背驰和红柱高位顶背驰现象。一旦发现这样的现象请立刻抛清股票,止损离场。

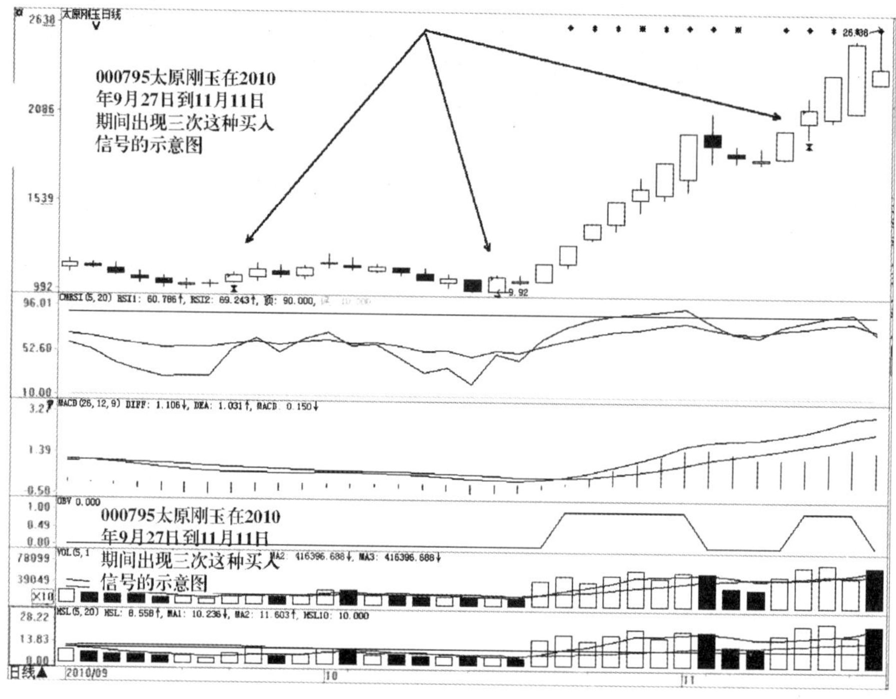

图6－35　000795 太原刚玉实例

第十节　真正大牛 10

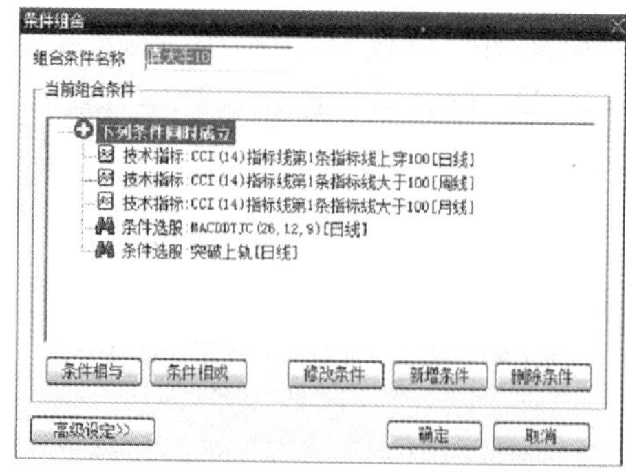

图6－36　该方法的各个必须同时具备的条件

大牛条件组合和成功率测试报告

该方法是由大智慧软件客观、真实的测试，而得出的科学的、直观的统计数据，见图 6－37。

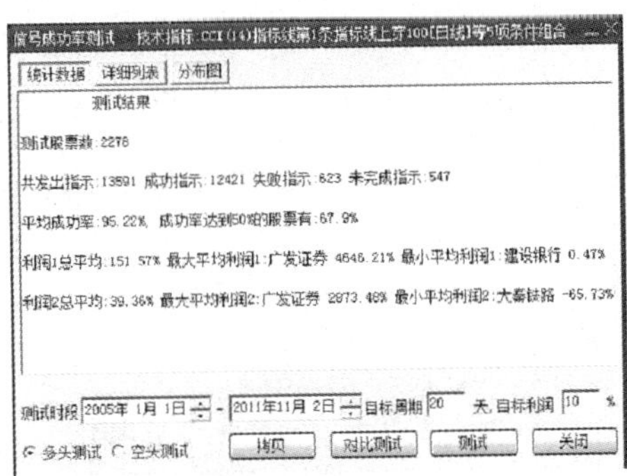

图 6－37

买入技术特征要点

出现 CCI 指标数值大于＋100 这种情况的股票多数是属于非常强势的股票，但是由于它的随机性比较强，所以不能够轻易根据它一个指标、一个周期发出的信号去买卖。通过复合周期、复合指标体系相互配合的确认办法，可以有效的解决错误信号的发生。特别是加了相当极端的股价突破布林线上轨的这个条件以后就更加具有趋势指导意义的了。再加上 MACD 金叉指标的确认与配合后一般都是买了就大涨，出现的次数也比较多的。也确实是非常有实战参与意义的。

风险控制：

买入后出现 MACD 红柱缩短同时 CCI 数值下跌回＋100 区间以内，起码减一半仓。

出现 RSI 死叉或者见顶 K 线信号先清仓出局再说。

若发生跌破买入价 5% 以上也必须立刻先清仓出局再说。

跌破即时修正的最强势的上升趋势线立刻止损出局。

如 MACD 的 DIFF 线离 DEA 线较远，两条线离开 0 轴又较远，要当心回调，需要到小一级别的时间周期的 MACD 系统中去找抛点。或者在 60 分钟图中去观察，只要 MACD 指标中的 DIFF 的数值和 DEA 的数值一直是多头向上的就不要轻言上升趋势结束。这点对喜欢做强势股的人来说是非常重要的。

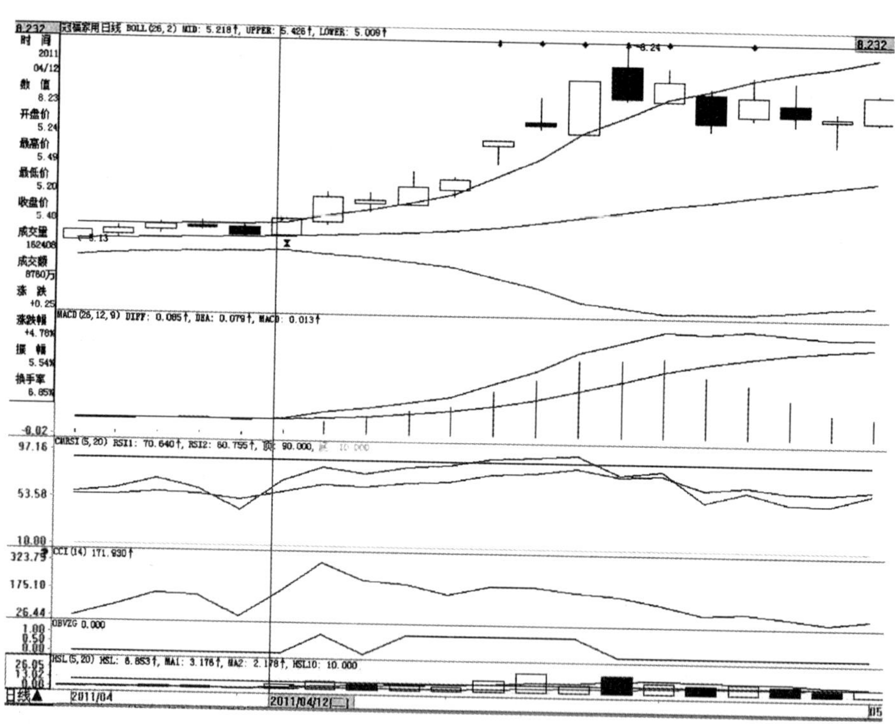

图 6－38　002102 冠福家用 2011 年 4 月 12 日买入条件示意图

只要它每天在突破上轨以后的大多数时间是在上轨上走的，同时三个配合的指标不出现红柱首次缩短、不出现 CCI 数值回到 +100 以内、不出现 RSI 数值从 90 以上回到 90 以下，那就一直拿着，有的这样的强势运行会走很多天，有的是只走几天，全凭主力的资金实力和意志为转移，我们只等着再说。一旦这三个配合的指标都出现了红柱首次缩短、CCI 数值回到 +100 以内、RSI 数值从 90 以上回到 90 以下，还是先落袋为安吧。

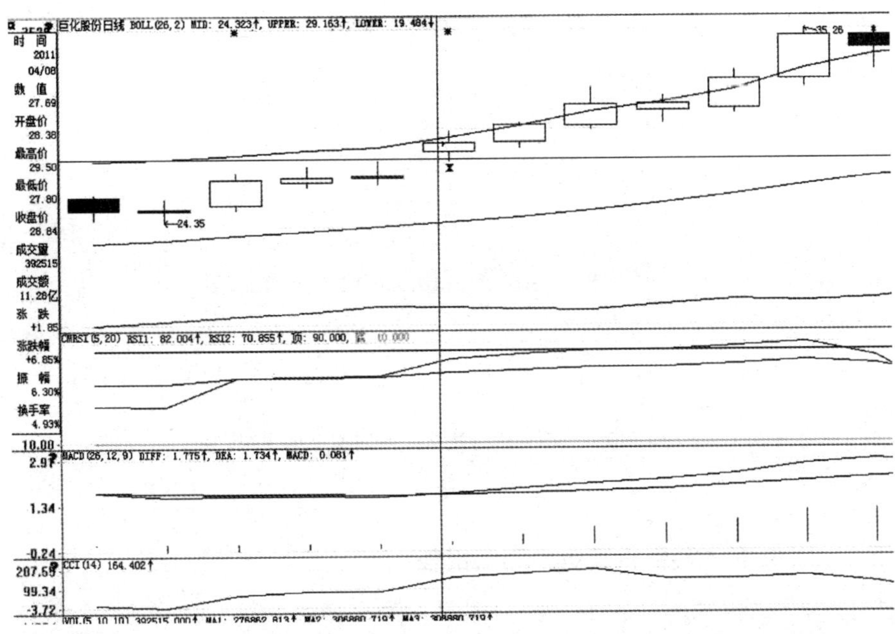

图 6－39　600160 巨化股份 2011 年 4 月 8 日到 4 月 18 日走势图

它的走势是这种方法的变异体，它突破上轨以后的大多数时间是在上轨内走的，这种时候就要密切关注红柱和 CCI 和 RSI 的方向和数值的变化了。一旦这三个配合的指标都出现了红柱首次缩短、CCI 数值回到 +100 以内、RSI 数值从 90 以上回到 90 以下，还是先落袋为安吧。

第十一节　抄大底1

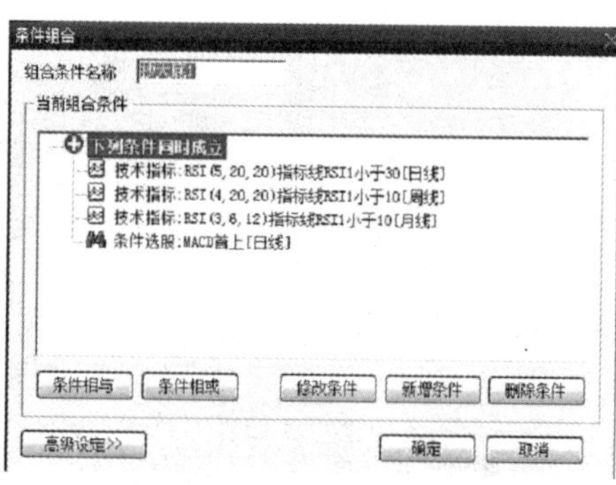

图6－40　该方法必须同时具备的条件

大牛条件组合和成功率测试报告

该方法是由大智慧软件客观、真实的测试,而得出的科学的、直观的统计数据,见图6－41。

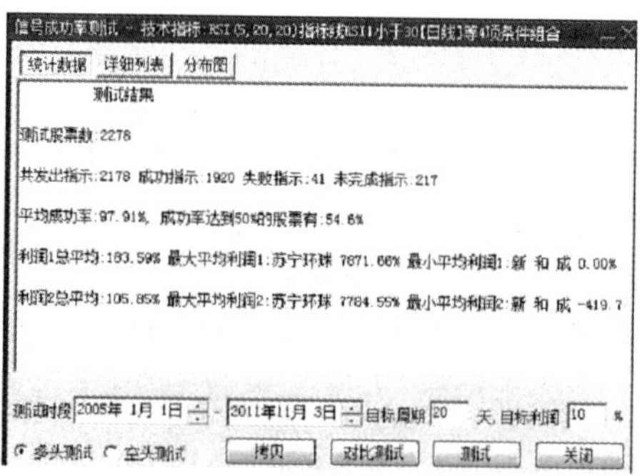

图6－41　软件测试

买入技术特征要点

出现这种情况的股票多数是属于处在熊市末期，通过复合周期指标体系相互配合的确认办法，可以有效地甄别错误信号的发生。特别是加了 MACD 首次向上指标的确认与配合后一般都是买了就大涨，出现的次数也比较多。也确实是在大熊市末期非常有实战参与意义。如果再加上底部突然放大的主动抢筹码的成交量的话那就更加完美的抄到一个大底了。由于 RSI 指标设计上的问题，有些股票经过一段时间以后你想在各周期 K 线图上看见当时发生的真实数值已经困难了，已经随着交易数据和 K 线的增加漂移了。所以需要利用软件的预警功能解决取值漂移的问题。买入以后在 60 分钟图中去观察，只要 MACD 指标中的 DIFF 的数值和 DEA 的数值一直是多头向上的，就不要轻言上升趋势结束。

风险控制：

买入后出现 MACD 绿柱子再次向下放大，同时 CCI 数值再下跌回 -100 区间以内，RSI 指标再下跌立刻起码减一半仓。必须看见今后出现 RSI 和 CCI 指标同时发生底背驰、MACD 绿柱子向上收缩了，才可以再次入场迅速买入。

出现 RSI 死叉或者见顶 K 线信号先清仓出局再说。

若发生跌破买入价 5% 以上也必须立刻先清仓出局再说。

跌破即时修正的最强势的上升趋势线立刻止损出局。

如 MACD 的 DIFF 线离 DEA 线较远，两条线离开 0 轴又较远，要当心回调，需要到小一级别的时间周期的 MACD 系统中去找抛点。或者在 60 分钟图中去观察，如果出现经典的 RSI 和 MACD 指标的危险信号时卖出。

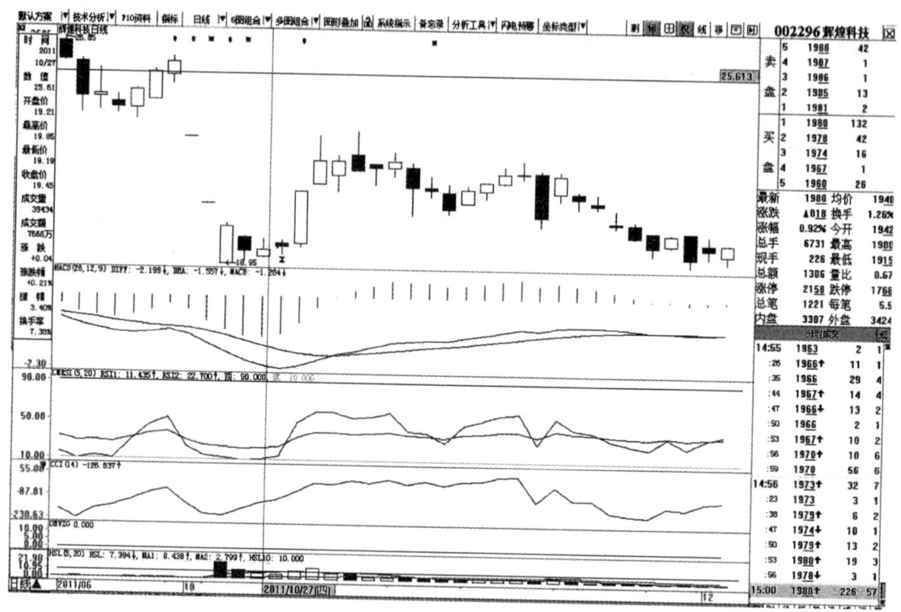

图 6－42　002296 辉煌科技在 2011 年 10 月 27 日发生买入信号

一般实战中也可以适当的将日线的要求放到 40。这样的话出现信号的数量和次数会多很多。一旦出现买入信号是不需要再考虑的,然后根据你自己的个人喜好设定到底是按照 60 分钟图中的红柱首次缩短且 60 分钟图中的 RSI 指标数值首次在 90 以上回落 90 以下卖出,且按照日线图中的红柱首次缩短还是日线图中 RSI 指标数值首次在 90 以上回落 90 以下卖出。

第十二节　抄大底2

条件组合
组合条件名称
抄大底2
当前组合条件
下列条件同时成立
技术指标:RSI(5,20,20)指标线RSI1小于10[日线]
技术指标:RSI(4,20,20)指标线RSI1小于10[周线]
技术指标:RSI(3,6,12)指标线RSI1小于10[日线]
条件相与
条件相或
修改条件
新增条件
删除条件
高级设定>>
确定
取消

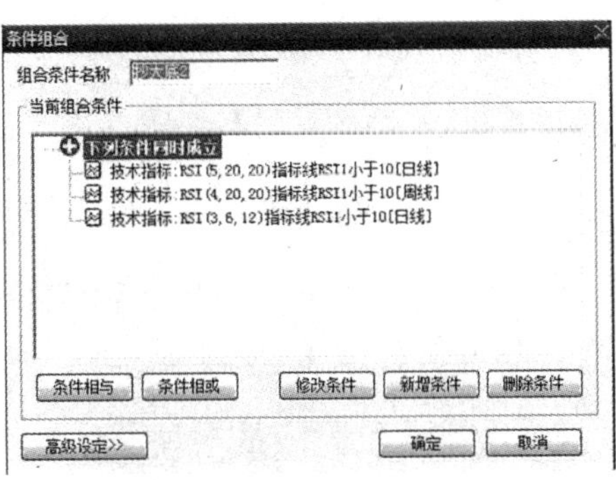

图6－43　该方法必须同时具备的条件

大牛条件组合和成功率测试报告

该方法是由大智慧软件客观、真实的测试，而得出的科学的、直观的统计数据，见图6－44。

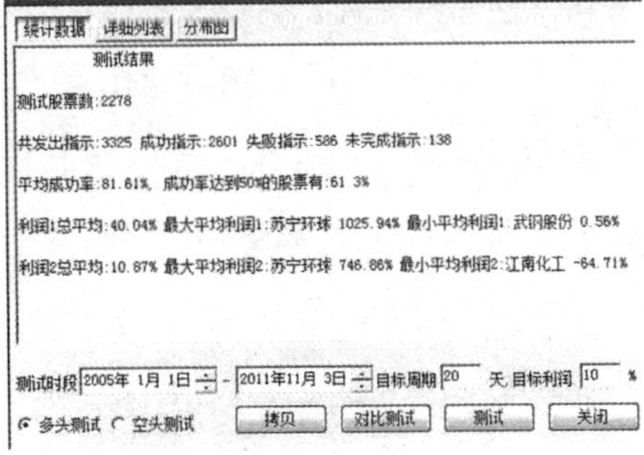

信号成功率测试 - 技术指标:RSI(5,20,20)指标线RSI1小于10[日线]等3项条件组合
统计数据
详细列表
分布图
测试结果
测试股票数:2278
共发出指示:3325 成功指示:2601 失败指示:586 未完成指示:138
平均成功率:81.61%, 成功率达到50%的股票有:61 3%
利润1总平均:40.04% 最大平均利润1:苏宁环球 1025.94% 最小平均利润1:武钢股份 0.56%
利润2总平均:10.87% 最大平均利润2:苏宁环球 746.86% 最小平均利润2:江南化工 -64.71%
测试时段 2005年 1月 1日 - 2011年11月 3日 目标周期 20 天 目标利润 10 %
多头测试
空头测试
拷贝
对比测试
测试
关闭

图6－44　软件测试

买入技术特征要点

出现这种情况的股票都是属于在熊市末期的股票,通过复合周期指标体系相互配合的确认办法,可以有效的解决错误信号的发生。出现的次数不多的。但是确是非常有效的。也确实是在大熊市末期非常有实战参与意义的信号。如果再加上底部突然放大的主动抢筹码的成交量的话那就更加完美的抄到一个大底。由于 RSI 指标设计上的问题,有些股票经过一段时间以后你想在各周期 K 线图上看见当时发生的真实数值已经困难了,已经随着交易数据和 K 线的增加漂移。所以需要利用到软件的预警功能,那么就可以非常好的解决掉它的取值漂移的问题。买入以后在 60 分钟图中去观察,只要 MACD 指标中的 DIFF 数值和 DEA 数值一直是多头向上的,就不要轻言上升趋势结束。

风险控制:

买入后出现 MACD 绿柱子再次向下放大,同时 CCI 数值再下跌回 -100 区间以内,RSI 指标再下跌,立刻起码减一半仓。必须看见今后出现 RSI 和 CCI 指标同时发生底背驰、MACD 绿柱子向上收缩了,才可以再次入场迅速买入。

出现 RSI 死叉或者见顶 K 线信号先清仓出局再说。

若发生跌破买入价 5% 以上也必须立刻先清仓出局再说。

跌破即时修正的最强势的上升趋势线立刻止损出局。

如 MACD 的 DIFF 线离 DEA 线较远,两条线离开 0 轴又较远,要当心回调,需要到小一级别的时间周期的 MACD 系统中去找抛点。

该股经过大幅下跌后产生了买点信号以后,需要及时将它纳入到自己的 60 分钟预警系统中去观察,等待它的绿柱首次缩短的现象出现。一旦出现,是不需要再考虑可买入,然后根据你自己的个人喜好设定到底是按照60分钟图中的红柱首次缩短卖出，还是60分钟图中的RSI指标数值首次从90以上回落到90以下卖出。

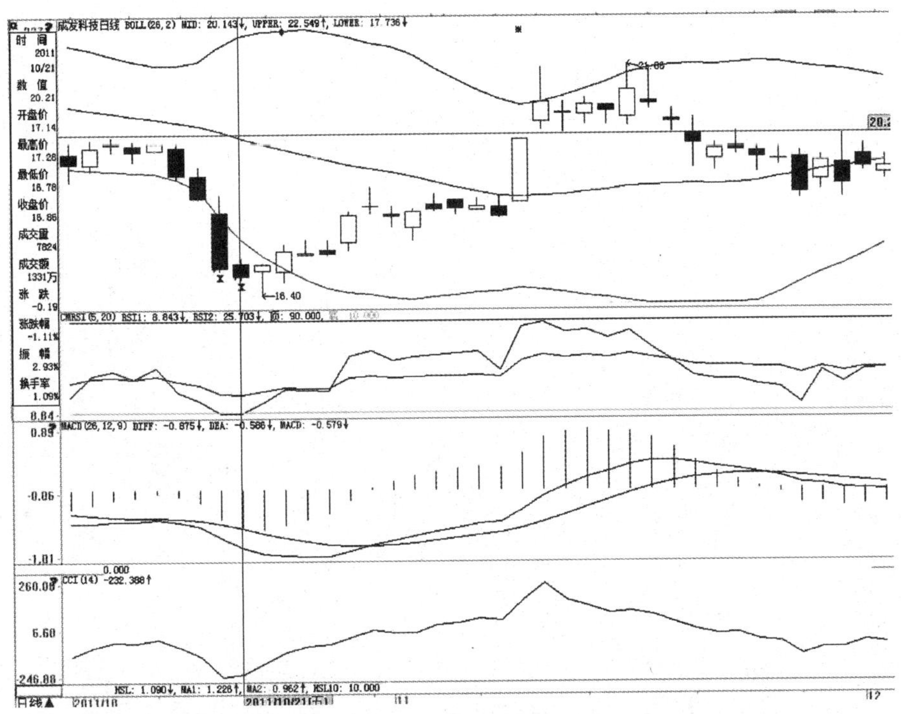

图6-45 2011年10月21日成发科技出现买点信号的示意图

后　记

在本书的编写和出版的过程中我最想感谢的是我非常要好的朋友赵明辉先生。是他手把手地教我把我的很多实战的经验和模型编写成公式,并且帮我制作了大量的公式和模型。我们在证券市场上认识了十多年,他是我非常要好、非常尊重的好朋友、好伙伴、好战友。感谢原上海宝源投资的老总金志好先生、原新疆德隆的老总唐万新先生等一大批投资公司、证券公司的良师益友。感谢原益邦投资咨询公司的老总曲静瑶和同事黄永东、潘敏立等一大批证券行业里的好朋友、好同事。感谢我的家人对我的支持鼓励与培养。更要感谢广大的客户和听众观众对我的信任和期望。同时也要感谢上海鑫兴广告制作公司的叶美玲女士对我编写整理本书过程当中的技术支持。